Katharina Kohal
Ein fast perfektes Team

D1722317

Das Buch

Ein Kunstbetrug mit Leidenschaft und Folgen:

Sie hätten ihren riskanten Coup noch abbrechen können, doch irgendwann gab es kein Zurück mehr. Wider besseres Wissen und gegen ihr Gewissen führen Norbert und seine Freunde ihren Plan aus. Denn die Aussicht, an dem skrupellosen Bankchef Kai Wenderick Vergeltung auszuüben, ist zu verlockend. Das aus dem Betrug erzielte Geld soll Norbert als Entschädigung für dessen persönlich erlittenen finanziellen Verlust dienen. Zunächst scheint alles zu gelingen. Doch sie haben ihren Widersacher unterschätzt und nicht damit gerechnet, dass die Liebe ins Spiel kommt.

Über die Autorin

Katharina Kohal lebt mit ihrer Familie in Leipzig. Schon immer galt ihr Interesse dem Schreiben, doch beruflich wählte sie einen anderen Weg und arbeitete im kaufmännischen Bereich. Mit dem Eintritt in den Ruhestand öffneten sich ihr neue Freiräume und Möglichkeiten, und sie entdeckte ihre Lust am Schreiben neu.

Eine Prise Humor, ein Schuss Romantik und mitunter ein Hauch Fernweh sind die Zutaten für ihre Kriminalromane. Bisher erschienen von ihr folgende E-Books im Epub-Format:

> „Eine mörderische Tour",
> „Ein fast perfektes Team",
> „Ein perfider Plan – Projekt LoWei Plus",
> „Mehr als ein Delikt",
> „Cyber Chess mit tödlicher Rochade" und
> „Verstörende Erinnerung".

Katharina Kohal

Ein fast perfektes Team

Kriminalroman

Bibliographische Information der Deutschen Nationalbibliothek: Die Deutsche Nationalbibliothek verzeichnet diese Publikation in der Deutschen Nationalbibliografie, detaillierte bibliografische Daten sind im Internet über dnb.dnb.de abrufbar.

© 2022 Katharina Kohal
Herstellung und Verlag: BoD - Books on Demand, Norderstedt

Bildmaterialien für Coverfoto:
© Copyright by Katharina Kohal:
(Ausschnitt Casa Milà von Gaudí)
Alle Rechte vorbehalten.

ISBN: 9783756822539

Estrella

Es war schon spät am Abend. Estrella Cardona wischte gerade den Flur der Chefetage, als sie hinter sich ein leises Geräusch vernahm. Hastig drehte sie sich um. Vor ihr stand Kai Wenderick, der Chef der SüdBank. Sie hatte ihn nicht kommen hören.

„Oh, jetzt haben Sie mich erschreckt!", formulierte sie in ihrem unüberhörbar spanischen Akzent. „Ich wusste nicht, dass Sie noch hier sind in der Bank!"

„Ja, ja, und wir beide sind jetzt ganz allein …"

Mehr als durch diese Worte fühlte sie sich durch sein Lächeln irritiert. In seinen Gesichtszügen und dem Ton vermisste sie die harmlose Freundlichkeit, mit der er sich gestern Vormittag noch mit ihr unterhalten hatte. Da war sie mit der Reinigung der Kunsthalle der SüdBank beschäftigt, und er war dabei, sich die Vorbereitungen für die nächste Ausstellung anzuschauen. Die Kunsthalle war seine persönliche Passion, dort war er der Kunstbeauftragte und betrachtete die Gemälde und Grafiken fast als sein Eigentum. Gestern kam Estrella kurz mit ihm ins Gespräch. Sie hatte ihn als gutaussehenden, charmanten Herrn im besten Alter wahrgenommen. Wie alt genau er war, wusste sie nicht. Mitte fünfzig vielleicht? Offensichtlich war es ein Fehler, dass sie gestern mit ihm gescherzt und ein wenig geflirtet hatte. Auf jeden Fall hatte er sie gründlich missverstanden. Denn jetzt trat er mit einem süffisanten Lächeln an sie heran. Der Fluchtweg zur Treppe war ihr abgeschnitten.

„Warum auf einmal so abweisend, schöne Frau?",

begann er in zynischem Ton. „Gestern jedenfalls schienen Sie mir einer amourösen Episode nicht abgeneigt." In seinen Augen lag unmissverständlich Begierde, ein unverhohlenes Verlangen. Und noch etwas anderes glaubte sie in den Gesichtszügen zu erkennen: die feste Entschlossenheit, seinen Willen gegen ihren Widerstand durchzusetzen.

Estrellas entschiedenes „No" ignorierte er. Mit den Worten „Komm schon" ergriff er ihr Handgelenk und versuchte sie an sich heranzuziehen. Sie wehrte sich mit aller Vehemenz. Für einen kurzen Augenblick lockerte sich sein Griff, und sie nutzte die Gelegenheit, ihren Arm freizubekommen. Als er versuchte, sie wieder zu packen, langte sie beherzt nach dem vollen Eimer und schüttete ihm das Wischwasser ins Gesicht. Benommen und verdattert stand er für einen Augenblick hilflos da. Die Schmutzbrühe rann über sein weißes Hemd, die Haare und das Gesicht waren klatschnass, und die seifige Lauge brannte in seinen Augen.

Aber Estrella blieb keine Zeit für lange Betrachtungen. Sie raste an ihm vorbei in Richtung des Treppenhauses. Den Fahrstuhl ließ sie außer Acht. Vermutlich stand er weiter unten, in der ersten oder zweiten Etage. Auf der Treppe entledigte sie sich blitzschnell ihrer Schuhe. Barfuß und somit völlig lautlos lief sie weiter. Hätte sie mehr Zeit, käme ihr Cinderella in den Sinn. Aber die Situation verlangte nach Eile und Entscheidungskraft, denn sie hörte Wenderick auf dem Flur entlangrennen. Von dem Schock hatte er sich offensichtlich schnell wieder erholt. Wohin in aller Eile? Wie groß war ihr Vorsprung, und hatte sie eine Chance, vor ihm den Ausgang im Erdgeschoss zu erreichen? Mit Sicherheit nicht. Er war schnell und voll rasender Wut. In der zweiten Etage war sie gezwungen, eine Entscheidung zu treffen. Sie hörte ihn unmittelbar auf der Treppe über ihr; mit dem Erreichen des nächsten Absatzes käme sie in sein Sichtfeld. Estrella entschied sich, in den vor ihr liegenden Flur zu flüchten und nach der linken Seite zu laufen. Rechtzeitig fiel ihr ein, dass sowohl die Gänge als auch das Treppenhaus mit Bewegungsmeldern ausgestattet waren. Um die Beleuchtung nicht in Gang zu setzen, presste sie sich dicht an die Wand.

Wenderick rannte ein Stockwerk tiefer. Wann würde er bemerken, dass sie nicht mehr vor ihm im Treppenhaus lief? Spätestens in der ersten Etage. Und jetzt hörte sie, wie er wieder die Stufen hoch raste. Wohin in ihrer Not? Im Dunkeln stieß sie an das große Kopiergerät, das in einer Nische stand. Hastig rollte sie das schwere Gerät ein Stück hervor, stieg über das Netzanschlusskabel und presste sich hinter den Kopierer in die Wandvertiefung hinein. Dann bemühte sie sich, das Gerät so dicht wie möglich an sich heranzuziehen. Es gelang ihr in dem Augenblick, als die Beleuchtung anging und Wenderick in der Mitte des Flures stehenblieb; sie hörte nur seinen keuchenden Atem. Wie sie vermutete, entschied er sich für die rechte Hälfte des Ganges und öffnete zielgerichtet die Toilettentüren. Innerhalb einer halben Minute stand er wieder draußen. Jetzt lief er die linke Flurhälfte ab. Estrella hoffte inständig, dass das Herausragen des Kopierers nicht ins Auge fiel. Zu ihrer Erleichterung wandte er sich wieder dem Treppenhaus zu. Aus der Ferne hörte sie seine Schritte und dann überhaupt nichts mehr. Das Licht erlosch. Wo, um alles in der Welt hielt er sich jetzt auf? Auf keinen Fall hatte er das Haus verlassen, das spürte sie. Vermutlich wartete er in der Finsternis auf ein Geräusch von ihr. Kurzzeitig hatte sie erwogen, mit ihrem Generaltransponder eine Tür zu einem der Mitarbeiterzimmer zu öffnen, um sich dort sicherer verstecken zu können. Aber der Piep-Ton beim Entriegeln des Schlosses würde ihm ihre Position sofort verraten. Also wagte sie sich vorerst nicht aus ihrem Versteck hervor und verharrte weiter in ihrer unbequemen Stellung.

Mit angehaltenem Atem lauschte sie in die unheimliche Stille.

Eine folgenschwere Begegnung

„Ja, Herr Lange, wie ich Ihnen bereits sagte: Es tut mir leid, dass ich Ihnen da nicht weiterhelfen kann. Der Kollege, mit dem Sie damals den Vertrag abgeschlossen hatten, befindet sich im Ruhestand. Aber ich denke schon, dass alles soweit in Ordnung geht. Jedenfalls haben wir nichts Gegenteiliges gehört. Wir könnten da ohnehin nichts ausrichten. Uns als Bank sind bei dem weiteren Ablauf die Hände gebunden. Aber Sie können sich ja selbst vor Ort vom aktuellen Stand des Baugeschehens überzeugen. Es tut mir wirklich leid." Mit diesen Worten geleitete der Kundenberater der SüdBank Norbert zur Tür. Ratlos blieb er ein paar Sekunden auf dem Flur stehen, bis er sich dann dem Treppenhaus zuwandte. In diesem Moment stieß er heftig mit einer Frau mittleren Alters zusammen.

„Na, na! Ein bisschen müssen Sie schon aufpassen!", meinte Norbert verärgert und schaute gleich darauf in ein verweintes Gesicht.

„Ich muss gar nichts!", erwiderte Estrella wütend und kam beim Weiterlaufen ins Stolpern.

„So aufgeregt wie Sie sind, können Sie unmöglich auf die Straße. Ist etwas passiert?" Norbert hatte ihren südländischen Akzent bemerkt und auch, dass sie völlig außer sich war.

Ungehalten fuhr sie ihn an: „Natürlich ist etwas passiert! Aber das wollen Sie doch nicht wissen!", und fügte, als sie sein betroffenes Gesicht sah, etwas versöhnlicher hinzu: „Sie können da nicht helfen. Sie sind ein Kunde, nicht wahr?" Norbert nickte und meinte lakonisch, dass er wohl die längste Zeit hier Kunde gewesen sei. Estrella verstand nicht alles, aber immerhin so viel, als dass er ebenfalls Probleme mit der SüdBank und deren Personal hatte. Prüfend schaute sie ihn an, und Norbert fiel zum ersten Mal auf, dass sie trotz der verweinten Augen eine attraktive Frau war. Spontan schlug er vor, sich bei einer Tasse Kaffee auszutauschen. Vor allem, so redete er sich selbst ein, müsse er verhindern, dass sie in ihrem aufgebrachten Zustand kopflos auf die Straße lief. Nach einem kurzen Zögern nahm Estrella sein Angebot an.

Minuten später betraten sie die Konditorei auf der gegenüberliegenden Straßenseite und suchten sich einen Platz aus. Nachdem sie ihre Bestellung aufgegeben hatten, fragte Norbert vorsichtig, ob sie ebenfalls eine enttäuschte Kundin sei. Aber Estrella schüttelte nur stumm den Kopf; und so entschied er sich, in knappen Worten seine eigene Misere zu schildern.

Vor reichlichen zehn Jahren hatten er und seine Frau sich entschlossen, in den Bau einer Immobilie in der Nähe des Bodensees zu investieren, gewissermaßen als Altersvorsorge. Ein Anlagenberater bei der SüdBank hatte sie zum Kauf des „Betongoldes" animiert. In der Nähe des Ortes Hagnau plante ein Bauunternehmen eine Wohnanlage mit altersgerechten komfortablen Wohnungen. Norbert und seine Frau Christa hatten vor, im Rentenalter dorthin zu ziehen. Entsprechend seinen Unterlagen war der Kredit an die Bank unterdessen abbezahlt und die Wohnanlage längt bezugsfertig. Heute wollte er sich bei der SüdBank über den aktuellen Stand informieren. Aber niemand von den jetzigen Mitarbeitern fühlte sich in dieser Angelegenheit zuständig. Mit Christa hatte er nicht über seine Befürchtungen gesprochen. „Ja, das sind zurzeit so meine Sorgen", beendete er die Schilderung. Er war nicht sicher, ob ihn die Frau verstanden hatte.

Aber offenbar doch, denn nun meinte sie: „Sicher muss Ihnen jemand sagen können, wie jetzt der Stand ist?"

Norbert zuckte mit den Schultern. „Ich werde zurzeit nur vertröstet. Aber augenscheinlich haben auch Sie Kummer?"

Nervös rührte Estrella in ihrem Kaffee, dann schaute sie ihn an. Sie sah sein gutmütiges Gesicht mit ausgeprägten Lachfältchen um die jetzt sorgenvoll blickenden Augen. Sein Haar war nicht völlig ergraut. Flüchtig bemerkte sie die Tendenz zu einem leichten Bauchansatz. Seine Figur hatte sie vorhin in ihrer Aufregung nicht so recht wahrgenommen. Er fing ihren Blick auf und schmunzelte. Auch in ihren ausdrucksvollen Augen zeigte sich nun der Anflug eines Lächelns. Über ihnen schwangen sich in sanftem Bogen dunkle, dichte Augenbrauen, zwischen denen sich jetzt eine steile Zornesfalte andeutete.

„Ich habe fast die ganze Nacht hinter einem Kopiergerät verbracht."

„Wie bitte?" Er glaubte, sie falsch verstanden zu haben.

„Nein, nein, es stimmt", versicherte sie rasch. Und in wütenden Worten schilderte sie die Ereignisse der letzten

Nacht. Sprachlos hörte er ihr zu.

Als sie geendet hatte, meinte er empört: „Das ist eine bodenlose Frechheit! Eine Unverschämtheit! Und Sie haben ihm wirklich das Dreckwasser ins Gesicht geschüttet?"

„Was sollte ich tun? Ich musste mich wehren."

„Das nenne ich mutig! Sie müssen den Kerl wegen versuchter Vergewaltigung anzeigen!" Und als die Kellnerin interessiert aufhorchte, fügte er leiser hinzu: „Ich kann Ihnen natürlich dabei behilflich sein, ich meine, falls es sprachliche Schwierigkeiten geben sollte."

Aber Estrella schüttelte den Kopf. „Als wir heute zusammenstießen im Treppenhaus, ich kam gerade vom Personalchef. Er hat mir gar nicht zugehört, sondern gesagt, dass Herr Wenderick eine angesehene Person ist und Ehefrau und zwei erwachsene Kinder hat. Und ich soll überlegen, ob ich ihn nicht ermutigt habe." Dann schüttelte sie verständnislos den Kopf. „Nur weil ich mich gestern freundlich unterhalten habe mit ihm in der Kunsthalle, er kann doch nicht denken, dass alles erlaubt ist!"

„Sie hatten ihn zufällig in der Kunsthalle kennengelernt?"

„Nein, er ist auch Vorsitzender von der Geschäftsstelle in der Kunsthalle, und ich reinige dort zweimal in der Woche." Und dann erklärte sie ihm, dass sie auf den Nebenjob als Reinigungskraft angewiesen sei, um ihren einjährigen Aufenthalt in Berlin zu finanzieren, jetzt aber gekündigt habe.

„Ich möchte mein Deutsch etwas verbessern in einem

Sprachkurs an der Uni. Die Firma in meiner Heimat, bei der ich bisher gearbeitet habe, musste viele Mitarbeiter entlassen, auch mich. Wenn der Sprachkurs hier zu Ende ist, werde ich mich bei einer Reiseagentur bewerben."

„Ihr Deutsch klingt doch schon ganz gut", beeilte sich Norbert, zu versichern.

Aber Estrella wehrte lächelnd ab. „Ganz gut ist nicht gut. Ich muss es besser lernen. Ich hatte früher in der Schule schon Deutschunterricht. Das hilft etwas. Aber meinen Akzent hört man sicher sehr."

„Das ist doch gerade reizvoll. Sind sie Spanierin?"

„Ich komme aus Barcelona, ich bin Katalanin!", stellte sie klar.

„Aha, verstehe." Dann schaute Norbert auf die Uhr. „Ich befürchte, ich muss los, sonst gibt es Ärger zu Hause. Meine Frau wartet nicht gerne mit dem Essen auf mich. Sie hat diese Woche Spätdienst und für uns beide gekocht."

„Ach ja, die Deutschen sind immer so pünktlich! Und sie essen Punkt zwölf Uhr, nicht wahr?" Zum ersten Mal sah Norbert sie jetzt lachen. Wie alt mochte sie sein? Sicher nicht mehr ganz jung. Er schätzte sie auf Mitte vierzig, vielleicht auch etwas älter.

„Wie wird es jetzt für Sie weitergehen? Bei der Süd-Bank haben Sie ja gekündigt."

„Ich werde schon etwas finden. Vielleicht als Verkäuferin. Wenn der Sommerkurs zu Ende ist, gehe ich zurück nach Barcelona."

Norbert gab ihr seine Handynummer: „Für den Fall, dass Sie doch Hilfe bezüglich einer Anzeige brauchen."

Doch Estrella schüttelte energisch den Kopf. „Die SüdBank und der Herr Wenderick sind für mich gestorben." Ihre Worte unterstrich sie mit einer eindeutigen Geste. „Aber es ist eine gute Idee, wenn wir in Kontakt bleiben. Ich möchte erfahren, ob Sie betrogen wurden oder ob alles in Ordnung geht." Aus ihrer Tasche holte sie einen Stift und schrieb auf den Rand der Serviette. Norbert las den Namen Estrella Cardona und dahinter eine Handynummer. Dann bezahlte er die beiden Kaffee, und sie verabschiedeten sich mit dem Versprechen, in Verbindung zu bleiben.

Freunde

Der Timer klingelte und zeigte ihm an, dass die Kartoffeln fertig waren. Holger Grafe schlurfte von der kleinen Terrasse der Berliner Altbauwohnung zurück in die Küche. Das Alleinsein bekam ihm nicht. Seit seine Frau vor fünf Jahren verstarb, fühlte er sich verloren, ihm fehlte ein Stück Lebensfreude. Und wie an so vielen anderen Tagen wusste er auch heute wiedermal nichts Rechtes mit sich anzufangen. Zum Glück wohnten seine beiden Freunde Norbert und Alexander in der Nähe. Seit sie alle drei in Rente waren, sahen sie sich öfter als die Jahre zuvor. Ein paar Mal hatten sie versucht, ihn aus seiner Lethargie zu reißen. „Holle, warum malst du nicht mehr? Fang doch einfach wieder an! Jetzt, wo du als Rentner Zeit dazu hättest." Und jedes Mal hatte Holger daraufhin gleichgültig mit den Schultern gezuckt und erwidert: „Wozu, die Wände hängen voller Bilder."

Das stimmte. Im Flur, im Wohnzimmer und Schlafzimmer, ja selbst in der Küche hingen Gemälde aus einer Schaffensperiode von mindestens drei Jahrzehnten. Für die Malerei hatte er sich immer interessiert und in seiner Freizeit früher gerne und oft gemalt oder gezeichnet. Aber seit Hannahs Tod fehlte ihm der Antrieb dazu und generell wohl auch die Energie und der Unternehmungsgeist.

Holger hatte gerade am Küchentisch Platz genommen, als es an der Tür klingelte. Unwillig ließ er das Essen stehen und schlurfte zur Tür. Aber dann hellte sich seine Miene auf.

„Nobbe, komm rein! Du hast sicher schon gegessen. Was gab's denn Gutes?"

Aber Norbert winkte ab. Er sah nicht glücklich aus. „Ich glaube, ich habe ein Problem."

„Doch hoffentlich nicht mit Christa?"

„Noch nicht, aber es könnte eins werden." Und mit knappen Worten informierte er den Freund über das unbefriedigende Gespräch in der SüdBank und seine Befürchtungen, dass da gründlich etwas schiefgelaufen sei.

Holger schnitt ein Stück von dem Schnitzel ab und brummte: „Wie sieht denn die Wohnanlage aus? Du hast sie dir doch bestimmt schon irgendwann mal in Natura angeschaut."

„Nein, leider nicht. Ich hatte den geplanten Gebäudekomplex und die Grundrisse der Wohnung nur auf dem Papier gesehen. Es sah alles prima und sehr ansprechend aus." Für einen Moment war Holger sprachlos. Seine Gabel mit dem Stück Schnitzel hing in der Luft.

„Willst du damit sagen, dass du noch nie dort gewesen bist?"

Norbert gab unwillig zu, dass er sich auf die ansprechenden Bilder im Hochglanzprospekt verlassen hatte. Außerdem fühlte er sich damals zu einer schnellen Entscheidung gedrängt, da angeblich kaum noch Wohnungen verfügbar wären.

„Na ja, und der nächste Weg an den Bodensee nach Hagnau ist es ja von hier aus auch nicht gerade", versuchte er, sich zu rechtfertigen.

Verständnislos sah Holger seinen Freund an. „Mensch Nobbe! So naiv kann doch keiner sein!"

Norbert seufzte „Wenn etwas schiefgegangen sein sollte, weiß ich gar nicht, wie ich es Christa beibringen soll. Letztendlich hatte ich sie damals zum Abschluss des Kaufvertrages überredet. Du kennst sie ja. Sie wird mir Vorwürfe machen."

„Na, das dürfte ja jetzt die kleinste Sorge sein. Wollen wir mal Sascha anrufen? Vielleicht hat der eine Idee."

Am späten Nachmittag trudelte Alexander, genannt Sascha, mit seinem Rennrad ein. Er trug es die wenigen Stufen hinauf bis zur Wohnung im Hochparterre.

„Du glaubst jetzt aber nicht, dass du es bei mir im Flur abstellen kannst?", empfing ihn Holger, um ihn aber dennoch gleich darauf mitsamt dem Rad hineinzulassen.

Dr. Alexander Niermeyer war sichtbar der fitteste der drei Freunde; er unternahm etliches dafür und pflegte, begleitet vom gutmütigen Spott der beiden anderen, beständig seine Eitelkeit. Mit der sportlichen, hochgewachsenen Figur, dem jungenhaften Lächeln und dem kurzen Haarschnitt würde man nicht annehmen, dass er bereits fünfundsechzig war. Seinen Eintritt in den Ruhestand hatte er noch nicht so recht verkraftet. Nach wie vor betreute er Doktoranden, genauer gesagt Doktorandinnen, und erschien zwei- bis dreimal wöchentlich im Institut. Verheiratet war er nie und würde sich auch nicht binden wollen.

Jetzt stand er im neongelben Fahrradoutfit und leicht verschwitzt in Holgers Flur.

„Wo brennt's Leute?"

Und Norbert schilderte zum zweiten Mal seine Sorgen

und Befürchtungen. Mit den Worten: „Vorwürfe kannst du dir sparen, die hat Holle mir schon gemacht", beendete er die Darlegung der Fakten.

Sascha runzelte die Stirn: „Das klingt ja wirklich nicht gerade beruhigend. Wie wäre es, wenn wir mal zu dritt dort am Bodensee auftauchen und uns die Lage vor Ort anschauen würden?"

„Aber ohne Christa", warf Norbert sofort ein.

„Natürlich ohne Christa. Sie muss doch sowieso während der Woche arbeiten, und am Samstag sind wir wieder zurück. Als Begründung kannst du ihr ja sagen, dass wir dort eine Radtour machen", schlug Sascha nicht ohne Hintergedanken vor.

Norbert grinste schief und deutete auf seinen Bauch. „Das glaubt sie mir nie!"

Auch Holger äußerte Bedenken: „Wir könnten doch sowieso nicht drei Räder auf dem Fahrradträger transportieren."

„Die kann man theoretisch vor Ort ausleihen. Mein Rennrad nehme ich jedenfalls mit."

Weitere Fragen gab es vorerst nicht, und man einigte sich darauf, dass Sascha die beiden Freunde morgen in aller Frühe mit dem Auto abholen würde.

Etwas verschlafen stiegen Holger und Norbert am nächsten Morgen mit ihren Reisetaschen zu.

Vor ihnen lagen laut Routenplaner eine Strecke von 760 Kilometern und eine Fahrzeit von reichlich sieben Stunden. Staus und Pausen nicht eingerechnet.

Hinter Bayreuth fuhren sie auf einen Parkplatz und

vertraten sich die Beine. Wortlos übergab Sascha den Autoschlüssel an Holger. In der Höhe von Nürnberg nahmen sie ein spätes Mittagessen ein. Danach fuhr Norbert den Rest der Strecke. Erst kurz vor siebzehn Uhr erreichten sie Hagnau.

Aber für die weite Anreise wurden sie belohnt. Der Ort lag idyllisch zwischen Weinbergen und dem Bodensee. Norbert hatte für sie ein familiengeführtes kleines Hotel direkt an der Seestraße gebucht. Wie in alten Zeiten teilten sie sich ein Zimmer. In diesem Fall war es eher eine große Junior Suite denn ein normales Hotelzimmer. Holger bevorzugte die Couch, die beiden anderen die komfortableren Betten. Vom Balkon aus bot sich ihnen ein sensationeller Ausblick auf den See.

Sascha streckte sich und breitete die Arme weit aus. „Jungs, hier könnte ich bleiben. Wenn du wirklich hierherziehen solltest, Nobbe, dann musst du mit mir als Dauergast rechnen."

„Nichts lieber als das, aber das Örtchen, in dem die Wohnanlage steht, liegt ja mindestens 30 km von hier entfernt. Für heute reicht es aber erst einmal. Ich schlage vor, wir suchen uns jetzt eine gemütliche Gaststätte mit Blick aufs Wasser."

Schon bald fanden sie ein Restaurant direkt am See. Das frühlingshafte Wetter war warm und mild, und so wählten die Freunde einen Tisch auf der Terrasse.

„Ihr seid heute Abend meine Gäste", verkündete Norbert. „Und danke nochmal, dass ihr so spontan mitgekommen seid!"

„Was heißt hier mitgekommen. Wärst du denn alleine

überhaupt gefahren?" Norbert gab freimütig zu, dass ihm dies schwergefallen wäre, zumal Christa auf keinen Fall dabei sein sollte. Dann bestellten sie und schoben alle Bedenken und Befürchtungen erst einmal weit von sich. Als der Kellner die Hauptspeisen brachte, widmeten sie sich schweigend ihren Tellern. Nur hin und wieder ließ einer von ihnen eine anerkennende Bemerkung zum Essen oder zu der herrlichen Landschaft fallen.

Bei einer Flasche Wein ließen die drei Freunde dann später auf dem Balkon den Abend ausklingen. In der einbrechenden Dunkelheit sahen sie weit entfernt am gegenüberliegenden Ufer auf der Schweizer Seite die Lichter der ihnen unbekannten Ortschaften.

Norbert seufzte: „Das alles könnte so schön sein. Aber ich befürchte, dass es morgen eine böse Überraschung geben wird. Nein, eigentlich keine Überraschung, sondern die Bestätigung meiner schlimmsten Vorahnungen."

„Nobbe, nun male mal den Teufel nicht an die Wand!"

Bittere Gewissheit

„Und du bist sicher, dass wir hier richtig sind?", fragte Sascha zweifelnd.

„Ja ganz sicher, zwischen Beuren und Lellwangen. Hier ist ja weiter nichts." Fassungslos schauten sie auf die Bauruine. Ein Neubau, der aber offensichtlich vor Jahren abgebrochen und nie fertiggestellt wurde, lag vor ihnen. Deutlich waren die Absätze, die einmal als Terrassen geplant wurden und die begonnenen Treppenhäuser zu erkennen. Auf dem öden Gelände wucherte Gestrüpp. Das verwahrloste Baugelände war mit einem mittlerweile verrosteten Drahtzaun abgesichert. Nachfragen bei Anwohnern der benachbarten Orte bestätigten Norberts Befürchtungen: Hier wurde vor reichlichen zehn Jahren mit dem Bau einer Wohnanlage begonnen, in der altersgerechte Wohnungen mit großzügigen Terrassen und Balkonen entstehen sollten. Aber nach drei Jahren ging der Bauträger in Konkurs, und übrig blieb diese unansehnliche Bauruine.

Norbert fehlten die Worte, er war verzweifelt.

Sascha klopfte ihm tröstend auf die Schulter. „Jetzt hast du zumindest Gewissheit. Wir müssen nun mal überlegen, wie es weitergehen soll." Schweigend liefen die drei Freunde zum Auto zurück.

„Und wie könnte es deiner Meinung nach weitergehen?", fragte Norbert gereizt. „Der Kundenberater hat mir ja bereits gesagt, dass die SüdBank da ohnehin nichts machen kann, weil sie mit dem Bauträger nichts zu tun hätte."

„Das wollen wir doch erst einmal sehen. Du lässt dir gleich Anfang nächster Woche einen Termin bei der Bank geben, aber diesmal zu einem Gespräch mit dem Chef. "

Die restlichen beiden Tage verbrachten die Freunde wie geplant in Hagnau. Doch die entspannte Stimmung des ersten Abends, als sie in der Gaststätte saßen und später vom Balkon ihres Zimmers die grandiose Aussicht auf den Bodensee genossen, war endgültig dahin. Sascha zumindest versuchte das Beste aus dem Aufenthalt herauszuholen und stieg auf sein Rennrad.

Zwei Tage später, es war ein Freitag, traten sie in aller Frühe die Rückfahrt an.

„Na, der Ausflug zu dritt ist dir wohl nicht bekommen? Du hast dich doch hoffentlich nicht bei den Radtouren übernommen!", lästerte Christa und bestückte den Geschirrspüler. Schon die ganze Zeit während des Abendessens fiel ihr auf, wie wortkarg Norbert war, aber er begründete die gedrückte Stimmung mit der langen Autofahrt und seiner Übermüdung. Ein paar Mal war er drauf und dran, Christa alles zu beichten, entschied sich aber letzten Endes dagegen. Im Gegensatz zu der Euphorie, mit der er damals den Vertrag abgeschlossen hatte, war sie von Anfang an skeptisch und misstrauisch. Letztendlich behielt sie mit ihren Vorbehalten Recht und würde ihm nun mit Sicherheit seine Gutgläubigkeit vorwerfen. Ihre Eigenheiten und Launen kannte er mittlerweile bestens. Über vierzig Jahre waren sie miteinander verheiratet.

Als er sie damals kennenlernte, war sie ein zurückhaltendes junges Mädchen mit braunen Augen und dunklen Locken. Ein paarmal noch hatten sie sich gesehen, doch bald darauf wieder aus den Augen verloren und erst drei Jahre und fünf Kilo später wiedergetroffen. Aus dem stillen, schüchternen Mädchen war mittlerweile eine selbstbewusste Frau geworden. Es waren ihr Lächeln und die dunklen Augen, die ihn sofort wieder in ihren Bann zogen. Ein halbes Jahr später heirateten sie. Kinder hatten sie keine, und so begann Christa zunehmend und sehr zu seinem Verdruss ihre ausgeprägten pädagogischen Ambitionen auf ihn zu richten. „Wo willst du denn hin? …Warum hast du noch nicht …? Was machst du da eigentlich?", waren Fragen, denen Norbert gerne aus dem Weg ging. So gesehen graute ihm vor dem kommenden Ruhestand seiner Frau.

Und nun also zeichnete sich ein weiteres, ernsthaftes Problem ab. Beschuldigungen waren das Letzte, was er momentan ertragen würde. Nein, da musste er jetzt alleine durch und versuchen, die Angelegenheit wieder ins Reine zu bringen.

Gleich am Montagmorgen rief Norbert bei der SüdBank an und bat um einen Termin, diesmal bei dem Leiter der Bank.

Am Mittwochmorgen empfing ihn ein gutaussehender, wortgewandter Herr und stellte sich als Kai Wenderick vor.

Wenderick? Den Namen hatte Norbert vor kurzem aber in einem ganz anderen Zusammenhang gehört.

Höflich hörte er sich Norberts Anliegen an. Kai Wendericks Tonfall war verbindlich, und seine Miene drückte Verständnis aus. „Ich verstehe Sie vollkommen, Herr Lange. Glauben Sie mir, wenn ich eine Lösung parat hätte, würde ich sie Ihnen unverzüglich anbieten. Aber leider …", und hierbei hob Wenderick bedauernd die Hände, „… kann unsere Bank Ihnen da nicht weiterhelfen. Ich rate Ihnen dringend, gegen die Baugesellschaft zu klagen. Aber da die Firma bereits vor Jahren in den Konkurs ging und die Gesellschaft de facto nicht mehr existiert, sehe ich ehrlichgesagt wenig Chancen auf einen Erfolg."

Norberts letzte Hoffnung schwand dahin. Mit einem Anflug von Verzweiflung warf er ein: „Letztendlich hat aber der Kundenberater *Ihrer* Bank mir zu dieser Anlage geraten. Sicher gibt es doch eine Art Versicherungsfonds, um derart getäuschte Kunden zu entschädigen."

Herrn Wendericks bis dahin freundlicher Ton wurde um eine Nuance schärfer. „Leider nein, Herr Lange. Die Beratung erfolgte damals über eine Tochterfirma. Es handelte sich um eine ausgelagerte Beratungsgesellschaft, die schon vor Jahren aufgelöst wurde. Unsere Bank ist hierfür nicht zuständig und haftet demnach auch nicht für Ihren Verlust." Für Herrn Wenderick war die Angelegenheit damit erledigt und das Gespräch beendet. Nicht aber für Norbert. Ungebremst verschaffte er nun seinem Ärger Luft.

„Das kann ja wohl nicht wahr sein! Damals überredete mich Ihr Mitarbeiter zur Zahlung in diesen Fonds, und nun lassen Sie mich als Kunden im Regen stehen! Ich werde Ihrer Bank gegenüber Haftungsansprüche geltend machen!"

Wenderick hatte sich unterdessen erhoben. In kaltem Ton erklärte er: „Das steht Ihnen natürlich frei. Sie werden aber keinen Erfolg haben. Wie ich Ihnen bereits darlegte, war der Kundenberater *kein* Mitarbeiter unserer Bank. Ich kann Ihren Ärger durchaus verstehen, aber wir sind für diesen Fall nicht zuständig." Innerhalb von Sekunden war sein Lächeln zu einer eisigen Miene gefroren. Jede weitere Bemerkung seines Gegenübers glitt an ihm ab.

Eine Minute später fand sich Norbert auf dem gepflegten Korridor der Chefetage wieder. Beim Anblick des tadellos gereinigten Fußbodens fiel ihm plötzlich das Gespräch mit der Katalanin ein. Sie war es, die den Namen Wenderick zum ersten Mal genannt hatte. Aber unterdessen arbeitete sie nicht mehr hier in der Bank. Wenn Norbert ihr damals eine leichte Übertreibung bei der Schilderung des Geschehenen unterstellt hatte, so glaubte er ihr nun uneingeschränkt. Die freundliche Verbindlichkeit war eine Maske, unter der sich ein knallharter, vermutlich sogar gefährlicher Typ verbarg.

Wie mochte es der temperamentvollen Katalanin jetzt gehen? Irgendwo hatte Norbert noch die Serviette mit ihrem Namen und der Handynummer.

Momentan hatte er keine Lust, nach Hause zu gehen. Bei dem Gedanken an das unausweichliche Gespräch mit Christa und dem anschließenden Disput bekam er Kopfschmerzen. Er wählte Saschas Handynummer und kurz darauf die von Holger.

Eine Stunde später saßen alle drei in dessen Küche.

„Es ist ja noch nicht aller Tage Abend, Nobbe!", versuchten die beiden Freunde, ihn zu trösten.

„Irgendeine Möglichkeit, die Bank für den entstandenen Verlust haftbar zu machen, muss es doch geben. Ein Bekannter von mir ist Anwalt. Ich werde ihn heute Abend anrufen und deinen Fall schildern", versprach Sascha. Die drei verabredeten sich für den nächsten Tag zur gleichen Zeit wieder bei Holger in der Wohnung.

Aber es war keine gute Nachricht, die Sascha am darauffolgenden Tag überbrachte. Der Anwalt sagte zwar zu, sich den Fall nochmal genauer anzuschauen, wies aber fairerweise daraufhin, dass nur wenig Hoffnung auf eine aussichtsreiche Klage bestünde. Als Gründe nannte er die Kaufberatung durch eine externe Beratungsgesellschaft und dass die rechtlichen Ansprüche womöglich verjährt wären. Die Aussichten auf eine Haftung seitens der Bank seien denkbar schlecht.

Auf Saschas Mitteilung folgte ein bedrücktes Schweigen. Schließlich erhob sich Holger und schlurfte zur Kaffeemaschine. Aber auch der sich bald darauf verbreitende aromatische Duft trug nicht wesentlich zur Hebung der Stimmung bei.

Norbert nahm einen Schluck Kaffee und monierte: „Es ist schon eine Schande, dass die Bank keinerlei Entgegenkommen für falsch beratene Kunden zeigt. An Geld kann es doch nicht fehlen, wenn sich die SüdBank eine Kunsthalle leisten kann. Sie soll ja angeblich Wendericks persönliche Leidenschaft sein. Dafür gibt er offensichtlich gerne Geld aus."

„Na ja, das Geld dafür kommt sicher aus einem ganz anderen Topf. Aber woher weißt du eigentlich, dass die Kunsthalle seine Leidenschaft ist? Habt ihr euch etwa darüber unterhalten?"

„Nein, natürlich nicht." Und Norbert erzählte von der Begegnung mit Estrella und davon, dass sie Wenderick in der Kunsthalle antraf, als sie dort putzte. „Sie ist übrigens eine gebürtige Katalanin und kommt aus Barcelona. In Berlin wohnt sie nur für ein Jahr, um ihre Deutschkenntnisse aufzubessern."

Die beiden anderen grinsten: „Hast du Christa von ihr erzählt?" Statt einer Antwort tippte Norbert mit dem Zeigefinger unmissverständlich an seine Stirn. Dann meinte Sascha: „Es kann ja nichts schaden, wenn ich mir die Kunsthalle mal anschaue."

„Seit wann interessierst du dich denn für Kunst?", wollte Holger wissen.

„Ich bin einfach neugierig geworden, was dort so ausgestellt wird", meinte er ausweichend. Damit war das Thema vorerst erledigt. Abschließend wandte sich Sascha an Norbert: „Ich gebe dir auf jeden Fall die Telefonnummer des Anwalts. Vielleicht hat er doch noch eine Idee, wie du an dein Geld kommst. Aber die Sache wird sehr langwierig werden. Irgendwann musst du mit Christa darüber sprechen."

Am Abend surfte Sascha ein wenig im Internet und fand heraus, dass am kommenden Donnerstag um neunzehn Uhr in der Kunsthalle der SüdBank eine Ausstellungseröffnung stattfinden würde. Kurzentschlossen griff er zum Telefon. „Holle, kommst Du mit?"

Eine Idee

An dem Donnerstagabend betraten beide die Kunsthalle und schoben sich durch das dichte Gedränge.

Holger griff nach einem Flyer. „Worum geht es heute eigentlich?"

„Du hast dich wohl überhaupt nicht informiert?", meinte Sascha grinsend. „Es geht um Papiercollagen und Farblithografien von Georges Braque. Ausgestellt sind der Neuerwerb einer Lithografie und einige Leihgaben aus Privatbesitz und vom Kunstmuseum Pablo Picasso in Münster. Eine Menge Vogelbilder sind hier in der Ausstellung zu sehen. In Braques Spätwerk nimmt das Bildthema *Der Vogel im Flug* eine zentrale Bedeutung ein."

Verblüfft schaute Holger seinen Freund an. „Wieso interessiert dich das? Bist du jetzt unter die Ornithologen gegangen?"

„Ehrlichgesagt interessiert mich hier nur *ein* Vogel, nämlich dieser Wenderick, der sich offensichtlich als Kurator präsentiert. Ich bin gespannt, wie er aussieht." Saschas Bemerkungen gingen in den einsetzenden Klavierklängen unter. An einem Flügel, den er bis dahin nicht bemerkt hatte, saß ein junger Mann und spielte ein lyrisches Stück von Mendelssohn Bartholdy. Nachdem der letzte Ton verklungen war, trat ein gutgekleideter Herr nach vorne, er mochte Mitte fünfzig sein, und sprach ein paar einleitende Worte.

„Das muss er sein", raunte Sascha seinem Freund zu.

„Der ist das? Auf mich macht er einen ausgesprochen kultivierten Eindruck."

Sascha schaute nochmal auf den Flyer. „Das muss er aber sein. Außer einer Frau Dr. Uta Ruland und ihm wird hier keiner weiter sprechen." Als er den mahnenden Blick eines anderen Gastes auffing, verstummte er. Die Begrüßungsrede zog sich nach seinem Ermessen endlos lange hin.

Schließlich beendete Kai Wenderick die Ausführungen mit den Worten: „Ich wünsche Ihnen viel Freude beim Betrachten der zauberhaften Werke von Georges Braque. Frau Dr. Uta Ruland wird Ihnen eine kurze Einführung zu dieser Ausstellung und zur Geschichte unserer neuerworbenen Farblithografie geben."

Frau Ruland trat hervor. Weitere Ausführungen folgten. Fasziniert schaute Sascha zu ihr hin. Gerade zitierte sie den Künstler mit den Worten: „Ich suche nicht die Überspanntheit, die Spannung genügt mir", und betonte, dass Georges Braque ein Künstler der eher leisen Töne sei aber gleichwohl die Kunst revolutioniert habe. Neben Picasso und Matisse gehöre er zu den Pionieren der Moderne des 20. Jahrhunderts.

Holger beobachtete seinen Freund von der Seite und lästerte: „Sicher ist sie etwas älter als deine Doktorandinnen." Aber Sascha überhörte die ironische Bemerkung. Wie gebannt beobachtete er die Rednerin und sog ihre Worte förmlich auf. Ihre Stimme hatte einen sanften Klang. Das leicht gewellte Haar trug sie offen. Und es war nicht gefärbt, denn zwischen dem dunkelblond glaubte Sascha, ein paar silbern schimmernde Haare zu erkennen. Ihr Alter war schwer zu schätzen. Sie war schlank und zierlich, die auffällige Brille, die sie bei ihrem

Vortrag trug, betonte ihre intellektuelle Ausstrahlung. Dadurch wirkte sie ein wenig distinguiert und unnahbar. Vermutlich lebte sie allein und ließ niemanden näher an sich heran.

„Wie alt schätzt du sie?", flüsterte Sascha.

„Vielleicht fünfzig oder knapp darüber", raunte Holger zurück. Diesmal handelte *er* sich den ärgerlichen Blick eines neben ihm stehenden Gastes ein. Schließlich beendete Frau Dr. Ruland ihren Vortrag. Abschließend spielte noch einmal der junge Pianist. Nachdem der letzte Ton und der Applaus verklungen waren, lud Herr Wenderick die Gäste zu einem Glas Wein und einem kleinen Imbiss ein.

Saschas Blick folgte Frau Dr. Ruland. Was er dann bemerkte, mochte er kaum glauben. Und es gefiel ihm nicht. Herr Wenderick legte den Arm um ihre Taille und küsste sie flüchtig. Sascha musste sein Vorurteil, dass sie niemanden an sich heranließe, revidieren. In seinen Augen war ihre aparte Ausstrahlung somit entzaubert. Ausgerechnet Wenderick! Enttäuscht wandte er sich ab.

Holger und er ließen sich in der Menge zu dem kleinen Buffet treiben, und jeder nahm ein Glas Rotwein. Dann betrachteten sie die ausgestellten Werke, insbesondere die neuerworbene Farblithografie. Nach einer halben Stunde reichte es Sascha.

„Kommst du noch mit auf ein Glas Bier? Außerdem habe ich heute Abend noch nichts gegessen." Bereitwillig ließ sich Holger überreden, und beide suchten eine nahegelegene Gaststätte. Kurz darauf betraten sie ein volles Lokal, fanden aber trotzdem bald einen freien Tisch.

Nachdem sie bestellt hatten und die Getränke gebracht wurden, fragte Sascha: „Was hältst du nun von diesem Kai Wenderick? Im Prinzip waren wir doch vor allem seinetwegen da, um ihn uns mal genauer anzuschauen. Was ist dein erster Eindruck von ihm?"

Holger nahm einen Schluck Bier und meinte nachdenklich: „Er wirkt keineswegs unsympathisch. Außerdem scheint er sehr redegewandt und kunstverständig zu sein. Aber hast du mal seine Augen beobachtet, wenn er lacht? Sie lächeln nicht mit, sie bleiben wachsam, beobachtend, irgendwie hart. Kurz und gut: Ich glaube, es würde wenig Sinn machen, ihn nochmal um einen Gesprächstermin zu bitten. Der würde Nobbe wieder eiskalt abservieren."

Sascha stimmte ihm zu. Dann fragte er unvermittelt: „Wie haben dir eigentlich die Bilder von Braque gefallen?"

Holger zuckte gleichgültig mit den Schultern. „Sie sind nicht so ganz mein Fall."

Aber zu seiner Überraschung kam Sascha nun so richtig in Fahrt und begann in ironischem Ton zu dozieren. „Empfindest du nicht auch die Ästhetik, die bildnerische Aura der Stillleben? Wenn er zwei, drei Gegenstände in reduzierten Farbtönen miteinander in Beziehung setzt, folgt er damit fast einer mathematischen Logik. Und in seinem grafischen Spätwerk schafft er mit den Vogelbildern eine beeindruckende Beziehung zwischen Bewegung und Raum."

Holger deutete einen Applaus an. „Ich gratuliere dir zu deinem Kurzzeitgedächtnis. Du gibst eine Passage aus

Frau Dr. Rulands Einführungsrede fast wortwörtlich wieder. Wieso machst du dich über sie lustig? Ich dachte, sie gefällt dir."

„Im Prinzip schon, aber sie ist Wendericks Geliebte und fällt damit aus meinem Interessenbereich."

„Da wird sie sich aber grämen!", zog Holger ihn auf.

Aber Sascha ging nicht auf diese Bemerkung ein, sondern fuhr mit seinen Betrachtungen fort. „Trotzdem finde ich, dass Georges Braques Bilder leicht zu fälschen wären."

„Du musst es ja wissen!"

Mit einem hintergründigen Lächeln ergänzte Sascha: „Und gerade deshalb gefallen mir seine Werke."

Jetzt glaubte Holger, sich verhört zu haben. In diesem Augenblick kam der Kellner und brachte das Essen, nachdem er sich entfernt hatte, forderte er: „Den Zusammenhang musst du mir erst einmal erklären!", und ergänzte nach zwei, drei Sekunden mit einem schiefen Lächeln: „Du willst mir jetzt doch nicht zu verstehen geben, dass es dir ein Leichtes wäre, einen Braque zu fälschen?"

„Ich spreche nicht von mir."

„Sondern?" Sascha schwieg. Sein Blick ruhte unmissverständlich auf seinem Freund. „Das ist jetzt nicht dein Ernst!" Doch als Sascha nichts erwiderte, ahnte Holger, dass er es genau so meinte. „Sag jetzt bitte nicht, ich soll ein Bild fälschen, damit wir es dann diesem Wenderick zum Kauf anbieten können, sozusagen als Entschädigung für Nobbe! Vergiss es." Doch Sascha zuckte nur mit den Schultern und griff zum Besteck. Auch Holger widmete sich jetzt seinem Steak, stellte aber nochmal klar: „Du kannst nicht ernsthaft erwarten, dass ich einen Braque fälsche."

In beruhigendem Ton erwiderte Sascha: „Nein, ich dachte eigentlich auch nicht an einen Braque, ...". Diesmal wartete der andere einfach ab, bis sein Freund weitersprach: „... sondern an einen Picasso."

„Geht in Ordnung." Entspannt aß Holger weiter. Er wusste, dass Sascha mitunter zu sarkastischen Bemerkungen und makabren Späßen neigte. Aber ein paar Augenblicke später fragte er in bemuht beiläufigem Ton: „Warum eigentlich einen Picasso und keinen Braque?"

„Wenn du Nobbe zugehört hättest, würdest du von alleine darauf kommen."

„Rede bitte nicht in Rätseln. Ich habe keine Lust auf ein Quiz beim Essen." Holgers Worte klangen genervt und deuteten Sascha an, dass er die Geduld seines Freundes lange genug strapaziert hatte. Bereitwillig ließ er sich deshalb auf eine Erklärung ein.

„Dir ist sicher bekannt, dass es beim Verkauf eines Kunstwerkes außer auf den Namen des Künstlers und der Qualität des Bildes auch auf eine lückenlose Provenienz ankommt. Ein bis dahin unbekanntes Werk kann nicht plötzlich aus dem Nichts auftauchen. Die früheren Besitzverhältnisse müssen eindeutig geklärt sein. Und das wäre für uns im Fall eines Georges Braque äußerst schwierig, wenn nicht gar unmöglich."

Obwohl Holger den letzten Satz nicht ernst nahm, ergänzte er in provokantem Ton: „Bei einem Picasso wäre das natürlich viel einfacher."

Aber Sascha erwiderte nur: „Kommt drauf an."

Demonstrativ legte Holger sein Besteck beiseite und verschränkte die Arme. „Jetzt machst du mich wirklich neugierig."

Verstohlen warf Sascha einen Blick in den Raum. Schon das allein und dessen ernste Miene waren Holger Beweis genug, dass sein Freund offensichtlich etwas Unlauteres im Schilde führte. Dieser Zug an ihm war höchst ungewöhnlich. Der Lärmpegel in der Gaststätte hatte unterdessen einen Level erreicht, der ein unerwünschtes Mithören ausschloss. Trotzdem senkte Sascha seine Stimme, als er erklärte: „Im Prinzip brachten mich erst die Braque-Ausstellung, Braques enge Verbindung zu Picasso und die Tatsache, dass Nobbe eine Katalanin aus Barcelona kennengelernt hat auf die Idee."

Holger schaute ihn verständnislos an. „Abgesehen davon, dass du nicht von mir verlangen kannst, einen Picasso zu fälschen: Was hätte die Katalanin denn mit der Provenienz des Bildes zu tun?"

„Erst einmal nichts, da müssten wir natürlich nachhelfen." Während Holger gleichmütig wieder nach Messer und Gabel griff und sein Steak zu Ende aß, beeilte sich Sascha, zu erklären: „Dir dürfte ja bekannt sein, dass Picasso eine Zeit lang in Barcelona gelebt hat. Deshalb kam ich ja erst auf den Gedanken, dass wir Norberts Bekanntschaft mit der Katalanin nutzen könnten, um eine fiktive Verbindung zu dem Maler herzustellen."

Bis hierhin hatte Holger seinem Freund zumindest zugehört. Aber nun fragte er zu Recht: „Warum sollte ausgerechnet *sie* uns bei einem Betrug helfen wollen?"

34

„Wenn die Geschichte, die sie Norbert erzählt hat, wirklich so stimmt und nicht übertrieben ist, muss sie diesen Wenderick abgrundtief hassen. Und das dürfte für sie Grund genug sein, ihm ordentlich eins auswischen zu wollen."

Zumindest ließ sich Holger auf Saschas Gedankenspiel ein und spann den Faden weiter. „Nur mal angenommen, wir würden die Sache tatsächlich durchziehen. Denkst du nicht, dass wir die Geschichte mit der Provenienz auch alleine hinkriegen würden?"

„Eben nicht. Wir mussten mit einem Kaufbeleg nachweisen, wo und wann wir das Bild zu welchem Preis erworben haben. Am einfachsten wäre, es hätte sich seit Jahrzehnten in Familienbesitz befunden. Der Künstler könnte doch zu seinen Lebzeiten ein Werk verschenkt haben. Da bietet sich eine fiktive Bekanntschaft mit Picasso geradezu an. Sicher hat die Katalanin Vorfahren, die zu seiner Zeit in Barcelona gelebt haben. Und was das Künstlerische betrifft, Holle, da würde ich mich voll und ganz auf dich verlassen."

Nach einem kurzen Schweigen meinte Holger lakonisch: „Du traust mir ja eine Menge zu."

„Natürlich, Holle! Du hast dein Leben lang gemalt, und die Bilder sehen professionell aus!"

Aber Holger schüttelte den Kopf. „Ich meine das nicht unbedingt künstlerisch, sondern vor allem moralisch. Bis jetzt habe ich mir nichts Ernsthaftes zuschulden kommen lassen, und so sollte es auch bleiben. Davon einmal abgesehen habe ich jahrelang keinen Pinsel mehr in die Hand genommen. Seit Hannah verstorben ist, habe ich nicht mehr gemalt oder gezeichnet, das weißt du doch. Und außerdem eigne ich mich nicht als Fälscher. Hast du mal daran gedacht, was passieren würde, wenn die Sache aufflöge? Wir wandern alle in den Knast!"

Jetzt sprach Sascha so beruhigend und überzeugt, dass Holger geneigt war, ihm weiter zuzuhören. „Das wird nicht geschehen, Holle. Außer deinen malerischen Fertigkeiten, die du natürlich wieder reaktivieren müsstest, wäre der Dreh- und Angelpunkt, wie vertrauenswürdig die Katalanin ist und ob sie überhaupt mitmachen würde. Nobbe müsste sich also nochmal mit ihr treffen und ihr vorsichtig auf den Zahn fühlen ohne unsere Idee offenzulegen."

„Es ist *deine* Idee", stellte Holger klar. Sein Freund überging diesen Einwand und redete, so als wäre die Sache längst beschlossen, einfach weiter.

„Wenn sie also bereit und geeignet wäre, mit uns zusammenzuarbeiten, könnten wir uns eine Provenienz ausdenken."

Holger schwieg dazu. Schließlich fragte er: „Und wie wollen wir das Nobbe beibringen?"

„Morgen früh, wenn Christa arbeitet, rufe ich ihn an, und wir treffen uns dann wieder bei dir."

Mit einem hintergründigen Lächeln meinte Holger: „Ich befürchte bald, du möchtest aus meiner Küche einen konspirativen Treffpunkt machen."

Sascha grinste. „Da ist was dran."

Ein konkreter Plan

Am nächsten Vormittag saßen die Freunde in Holgers Küche beisammen.

Nachdem Sascha in groben Zügen den Plan erläutert hatte, fragte Norbert verunsichert: „Ganz abgesehen davon, ob Holle so etwas hinbekäme: Wie soll ich denn Frau Cardona die Sache vortragen? So gut kenne ich sie doch gar nicht, eigentlich überhaupt nicht." Doch hierzu hatte Sascha offensichtlich schon einen Plan.

„Du rufst sie einfach an, fragst unverbindlich wie es ihr geht und erwähnst dann beiläufig, dass du durch die SüdBank nun tüchtig in der Klemme stecken würdest. Stimmt ja auch. Und dann schlägst du ihr nach einigem Bla Bla spontan vor, sich mal wieder auf einen Kaffee zu treffen. Als Begründung kannst du ihr ja sagen, dass du nichts Näheres am Telefon erzählen möchtest. Auch das wäre nicht gelogen. Mit deinem Charme dürfte es dir doch nicht schwerfallen, die Katalanin zu einem Kaffee zu überreden!", versuchte Sascha, seinen Freund ein wenig herauszulocken. „Und dann bringst du sie so nach und nach aber unauffällig auf die Idee mit dem Picasso. Es muss so aussehen, als wäre es ihr Einfall."

Norbert entgegnete barsch: „Ganz sicher ist Frau Cardona nicht blöd!"

„Natürlich musst du es sehr geschickt und klug einfädeln, Nobbe."

Er kannte Saschas Methoden, ihn einzufangen, und reagierte darauf mit einem schiefen Lächeln. Trotzdem bat er nach ein paar Augenblicken: „Jetzt klärt mich bitte erstmal ganz genau auf, wie die Sache mit Picasso und Barcelona im Detail zusammenhängt." Erfreut nickte Sascha ihm zu, und Holger griff nach seinen Notizen.

„Ich habe in Kurzform mal etwas aus Picassos Biografie und dessen Zeit in Barcelona herausgesucht.", begann er und las von einem Blatt ab: „Picasso wurde 1881 in Málaga geboren, siedelte dann mit seinen Eltern und den beiden Schwestern im Herbst 1895 nach Barcelona über, weil sein Vater dorthin als Professor an die Kunstakademie berufen wurde. Von einigen Unterbrechungen abgesehen lebte Picasso dort bis April 1905, danach zog er nach Paris. Im Juni 1910 kehrte er kurz zurück, reiste aber bald darauf weiter nach Cadaqués ans Mittelmeer."

Holger bemerkte, wie Norbert sich unruhig auf dem Stuhl bewegte, deshalb fuhr er eilig fort: „Im Mai 1913 kam er zur Beerdigung seines Vaters. Dann hielt er sich nochmal im Oktober 1926 zu einem Interview für die *La Publicidad* in Barcelona auf. Nach den Sommerferien im Jahr 1933 kam er mit seiner Frau Olga und ihrem gemeinsamen Sohn Paul in die Stadt, um Verwandte und alte Freunde zu besuchen, und fuhr im September nach Paris zurück. Soviel ich weiß, ist Picasso aus politischen Gründen nie wieder nach Barcelona zurückgekehrt. Nicht einmal zur Beerdigung seiner Mutter im Januar 1939, da zwei Wochen nach ihrem Tod die Stadt von Francos Truppen eingenommen wurde. So, das wär's fürs erste."

Sascha enthielt sich jedes Kommentars, und Norbert rollte mit den Augen.

„Wie soll ich mir das alles merken?"

„Du musst nur wissen, dass Picasso in der Zeit von

1895 bis 1905, von einigen Unterbrechungen abgesehen, in Barcelona lebte. Alle anderen Aufenthalte waren nur kurz. Er ist also im zarten Alter von vierzehn Jahren mit seiner Familie dorthin gezogen und ist, als er vierundzwanzig war, dann endgültig weg."

Sascha fasste zusammen. „Nun kommt es darauf an, ob Frau Cardona Familienangehörige hatte, die zu dieser Zeit in Barcelona lebten und ob eine Begegnung mit dem Maler theoretisch überhaupt möglich gewesen wäre."

„Ich bezweifle, dass sie überhaupt mitmacht.", entgegnete Norbert ein wenig ungehalten. Für ein paar Augenblicke sahen ihn die beiden anderen schweigend an.

Er verstand es als Vorwurf und erhob sich. „Okay, ich rufe sie nachher an und melde mich wieder bei euch."

Sie trafen sich in dem gleichen Café gegenüber der Süd-Bank, in dem sie das erste Mal gesessen hatten.

„Normalerweise trinke ich keinen Wein am Vormittag", erklärte Estrella, ließ sich aber von Norbert zu einem Glas überreden. Die Kellnerin brachte den Kaffee und zwei Gläser Silvaner. Nachdem er sich erkundigt hatte, wie es ihr gehe und ob sie etwas Neues gefunden hätte, erzählte sie, dass sie jetzt nachmittags stundenweise im Lager eines Einkaufscenters arbeite.

Dann berichtete Norbert von der enttäuschenden Entdeckung vor Ort in der Nähe des Bodensees und Kai Wendericks vernichtender Abfuhr.

Estrellas Augen blitzten vor Zorn, und ihr Gesicht glühte. „Es ist wirklich eine Unverschämtheit, dass er Sie so – wie sagt man im Deutschen? – abserviert! Ich hasse diesen Menschen! Ich würde ihn umbringen, wenn ich könnte!", stieß sie wütend hervor.

„Na ja, vielleicht nicht gleich umbringen", lenkte Norbert beschwichtigend ein. „Wenn ich nur eine Idee hätte, wie man ihm schaden, ihn mal so richtig abkassieren könnte! Aber leider fällt mir dazu nichts ein. Ich weiß einfach zu wenig über diesen Herrn." Gedankenverloren rührte er in seinem Kaffee und gab sich den Anschein, als überlege er. Da von Estrellas Seite keine Äußerung zu dem Thema folgte, wagte Norbert den nächsten Vorstoß. „Hatten Sie nicht mal erwähnt, dass er auch so etwas wie der Kunstbeauftragte der Kunsthalle sei?"

Estrella nickte. „Ja, er kümmert sich um das Kaufen von Bildern. Und er hat eine Geliebte, die Bilder für die Ausstellungen aussucht. Ich habe sie auch schon in der Kunsthalle gesehen."

Sinnierend meinte Norbert: „Vielleicht könnten wir Wenderick auf diesem Gebiet eins auswischen."

„Ihn wegen der Geliebten erpressen?", fragte sie erstaunt.

„Nein, nein, ich meine auf der Kunststrecke."

„Sie wollen ein Bild aus der Galerie stehlen?" Durch den Genuss des Weines hatte Estrella gerötete Wangen und sprach mit erhobener Stimme. Erschrocken bat Norbert sie, etwas leiser zu reden, und bestellte Mineralwasser und zwei Espressi.

„Nein, Frau …". Für einen Moment war ihm ihr Name entfallen.

„Estrella Cardona", half sie weiter. „Aber nennen Sie mich doch einfach Estrella." Aus ihrem Munde und mit der spanischen Aussprache *Estreya* klang ihr Vorname weicher und melodischer, als Norbert ihn sich vorgestellt und ausgesprochen hätte.

„Gerne. Ich bin Norbert." Er sah jetzt etwas verlegen aus. Mit dem Rest Silvaner stießen sie an. Oh je, wenn Christa mich hier sähe! waren seine Gedanken, und augenblicklich stieg ein Schuldgefühl in ihm auf. Aber es währte nicht lange. Die Kellnerin schaute mit einem vielsagenden Lächeln zu ihnen herüber. Norberts nächster Gedanke war: Hier können wir nicht bleiben! Laut fragte er: „Wollen wir dann bald gehen, irgendwo anders hin?", und deutete augenrollend mit dem Kopf in Richtung der Kellnerin.

Estrella nickte zustimmend. „Sie denkt, wir sind ein heimliches Liebespaar", platzte sie laut lachend heraus. Jetzt errötete auch Norbert. „Ist es dir peinlich, wenn du hier gesehen wirst mit mir? Immerhin du hast eine Ehefrau."

Aber er verneinte und versicherte verlegen, dass er sich gerne mit ihr unterhalte. Dann winkte er die Kellnerin heran und zahlte.

„Warum hast du es jetzt so eilig?"

„Das erzähle ich dir draußen, wenn wir ein Stück weit weg sind. Wir müssen hier nicht in der Nähe der Süd-Bank in diesem Café sitzen. Es wäre doch zu blöd, wenn plötzlich Herr Wenderick mit seiner Liebsten auf einen Kaffee hereinkäme und uns beide hier zusammen sehen würde." Das Argument zog, und Estrella erhob sich eilig. Nachdem sie das Café verlassen hatten, ergänzte er: „Außerdem schien die Kellnerin recht neugierig zu sein. Ich habe nämlich eine Idee. Aber die ist nicht für fremde Ohren bestimmt." Augenblicklich war ihr Interesse geweckt. Mit zügigen Schritten steuerten beide auf einen kleinen Park zu und nahmen auf einer Bank Platz. Jetzt sehen wir erst recht wie ein Liebespaar aus, dachte Norbert und kam schnell wieder auf das Thema Galerie zurück.

„Ein Bild können wir nicht stehlen, das würde nicht funktionieren", begann er und fuhr dann zögerlich fort: „Aber wie wäre es, wenn wir ihm eine Fälschung für seine Galerie verkaufen würden?"

Sie sah ihn zweifelnd an. „Was soll das für eine Bild sein? Und wer könnte es malen?"

Norbert log: „Vorhin im Café fiel mir ein, dass mein alter Schulfreund ziemlich gut malen kann. Wenn es uns irgendwie gelingen würde, diesem Wenderick eine Fälschung für teures Geld anzudrehen …"

Estrella schaute ihn mit großen Augen an. „Aber das ist ja noch viel komplizierter als ein Bild zu stehlen! Und wer soll es Wenderick verkaufen? Doch nicht du?"

Norbert schüttelte den Kopf. „Natürlich nicht. Er kennt mich ja. Und du kämst selbstverständlich auch nicht in Frage."

„Soll dein Malerfreund ihm das Bild persönlich verkaufen?"

„Nein. Aber wir sind drei alte Schulfreunde. Der dritte, Sascha, ist sehr redegewandt, und Wenderick kennt ihn nicht. Aber ich habe ja noch gar nicht mit meinen Freunden darüber gesprochen. Vielleicht können wir die Sache auch gleich wieder vergessen." Er schwieg ein paar Sekunden und überlegte angestrengt, wie er jetzt unverfänglich auf Picasso und Estrellas Heimatstadt Barcelona kommen könnte.

„Welchen Künstler könnte dein Freund fälschen?", fragte sie interessiert.

Norbert zuckte mit den Schultern. „Darüber habe ich noch nicht nachgedacht. Es wäre auf jeden Fall sehr gewagt. Denn selbst wenn ihm eine gute Fälschung gelingen würde, sagen wir mal eine Zeichnung oder ein Gemälde im Stil von Picasso, wäre da noch die Sache mit der Provenienz." In kurzen Worten erläuterte er das Problem und gab zu bedenken, dass Picasso die meiste Zeit seines Lebens in Frankreich gelebt hätte, aber er, Norbert, leider keinen Franzosen kenne, der für eine fiktive Bekanntschaft mit dem Maler in Frage käme und im Besitz eines Gemäldes sein könne. Er ließ Estrella Zeit, über das Gesagte nachzudenken. Die Wirkung des Alkohols schien nachgelassen zu haben, zumindest war sie tief in Gedanken versunken und schwieg.

Endlich kam die von Norbert erhoffte Bemerkung. „Aber ich weiß, dass Picasso auch in Barcelona gelebt hat. Und ich komme aus Barcelona." Norbert sah erstaunt auf. Seine Überraschung war schlecht gespielt.

„Ich wusste gar nicht, dass er auch dort war!" Und nach einer kleinen Pause fragte er vorsichtig, ob er ihr seine beiden Schulfreunde vorstellen dürfe. Estrella hatte nichts dagegen. Plötzlich schaute sie erschrocken auf die Uhr. „Oh, die Vorlesung fängt in zehn Minuten an, das schaffe ich nie!" Hastig verabschiedete sie sich und drehte sich, während sie davoneilte, kurz um. „Wir rufen uns an, ja? Adéu!"

Das Team

Am darauffolgenden Vormittag saßen die drei Freunde, diesmal aber in einem anderen Café und warteten auf Estrella.

Holger schaute auf die Uhr: „Na wo bleibt denn deine schöne Spanierin?"

„Erstens ist sie nicht *meine* Spanierin und zweitens hatte sie betont, dass sie *Katalanin* sei. Ich glaube, auf diesen Unterschied legt sie Wert. Und drittens ist es erst kurz nach elf Uhr", stellte Norbert klar.

Nach einer weiteren Viertelstunde Wartezeit wurde auch Sascha ungeduldig. „Ich befürchte, die *Katalanin* hat uns versetzt oder du hast dich bezüglich des Treffpunktes missverständlich ausgedrückt." Aber in diesem Moment schwang die Glastür auf und eine dunkelhaarige, attraktive Frau mittleren Alters kam herein. Suchend glitt ihr Blick über die wenigen Gäste. Als sie die drei Herren sah, schritt sie lächelnd auf sie zu und warf schwungvoll ihre Tasche auf den freien Stuhl am Vierertisch. Eilig hatten sich die Freunde zur Begrüßung erhoben. Norbert und Holger registrierten, wie Sascha seine, wie sie es nannten, *Balzhaltung* einnahm: herausgestreckte Brust und leicht zur Seite geneigter Kopf. Wie ein balzender Gockel, dachten sie verärgert. Wenn er es denn besäße, würde er auch noch sein Gefieder spreizen.

Estrella gab ihnen die Hand. „Entschuldigung, wenn ich etwas zu spät bin, aber die Bahn war gerade weg. Einfach fortgefahren, ohne mich!", erklärte sie lachend.

„Aber das macht doch nichts", versicherten die drei.

„Estrella, ich möchte dir gerne Herrn Dr. Alexander Niermeyer und Herrn Holger Grafe vorstellen." Und mit einer galanten Handbewegung wies er auf die Katalanin. „Und das ist Frau Cardona. Sie kommt aus Barcelona."

Sascha lachte: „Wir wussten noch gar nicht, dass du reimen kannst, Nobbe!" Nachdem der Kellner an den Tisch kam und weitere Bestellung abgegeben wurden, wandte sich Norbert an seine beiden Freunde.

„Ich habe euch ja bereits erzählt, dass Estrella ebenso wie ich allen Grund hat, Wenderick zu hassen. Und da kamen wir beide gestern auf eine Idee." Nach einem flüchtigen Blick in Richtung des Kellners und der anderen Gäste, die ein paar Tische weiter entfernt saßen, schilderte Norbert mit gedämpfter Stimme seinen beiden Freunden genau die Geschichte, die sie sich zu dritt zwei Tage zuvor ausgedacht hatten. Dabei vermied er es, sie anzuschauen. Sascha hatte sichtlich Mühe, ernsthaft zuzuhören, und Holger betrachtete konzentriert seine Hände.

„Sie lachen?", bemerkte Estrella an Sascha gewandt. „Sie finden die Idee – absurd?"

„Ein bisschen schon."

„Sicher es kommt es darauf an, wie geschickt der Maler ist und wie gut die Provenienz ausgedacht wird." Ihr Blick wanderte zwischen Sascha und Holger hin und zurück; sie wusste nicht, wer von den beiden der Künstler und wer der Mittelsmann sein würde. Der Kellner brachte die Kännchen Kaffee und den Cappuccino.

Nachdem er wieder gegangen war, meinte Estrella seufzend: „Es ist wirklich nicht einfach, eine Provenienz zu erfinden. Picasso hat in Barcelona um 1900 gelebt. Da war die Mutter von meiner Großmutter erst sechzehn Jahre alt. Sie hieß Teresa und ist 1884 geboren. Sie war also noch zu jung um eine Geliebte von Picasso zu sein."

„Sie muss ja nicht unbedingt seine Geliebte gewesen sein, sondern nur sein Model", warf Norbert ein.

Aber Estrella lachte: „Bestimmt waren alle Modelle von ihm auch seine Geliebte! Und warum sollte er sonst ein Bild schenken, wenn er das Modell nicht auch geliebt hat?" Dieser Logik hatten die Freunde nichts entgegenzusetzen.

Jetzt meldete sich Holger zu Wort. „Rein zufällig habe ich vor kurzem eine Biografie über Picasso gelesen." Wieder gelang es Sascha nur mit Mühe, ein Grinsen zu unterdrücken. Unbeirrt fuhr Holger fort: „Daher weiß ich, dass er bis 1905 größtenteils in Barcelona gelebt hat und erst dann nach Paris ging. Zu dieser Zeit war er also vierundzwanzig und Frau Cardonas Urgroßmutter einundzwanzig Jahre alt. Da könnte es doch theoretisch zwischen den beiden gefunkt haben."

„Sie sind bestimmt der Künstler?", vermutete Estrella.

Holger gab sich bescheiden. „Naja, zumindest habe ich eine Zeitlang sehr viel gemalt."

Sascha kam jetzt auf einen weiteren heiklen Punkt zu sprechen. „Die Frage wäre außerdem, wie wir an Wenderick herankommen und ihm das Bild andrehen könnten."

Holger und Norbert waren der Meinung, dass dies eher beiläufig geschehen und der Verkauf des Bildes nicht im Vordergrund stehen sollte.

Doch Sascha entgegnete: „Wie stellt ihr euch das vor? Soll ich mich etwa von ihm finanziell beraten lassen und nebenbei erwähnen, dass ich jemanden kenne, der einen Picasso hat? Nein, das würde nicht funktionieren."

„Und außerdem müssen Sie immer lachen! Doch, ich habe es gesehen. Dann glaubt Ihnen Wenderick sowieso kein Wort."

Für einen Moment fühlte Sascha sich ertappt. „Aber wenn es darauf ankommt, kann ich sehr ernst sein", beteuerte er mit treuherzigem Blick und musste wieder grinsen. Estrella hatte noch eine andere Idee, die ihm sehr entgegenkam.

„Vielleicht sprechen Sie lieber mit Frau Ruland. Sie berät ihn für die Ausstellungen in der Kunsthalle und sie ist seine Freundin."

Schon längst hatte Sascha im Internet herausgefunden, dass sie als Kunsthistorikerin an der Uni einen Lehrauftrag hat. Zuversichtlich meinte er: „Dann werde ich einen Weg finden, diese Frau Dr. Ruland kennenzulernen. Aber noch wichtiger ist, dass Holle etwas Vernünftiges hinkriegt."

„Wer ist Holle? Ich kenne nur eine Frau Holle aus dem deutschen Märchen."

Sascha schlug vor: „Wenn es Ihnen recht ist, können wir uns gerne mit den Vornamen und mit Du anreden. Wir werden ja noch viel miteinander zu tun haben. Also ich bin Alexander, genannt Sascha, und unser Malerfreund heißt Holger. Wir sagen aber meist Holle zu ihm. Nobbe kennen Sie … kennst *du* ja schon." Er schaute nach dem Kellner, um Wein zum Anstoßen zu bestellen.

„Das *Du* nehme ich gerne an, aber Wein für mich am Vormittag bitte lieber nicht. Dann rede ich immer zu laut und werde rot", erklärte sie rasch, Norbert konnte es bestätigen. „Und ich heiße Estrella." Sie sprach ihren Namen mit jenem weichen, melodischen Klang aus, den er schon am Tag zuvor aus ihrem Munde gehört hatte.

Unterdessen hatten die anderen Gäste bezahlt und das Café verlassen. Somit konnten sie sich jetzt ungestört und bedenkenlos zu ihrem Plan austauschen.

Sascha fuhr fort: „Vor allem kommt es darauf an, Holle, ob du dir die Sache überhaupt zutraust."

Dieser hatte die Angelegenheit bereits sorgfältig durchdacht. „An ein Ölgemälde würde ich mich auf keinen Fall wagen. Das wäre zu riskant, weil zu viel bedacht werden müsste: Außer der Handschrift des Malers müssen die Farbpigmente stimmen. Leinwand und Keilrahmen sollten ebenfalls das richtige Alter haben, sonst würden die Experten das Bild schon bald als Fälschung erkennen. Aber bei einer Zeichnung wäre das weitaus schwieriger bzw. fast unmöglich. Natürlich würde ich nur altes Papier verwenden und mich im Vorfeld intensiv mit Picassos Arbeiten beschäftigen. Die Strichführung muss stimmen."

Nach ein paar Augenblicken fasste Sascha zusammen: „Zum einen müsste Holle also nicht nur eine sehr gute, sondern perfekte Zeichnung gelingen. Zum anderen wäre genau zu überlegen, wie ich an Frau Ruland herantrete, um sie auf das vermeintliche Picasso-Werk aufmerksam zu machen. Alles muss glaubhaft und schlüssig wirken."

„Ich sehe da noch ein weiteres Problem", gab Norbert zu bedenken. „Wenn Wenderick nun die Eigentümerin, also Estrella, persönlich kennenlernen will?"

„Genau das müssen wir verhindern", stimmte Sascha zu. „Schon deshalb ist es wichtig, dass alles über Frau Dr. Ruland läuft." Er fing Holgers ironischen Blick auf und fühlte sich durchschaut. Doch dann fuhr er ungerührt fort. „Es kann ja nichts schaden, wenn sie Estrella kennenlernt. Im Gegenteil, das macht die Sache glaubhafter. Und falls Wenderick sie auch sehen will, dann ist Estrella eben gerade verhindert, krank oder verreist. Aber wie gehen wir nun generell vor? Wollen wir erst einmal abwarten, was Holle zustande bringt?"

Aber der hatte einen anderen Vorschlag. „Wir sollten beides parallel laufen lassen. Ich werde mich auf die Zeichnung vorbereiten und ein paar Skizzen anfertigen, und du, Sascha, versuchst dich an Frau Ruland heranzumachen. Das sollte dir doch nicht schwerfallen, oder?", fügte er mit einem süffisanten Lächeln hinzu. Doch der ignorierte diese Bemerkung.

„Ich habe allerding noch keine Idee, wie ich das unauffällig anstellen könnte."

„Wobei die Betonung auf *unauffällig* liegt", spielte Holger auf das mitunter machohafte Gehabe seines Freundes an. Dieser hatte die Spitze verstanden und lächelte boshaft zurück.

Erste Versuche

„Ich frage mich wirklich, was du den ganzen Tag so treibst", nörgelte Christa wieder einmal an ihm herum, als sie am zeitigen Nachmittag von ihrem Dienst nach Hause kam. „Wenigstens das Frühstücksgeschirr hättest du in den Geschirrspüler räumen können. Und die Abfälle hast du auch nicht runtergebracht." Wütend stellte sie ihre Tasche ab. „Außerdem hatte ich dich gebeten, die Wäsche aus der Maschine herauszunehmen, wenn sie fertig ist." Norbert nahm den Abfallbeutel und brachte ihn weg. Als er etwas außer Atem vom Treppensteigen wieder vor ihr stand, meinte sie: „Wir müssen mal über unseren Urlaub reden. Ich sitze ja im Reisebüro an der Quelle. Aber du könntest dir ruhig auch mal Gedanken darüber machen, wo wir dieses Jahr hinwollen."

Bereitwillig setzte sich Norbert an seinen Rechner und surfte ein wenig im Internet. Dabei kam ihm der Einfall, mal nachzuschauen, wann und welche Vorlesungen Frau Dr. Ruland hielt. Er sah, dass sie unter anderem Vorträge zur Kunstgeschichte im Rahmen des Seniorenkollegs anbot, immer dienstags und donnerstags um zehn Uhr. Gleich nachher würde er Sascha darüber informieren.

Als Christa nochmal die Wohnung verließ, nutzte er die Gelegenheit und rief seinen Freund an. Und prompt teilte der ihm mit, dass er sich online im Seniorenkolleg angemeldet hätte und morgen, am Donnerstag, die erste Lehrveranstaltung besuchen würde. Die Vorlesungsreihe lief bereits, aber es wäre durchaus möglich, auch jetzt noch einzusteigen.

Frustriert stellte Norbert fest, dass sein Freund wiedermal alles besser wusste und wie so oft einen Schritt voraus war. Außerdem ärgerte es ihn, dass Sascha heute Vormittag bei dem Treffen mit Estrella die Gelegenheit genutzt hatte, um mit ihr zu flirten. Deshalb gefiel ihm die Idee, ihn auf Frau Dr. Ruland anzusetzen.

Christa kam vom Einkauf zurück und riss ihn aus seinen Gedanken. „Hattest du eigentlich mal in der Stube staubgesaugt?"

„Ja, habe ich", versuchte er es mit einer Notlüge.

„Sieht aber nicht danach aus."

Norbert fühlte, wie Wut in ihm aufstieg. Mit für ihn ungewohnter Schärfe blaffte er zurück: „Ich möchte nicht ständig von dir gegängelt werden. Lass mich doch einfach mal in Ruhe!" Beleidigt zog sich Christa daraufhin ins Schlafzimmer zurück und fing an, den Kleiderschrank aufzuräumen. Norbert nahm kurzerhand seine Jacke und verließ die Wohnung. Eine halbe Stunde später klingelte er bei Holger.

„Du kommst wie gerufen. Ich habe schon mit ein paar Skizzen begonnen. Wenn du sie mal sehen möchtest?"

Ratlos schaute Norbert auf die Blätter. „Willst du meine ehrliche Meinung hören?"

„Natürlich."

„Irgendwie sieht alles dilettantisch aus." Bevor Holger etwas erwidern konnte, klingelte es noch einmal. Sascha stand mit seinem Rennrad an der Tür.

„Na, da wären wir ja alle wieder beisammen!" Dann begutachtete auch er die Arbeiten. „Du siehst, meine Begeisterung hält sich in Grenzen, Holle. Sowas können wir auf keinen Fall anbieten. Wenderick und Frau Ruland lachen sich krank, wenn sie das sehen."

„Dass ihr euch da mal nicht täuscht." Holger stand auf und holte einen dicken Wälzer einer zweibändigen Ausgabe zu Picassos Werken hervor. „Hier, Band 1, Junge Kunst 1898-1901. So hat er damals gemalt. Seht euch mal die Federzeichnung mit Aquarell und Buntstift an. Sie ist um 1903 in Barcelona entstanden, Angel Fernández de Soto au café. Oder hier, ein Portrait seiner Schwester Lola, Zeichenkohle und Buntstift auf Papier, um 1899 in Barcelona..."

Sascha unterbrach ihn: „Lass mal gut sein, Holle. Wir sehen, du hast dich bemüht – im Rahmen deiner Möglichkeiten. Aber irgendwie wirken die Skizzen dilettantisch und verkrampft. Sieh doch mal, wie schwungvoll Picasso die Federzeichnung ... *Dingsbums au café* hingekriegt hat, alles mit einer Linie durchgezogen. Da sehe ich ehrlichgesagt himmelweite Unterschiede zu deinen Strichen."

Die sehe ich ja genauso, aber ich bin eben nicht Picasso", erwiderte Holger gereizt.

Norbert klopfte ihm versöhnlich auf die Schulter. „Lass dir Zeit, Holle. Und wenn es gar nichts wird, wäre das auch nicht so schlimm."

„Was sind denn das für Töne, Nobbe?", tadelte Sascha.

Doch Norbert zuckte resigniert mit den Schultern. „Ich weiß nicht, ob wir da nicht zu viel riskieren. Wenn der Betrug rauskommt ..."

„Er wird nicht rauskommen. Holle wird noch üben.

Die Figuren können doch ruhig etwas krumm und schief sein, Hauptsache die Linie stimmt, oder?" Er bekam keine Antwort. Ein paar Augenblicke lang starrten alle drei auf Holgers Skizzen. Dann entschied Sascha: „Egal, wir ziehen die Sache durch. Es ist doch toll, dass Estrella mitmacht! Und das ist schließlich eine wesentliche Voraussetzung für das Gelingen unseres Planes. Morgen gehe ich in Frau Dr. Rulands Vorlesung, und dann sehen wir weiter." Mit diesen Worten verabschiedete er sich und verschwand samt seinem Rennrad wieder.

Norbert und Holger blieben alleine zurück.

„Du, Holle, ich habe einfach kein gutes Gefühl bei der ganzen Sache. Sag doch einfach, dass du es nicht hinkriegst. Das kann dir doch keiner verdenken oder übelnehmen, auch Sascha nicht."

Aber offensichtlich war Holgers Ehrgeiz plötzlich geweckt. „Nein, so leicht gebe ich nicht auf, nicht nach ein paar mehr oder weniger missglückten Skizzen. Denk doch mal daran, Nobbe, wie dich Wenderick und die Bank abserviert haben. Und stell dir dann unseren Triumph vor, wenn er auf den falschen Picasso reinfällt und ordentlich was dafür zahlt. Mindestens das Geld für deine in den Sand gesetzte Altersvorsorge sollte da schon rauskommen. Außerdem fängt die Sache gerade an, mir Spaß zu machen."

Während bei Norbert zu Hause Eiszeit herrschte, Christa war noch immer beleidigt und verbrachte den Abend mit einer Kollegin im Kino, versuchte Sascha sich auf den morgigen Tag vorzubereiten. Er suchte nach sinnvollen

Fragen, mit denen er nach der Vorlesung an Frau Ruland herantreten und sie in ein Gespräch verwickeln könnte. Ihr Vortrag beinhaltete unter anderem die Werke des Impressionismus und der Moderne.

Nach einer halben Stunde gab er auf. Stattdessen suchte er im Internet nach etwas Brauchbarem zu Georges Braque. Warum sollte er nicht einfach bei einer zwanglosen Plauderei mit ihr an den Galerie-Besuch anknüpfen? Er würde sich da ganz auf seine Intuition und seinen Charme verlassen.

Am nächsten Morgen klingelte es bei Holger kurz vor um neun. Sascha stand vor der Tür. „Stör ich dich beim Frühstück? Aber ich brauch dringend noch was zu Georges Braque. Hast du mal einen Katalog oder ein paar geistreiche Fragen?"

Holger sah seinen Freund entgeistert an. „Warum um alles in der Welt hast du mich denn nicht vorher angerufen? Ich hätte in Ruhe was rausgesucht. Und überhaupt, wie siehst du denn aus?"

„Wie sehe ich denn aus?", fragte Sascha argwöhnisch.

„Wie ein auf jung getrimmter eitler alter Gockel!"

Beleidigt schaute er in den Spiegel der Flurgarderobe. „Was ist an meinem Outfit nicht in Ordnung?"

„Lass den albernen Schal weg. Und kein Mann trägt solch eine Sonnenbrille! Warum hängst du dir den Pullover eigentlich über die Schulter?"

Sascha reichte es. „Soll ich etwa so wie du herumlaufen? Mit einer geriatriefarbenen Weste, dieser beigen, typischen Altherrenbekleidung?"

Aber Holger fuhr ungerührt fort: „Und wenn ich dir noch einen gutgemeinten Rat geben darf: Fang nicht wieder an, plump herum zu flirten, wenn du mit der Kunsthistorikerin sprichst. Es würde nicht gut ankommen. Du machst dich damit nur lächerlich."

„Danke, Holle, das baut mich richtig auf!", erwiderte er aufgebracht. „Aber lass mal, ich komme schon alleine klar. Ich nehme an, du bist einfach unzufrieden mit dir und deinen verkümmerten Malkünsten."

Wütend verließ er die Wohnung und ließ die Tür laut ins Schloss fallen. Holger setzte sich wieder an den Tisch und fing an zu zeichnen. Es war seine nunmehr achte Skizze.

Sascha war noch immer verärgert, als er mit dem Auto in Richtung Campus fuhr. Es war ein Fehler, dass er vorher bei Holger vorbeigeschaut hatte und überhaupt mit dem Auto unterwegs war. Endlich hatte er einen Parkplatz gefunden. Er musste sich beeilen. Den Schal, die Sonnenbrille und den Cashmere-Pullover ließ er im Wagen zurück.

Der Hörsaal war nur mittelmäßig besetzt. Sascha schaute sich um; in der ersten Reihe war fast alles frei. Dort wählte er einen Platz direkt vor dem Rednerpult, denn er hatte vor, schon während der Vorlesung den Blickkontakt zu ihr aufzunehmen. Sie sollte auf ihn aufmerksam werden.

Dann betrat Frau Dr. Ruland den Hörsaal. Nachdem das Klopfen zur Begrüßung verklungen war, begann sie mit ihren Ausführungen. Sie trug die auffällige, ein wenig extravagante Brille, die sie schon zur Ausstellungseröffnung in der Kunsthalle getragen hatte. Hin und wieder setzte sie diese ab und hielt sie spielerisch in den Händen.

Das Thema interessierte Sascha nicht, genaugenommen langweilte er sich. Holger wäre der richtige Zuhörer, aber das war ja nun leider nicht möglich.

Um die Zeit zu überbrücken, gab er sich seinen Betrachtungen zu Frau Dr. Rulands Outfit hin. Was sie wohl unter dem feminin geschnittenen Kleid trug? Manchmal lugte ein schmaler Träger aus dem Ausschnitt hervor. Jetzt wandte sie sich zum Whiteboard um. Unter dem dünnen Stoff ihres Kleides zeichneten sich kaum sichtbar, aber für Sascha dennoch erkennbar, die Konturen des Slips ab. Er stellte sich vor, dass sie einen Tanga trüge.

Nach endlosen eineinhalb, aber für Sascha doch recht erbaulichen Stunden deutete Frau Rulands Tonfall auf das baldige Ende der Vorlesung hin. Während des ganzen Vortrages hatte sie nicht ein einziges Mal in seine Richtung geschaut.

„Für weitere Fragen stehe ich Ihnen gerne zur Verfügung", hörte er sie sagen.

Aus den Reihen hinter ihm meldeten sich zwei, drei Senioren zu Wort. Dann packte Frau Ruland ihre Unterlagen zusammen, und die Zuhörer verließen nach und nach den Saal. Es wurde Zeit für Saschas Auftritt. Nachdem er sich an den Klappsitzen der ersten Reihe vorbeigeschlängelt hatte, ging er mit einem gewinnenden Lächeln auf sie zu. So genau wusste er noch nicht, wie er das Gespräch eröffnen sollte. Er hatte während ihres

Vortrages ohnehin kaum zugehört. Und offensichtlich rechnete Frau Dr. Ruland jetzt auch nicht mehr damit, angesprochen zu werden. Mit leicht erstauntem Blick schaute sie ihn an. Sascha kam etwas umständlich auf Georges Braque und seine filigranen Vogelbilder zu sprechen und betonte, wie sehr ihn die Ausstellungseröffnung in der Kunsthalle beeindruckt habe.

„Schön, dass Ihnen die Bilder gefallen. Sie kennen ja sicher die Öffnungszeiten. Leider habe ich jetzt gleich einen Termin und bin etwas in Eile." Mit einem entschuldigenden Lächeln verabschiedete sie sich.

Abgeblitzt. Sie ließ ihn wie einen lästigen Studenten stehen. Wie ein hilfloser Trottel kam er sich vor. Der erste Eindruck war immer entscheidend und in diesem Fall vergeigt. Sascha wurde wütend auf sich selbst. Und auf Holle. Hatte der ihn heute Morgen nicht so verunsichert, wäre er in der jetzigen Situation viel souveräner aufgetreten. Frustriert verließ Sascha das Gebäude der Kunsthochschule und lief zu seinem Wagen. Zu Holger wollte er auf keinen Fall. Also fuhr er zum Institut, um dort mal wieder nach dem Rechten zu sehen und sich nebenbei ein paar Streicheleinheiten zu holen. Die würde er mit Sicherheit bekommen. Denn seine Doktorandinnen hatten ihre Promotionsarbeiten längst noch nicht beendet, und waren weiterhin auf ihn angewiesen.

Auch am darauffolgenden Dienstag saß Sascha wieder in der ersten Reihe im Hörsaal. Frau Dr. Ruland hatte ihn sofort erkannt, als er nach der Vorlesung auf sie zuging. Doch diesmal steckte in ihrem Lächeln eindeutig eine

Spur Ironie, schlimmer noch: Sascha glaubte, so etwas wie Nachsicht zu erkennen. Nach wenigen Worten verabschiedete sie sich höflich aber mit Nachdruck von ihm.

Am Nachmittag trafen sich die drei Freunde wieder in Holgers Wohnung.

„Na, wird doch langsam.", meinte Norbert wohlwollend mit einem Blick auf dessen vielleicht zwanzigste Zeichnung. „Und wie sieht's bei dir aus, Sascha?" Dieser zuckte nur vage mit den Schultern.

Wenig hilfreich meinte Holger: „Vielleicht bist du auch einfach nicht ihr Typ." Es war eine schlichte Vermutung, doch Sascha fühlte sich getroffen. Es kam nicht oft vor, dass er bei Frauen so sang- und klanglos abblitzte. Aber augenscheinlich war Frau Dr. Uta Ruland gegen seinen Charme immun.

Angespannt saß Sascha zwei Tage später wieder in ihrer Vorlesung. Er fühlte sich unter Druck. Wie würde es weitergehen, wenn er auch diesmal eine Abfuhr erhielt?

Das Klopfen der Zuhörer riss ihn aus seinen Gedanken. Die Vorlesung war zu Ende, und er hatte es nicht einmal bemerkt. Noch bevor er sich aus der ersten Reihe gezwängt hatte, packte Uta Ruland ihren Laptop ein und verließ den Hörsaal.

Am frühen Nachmittag war das Kundenrestaurant nur spärlich besetzt. Von einem der Tische weit hinten im Raum winkte Holger. Norbert steuerte auf den abgelegenen Platz zu.

„Was meinst du, ob er diesmal Erfolg hatte? Sonst wird es eng. Wir müssten uns dann eine neue Strategie überlegen." In diesem Moment steuerte Sascha auf den Tisch zu. Den fragenden Blicken seiner Freunde wich er aus.

Begütigend meinte Norbert: „Schwamm drüber, wir sind eben alle nicht mehr die Jüngsten." Und nachdem er Saschas betroffene Miene bemerkte, fügte er rasch hinzu: „Wobei du von uns dreien eindeutig am jugendlichsten wirkst, wenn ich das mal so sagen darf. Kein Mensch würde dich auf fünfundsechzig schätzen." Misstrauisch schaute Sascha ihn an, entdeckte aber in Norberts Gesichtszügen nicht die geringste Spur von Ironie.

Holger hingegen unterdrückte ein Grinsen, enthielt sich aber jedes weiteren Kommentars. „Leute, ich glaube, es geht voran. So langsam krieg ich die Sache hin. Hier, schaut mal." Er holte sein Tablet hervor und zeigte ihnen ein paar Aufnahmen der letzten Skizzen

Diesmal hatte Sascha nichts auszusetzen. „Alle Achtung, Holle! Ich würde sofort glauben, dass sie von Picasso sind. Oder hast du da was abfotografiert?"

Unbemerkt von ihnen war Estrella an den Tisch herangetreten und schaute Holger von hinten über die Schulter.

„El señor Picasso número dos! Soy muy impresionado!", rief sie lachend, ihre dunklen Augen blitzten übermütig dabei. „Und wie sieht es bei dir aus, Sascha, hattest du Erfolg bei Frau Ruland?" Verlegen schüttelte er den Kopf. „Nicht so schlimm, wir werden eine neue Taktik überlegen. Ich glaube, Frau Ruland ist eine sehr kühle Frau." Sie hatte es als Ermutigung gemeint, aber Sascha traf die Bemerkung umso härter.

Schnell wechselte er das Thema. „Würde sie dich eigentlich wiedererkennen? Sie hat dich doch bestimmt in der Kunsthalle beim Reinigen gesehen."

Aber Estrella verneinte. „Sie hat nicht auf mich geachtet, sie hat nur einen Blick für Wenderick und die Bilder gehabt."

Norbert kam aus dem Selbstbedienungsbereich mit einem Tablett, vier Sektgläsern und drei Piccolo zurück. „Wir sollten auf Holgers künstlerischen Erfolg anstoßen."

„Und auf eine Reise nach Barcelona!" Als die Freunde sie überrascht anschauten, erklärte Estrella: „In der kommenden Woche werde ich für ein paar Tage in Barcelona sein. Kommt ihr mit? Ich könnte euch die Stadt zeigen, und Holle könnte sich ein paar Original-Zeichnungen anschauen im *Museu Picasso*, und außerdem könnten wir nach altem Papier suchen."

Holger und Sascha zeigten sich spontan begeistert, doch Norbert meinte seufzend: „Und wie soll ich das Christa beibringen?"

„Mensch, Nobbe, du kannst doch nicht immer und ewig unter ihrem Pantoffel stehen", regte sich Sascha auf.

Aber Estrella entschied: „Christa kommt mit."

„Wie sollte das funktionieren? Christa darf nichts von unserem Plan erfahren."

„Sie wird nichts davon mitbekommen. Ich werde mich um sie kümmern, wenn ihr Papier aussucht oder ins *Museu* geht." Als Norbert und die beiden anderen dazu schwiegen, erklärte sie mit einem entwaffnenden Lächeln: „Macht euch keine Sorgen, Christa und ich werden gut auskommen miteinander, und ich werde sie ablenken.“

Etwas umständlich kam Norbert zuhause auf die Barcelona-Reise zu sprechen und druckste herum, dass Sascha eine katalanische Mitarbeiterin habe, die in der nächsten Woche für ein paar Tage nach Barcelona müsse. Er würde sie gerne begleiten, da er die Stadt kennenlernen wolle. Aber alleine mit ihr könne Sascha wegen des Geredes im Institut nicht reisen.

„Seit wann kümmert sich dein Freund um das Geschwätz der anderen?“, unterbrach ihn Christa. „Oder willst du mir nur zu verstehen geben, dass du mitfliegen willst?“

„Nein, nein, und schon gar nicht ohne dich. Aber ich sollte mich doch um einen Kurzurlaub für uns beide kümmern. Wie wäre es, wenn wir einfach mitkämen?“, fragte er, um gleich darauf absichtsvoll zu bemerken: „Aber vergiss es. So kurzfristig würdest du doch sowieso keinen Urlaub bekommen und noch schnell die Flüge buchen können.“ Damit hatte er Christas Ehrgeiz geweckt.

„Mach dir mal um meinen Urlaub keine Sorgen. Das kriege ich schon irgendwie hin. Und was die Buchung der Flüge betrifft: Wozu arbeite ich denn in einem Reisebüro? Das wäre ja gelacht!“

Norbert gab sich freudig erstaunt. Noch glücklicher wäre er allerdings, wenn sie ihn alleine mit Estrella und seinen beiden Freunden fliegen ließe.

Barcelona

Jetzt Anfang Mai lagen die Temperaturen in Barcelona bei angenehmen zwanzig Grad.

„Nachher im Hotel hau ich mich erstmal hin. Irgendwie bin ich kaputt."

„Wovon denn, Norbert? Du hast doch heute noch gar nichts gemacht, außer warten und rumsitzen!" Christa schien unerbittlich; schon nach der Busfahrt vom Flughafen zum Plaça de Catalunya war ihr Unternehmungsgeist wieder geweckt.

Aber Estrella meinte verständnisvoll: „Ihr könnt euch nachher alle noch ausruhen ein wenig und die Koffer auspacken. Um neunzehn Uhr ich hole euch ab von Hotel." Sie selbst würde in den kommenden Tagen in ihrem eigenen kleinen Appartement wohnen, das sie allerdings mit der jungen Frau teilen müsse, in deren Wohnung sie zurzeit in Berlin untergebracht war.

Das Hotel lag im *Eixample*, einem vornehmen Viertel mit zahlreichen Bauwerken des *Modernisme*, des katalanischen Jugendstils. Obwohl ihre Hotelzimmer weit oben im fünften Stockwerk lagen, war der Straßenlärm selbst durch die geschlossenen Fenster deutlich vernehmbar. Nicht zu Unrecht befürchtete Norbert, dass die Geräusche sie nachts nicht einschlafen ließen.

„Wir hätten Ohrstöpsel mitnehmen sollen."

Wortlos holte Christa ein Päckchen Ohropax aus ihrer Tasche und warf es auf Norberts Bett. Auf seinen verwunderten Blick hin meinte sie trocken: „Was glaubst du denn, wie ich sonst dein Schnarchen aushalte würde?"

Im Zimmer nebenan hatten die beiden Freunde ganz andere Probleme. „Ich kann nicht im Doppelbett neben dir schlafen", bekundete Holger.

„Jetzt wirst du echt komisch", giftete Sascha zurück. „Mensch Holle, stell dich nicht so an! Wir haben ja immerhin zwei getrennte Matratzen und kein französisches Bett."

„Trotzdem, es stört mich", beharrte er. Wütend begann Sascha die Betten auseinanderzurücken.

„Beim Zelten früher hatte es dir doch auch nichts ausgemacht!"

„Das war etwas ganz anderes!" Zwischen den Betten war jetzt ein Spalt von dreißig Zentimetern.

„Reicht das dem Herrn?!"

Schweigend packten beide ihre Koffer aus, und Sascha streckte sich danach auf seinem Bett aus.

Er musste eingeschlafen sein, denn ein Klopfen ließ ihn aufschrecken. Norbert stand in der Tür und erklärte, dass Estrella unten in der Lounge auf sie wartete. Es war schon neunzehn Uhr. Zehn Minuten später brachen alle zu einem kleinen Rundgang im *Eixample* auf.

Nicht weit vom Hotel entfernt wies Estrella sie auf zwei sehenswerte Gebäude von Antoni Gaudí hin: die *Casa Batlló* mit ihrer markanten, mit bunten Mosaiksteinen verzierten Fassade und die *Casa de Milà* mit den geschwungenen Balkonen und den skurrilen Schornsteinen und Lüftungsschächten. Estrella wusste zu berichten, dass dieses Gebäude zu Gaudís Zeiten vor allem Spott und Ablehnung hervorgerufen hatte. Wegen der langen Bauzeit wurde es von der Bevölkerung Barcelonas auch

La Pedrera, der Steinbruch, genannt.

Vom lauten, dichtbefahrenen *Passeig de Gràcia* führte Estrella ihre Gäste auf die parallel verlaufende Rambla de Catalunya. Im dichten Gedränge der Passanten kamen sie nur langsam voran. Zudem wurden sie immer wieder von Gauklern und Musikanten abgelenkt und hielten mehrmals inne, um die Auslagen der Straßenhändler anzuschauen. Endlich bogen sie in eine ruhigere Seitenstraße ein.

„Eigentlich treffen sich die Barceloner nicht vor einundzwanzig Uhr zum Essen. Aber wir suchen jetzt ein gemütliches Restaurant." Zielgerichtet steuerte sie auf ein kleines Lokal zu.

„Hier gibt es sicher auch Tapas?"

„Ja, auch. Aber Tapas sind ein spanisches Gericht. Typisch für Katalonien sind Fische, Meeresfrüchte und Eintöpfe."

Beim Betreten des Restaurants wehte ihnen ein Duft von heißem Olivenöl und köstlichen Gewürzen entgegen.

„¡Hola! Somos cinco personas", wandte sich Estrella an den Kellner.

„Por favor." Er führte sie zu einem Sechsertisch an der Fensterfront, die auf einen begrünten Innenhof zeigte. Die bis zum Boden reichenden hohen Fenster waren weit geöffnet und ließen die milde Frühlingsluft herein.

„Hast du mit dem Kellner Katalanisch gesprochen?"

„Nein, es war Spanisch. Nur sechzig Prozent der Bevölkerung in Barcelona sind Katalanen. Der Rest ist zugewandert aus Spanien oder dem Ausland." Als der Kellner die Speisekarten gebracht hatte, schauten alle etwas ratlos hinein.

„Lasst mich eine Empfehlung machen", schlug Estrella vor. „Wir nehmen als Getränke Mineralwasser und eine Flasche Rosé aus der Region. Und als Vorspeisen können wir *pa amb tomàquet*, gegrilltes Gemüse und Gambas mit allioli nehmen. Dann wir wählen die Hauptspeisen." Die Getränke und die Vorspeisen wurden bald gebracht. Estrella hatte unterdessen die Hauptgerichte ausgesucht.

„Typisch für die katalanische Küche sind eine Mischung aus Fisch und Fleisch, wir nennen es *Mar i Muntanya*, das heißt Meer und Berg." Nachdem der Kellner die Bestellungen aufgenommen hatte, meinte sie: „Ich schlage vor, morgen am Nachmittag besuchen wir die Sagrada Familia, die berühmte Basilika von Gaudí. Jeder Tourist muss sie gesehen haben."

„Und was machen wir am Vormittag?", wollte Christa wissen.

„Ihr müsst etwas ohne mich unternehmen. Ich besuche meine Großmutter."

„Was?", kam es fast gleichzeitig von Sascha, Holger und Norbert. Niemand von ihnen hatte damit gerechnet, dass Estrellas Großmutter noch lebte. Sascha schaffte es immerhin, die unpassende Betonung dieses Wortes rechtzeitig in einen bewundernden Ausruf zu wandeln.

Mit Sicherheit hatte Estrella die unterschwellige Befürchtung, ihre Großmutter könne die erfundene Provenienz durch ihre Aussage gefährden, herausgehört. Denn sie erklärte gleich darauf mit einem traurigen Lächeln: „Sie ist leider dement. Ich glaube, sie kann mich verstehen, aber sie sagt immer nur *sí sí*. Großmutter ist jetzt 96 Jahre alt."

„Wo wohnt sie eigentlich?"

„In einer Seniorenresidenz. Sie liegt am ehemaligen Hafen unten am Meer." Bisher hatten sie nie darüber gesprochen, ob von Estrella weitere Verwandte lebten. Als Norbert vorsichtig danach fragte, verneinte sie. Dann wechselten sie das Thema.

„Ihr könnt morgen Vormittag für die Stadtbesichtigung den Bus mit *hopp off hopp on* nehmen. Es gibt zwei Linien, die rote und die blaue. Sie fahren durch verschiedene Stadtteile von Barcelona. Und am Nachmittag, sagen wir um fünfzehn Uhr, treffen wir uns direkt vor der Westfassade der Sagrada Familia, sie heißt Passionsfassade. Ich gebe Sascha noch meine Handy-Nummer, für alle Fälle." Norbert hatte sie bereits und war sichtlich erleichtert, dass Estrella nicht darauf zu sprechen kam. Wie auch hätte er es Christa gegenüber begründen können?

Nach einer angemessenen Zeitspanne kamen die Hauptgerichte, und alle gaben sich schweigend dem Genuss der köstlichen katalanischen Küche hin.

Es wurde ein entspannter Abend, aber da Christa mit in der Runde saß, ließ man das entscheidende Thema selbstverständlich aus.

Der Gedanke daran, die kommenden Tage größtenteils getrennt von den anderen, alleine mit Christa zu verbringen, drückte Norberts Laune erheblich. Er bedauerte, dass er kaum in Estrellas Nähe sein könnte und befürchtete zudem, dass Sascha die Situation schamlos für sich ausnutzen würde.

Schon den ganzen Vormittag über fühlte er sich von Christa zur Eile gedrängt. „Wenn ich schon einmal hier bin, möchte ich auch so viel wie möglich sehen", war ihr Argument, und prinzipiell gab er ihr Recht. Doch er hätte sich gerne mehr Zeit genommen. Sascha und Holger hatten sich schon beizeiten abgesetzt und erkundeten das *Barri Gòtic* zu Fuß. Mit Sicherheit saßen sie jetzt in einem der Straßen-Cafés und genossen das frühsommerliche Wetter. Norbert beneidete sie von ganzem Herzen.

Selbst der nachmittägliche Besuch der Sagrada Familia besserte seine Stimmung kaum, obwohl sie die Besichtigung gemeinsam mit Estrella unternahmen. Die anderen waren begeistert von der riesigen Basilika mit der floralen Ornamentik, den Türmen und den unterschiedlich gestalteten Fassaden.

Aber Norbert nörgelte rum: „Die Kräne verderben den Gesamteindruck! Und die ganze Kirche erinnert mich irgendwie an eine getröpfelte Sandburg. Alles am Rande des Kitsches."

„Kulturbanause!", war Christas einziger Kommentar hierzu.

„Norbert hat Recht", sprang Estrella ihm bei. „Die Kirche ist eine ewige Baustelle, sie wird wohl nie fertig. Ihr werdet sehen, oben auf den Türmen bringen Bauarbeiter neue Schmuckelemente an, aber sie haben nur noch wenig mit dem Stil von Gaudí zu tun."

Aber von dem riesigen hellen Innenraum mit dem

hohen Gewölbe und den steinernen Säulen war selbst Norbert beeindruckt.

„Wir können jetzt mit dem Fahrstuhl nach oben fahren und dort die Spitzen von den Türmen ansehen. Von oben haben wir auch einen herrlichen Blick auf die Stadt."

Erst nach zwei Stunden waren sie wieder draußen auf dem begrünten Vorplatz. Norbert ließ sich auf eine der Bänke fallen.

„Irgendwie bin ich jetzt pflastermüde."

Christa zeigte keinerlei Verständnis. „Da ziehe ich doch morgen lieber mit Holger durch die Stadt."

Aber der reagierte erschrocken und beeilte sich zu erklären: „Sonst gerne, Christa, wirklich, aber ich möchte mir morgen in Ruhe das Picasso-Museum ansehen." Estrella rettete die Situation und hakte sich bei ihr unter.

„Wir beiden Frauen könnten morgen ein paar Geschäfte anschauen, mal ohne die Männer. Und abends treffen wir uns alle wieder in dem gleichen Restaurant." Den anderen war es mehr als Recht, und auch Christa war von der Idee angetan.

„Aber heute Abend würde ich gerne mal in ein Restaurant in der *Barceloneta* mit Blick aufs Meer gehen", schlug sie vor.

„Das können wir gerne machen. Aber im Strandviertel *Barceloneta* sind viele Restaurants für Touristen gemacht. Ihr dürft euch nicht wundern, wenn dort das Essen schlechter ist und teurer."

Und so war es denn auch. Die Freisitze waren überfüllt, es war laut, das Essen kam spät und schmeckte bei

weitem nicht so gut wie in dem kleinen, etwas abgelege
neren Restaurant – und es war viel teurer. Zudem wurden
Getränke in Rechnung gestellt, die sie nicht bestellt hatten. Man war sich einig, das nächste Mal wieder in dem
gemütlichen Lokal vom Abend zuvor einzukehren.

Der nächste Tag gestaltete sich dann eher nach Norberts
Geschmack. Er würde ihn mit seinen Freunden verbringen und bedauerte nur, dass Estrella nicht dabei war. Sie
war mit Christa unterwegs, und er wusste seine Frau in
ihrer Gesellschaft bestens aufgehoben. Für den einen
Tag zumindest würde sie ihn nicht gängeln und dominie-
ren. Störfaktor Christa. Und augenblicklich schämte sich
Norbert dieses Gedankens.

Das *Museu Picasso* in der *Carrer Montcarda* hatten sie mit
Hilfe des Stadtplanes bald gefunden. In diesem Viertel
lebte Picassos Familie zwischen 1895 und 1905, hier lagen die Schule der Schönen Künste, in der er die Ausbil-
dung absolvierte, seine Ateliers und die Lokale, die er mit
den Freunden damals aufsuchte.

Als Holger, Sascha und Norbert die lange Schlange der
Wartenden vor dem Museum sahen, war aller Enthusias-
mus erst einmal dahin. Ihnen blieb nichts anderes übrig,
als sich einzureihen.

„Wir hätten zeitiger vom Hotel aufbrechen sollen,
aber ihr konntet euch ja nicht vom Frühstücksbuffet lösen", nörgelte Holger. Sascha verkniff sich eine gehässige
Bemerkung und schob stattdessen die beiden Freunde in
der weiterrückenden Reihe nach. Eine halbe Stunde später standen sie endlich im Eingangsbereich.

„Du wirst dir ja die Zeichnungen wesentlich genauer und mit anderem Blick anschauen als wir. Deshalb schlage ich vor, dass wir uns trennen und in zwei Stunden zu einer Pause in der Cafeteria treffen."

Saschas Vorschlag war den anderen beiden Recht, und so zog Holger alleine los. An den Gemälden lief er zügiger vorbei, obwohl sie ihn ebenso interessierten. Umso genauer studierte er dafür die Zeichnungen und Radierungen.

Als sie zwei Stunden später alle gemeinsam in der Cafeteria saßen, gestand Norbert: „Ehrlichgesagt reicht es mir jetzt."

„Mir eigentlich auch", stimmte Sascha ihm zu. Die beiden ließen Holger im Museum zurück und waren sich schnell einig, den Nachmittag gemütlich anzugehen.

„Für heute bitte keine weiteren Strapazen", bat Norbert und schlug vor, in einem der Straßencafés etwas zu trinken. Nachdem sie *dos cervezas* bestellt hatten, erörterten sie den Stand der Dinge.

„Für Holger ist es bestimmt sehr wichtig, ein paar Originale ganz aus der Nähe zu sehen. Aber die nächste Frage wäre nun: Wo bekommen wir das passende Papier her?"

„Es müsste mindestens einhundert Jahre alt sein. Wir werden Estrella fragen, wo es hier etwas Entsprechendes geben könnte."

Schweigend genossen sie ihr kühles Bier und schauten ein wenig dem Treiben auf der Straße zu. Nach einer halben Stunde winkte Sascha nach dem Kellner, und bald darauf begaben sie sich in das Gewühl der Gassen, die zum ehemaligen Hafen hinunterführten. Aber entsprechende Läden, in denen es Papier geben könnte, fanden sie dabei nicht. Etwas missgestimmt und erschöpft kamen sie gegen neunzehn Uhr im Restaurant an. Wie erwartet waren sie dort die Ersten.

Ebenso hatte sich Holger, nachdem er zwei weitere Stunden im Museum verbracht hatte, erfolglos auf die Suche nach Papiergeschäften begeben. Aber was er fand, waren nur Artikel für den allgemeinen Bürobedarf. Kurz nach neunzehn Uhr betrat er das Restaurant. Dort saßen Norbert und Sascha schon beim Bier und schauten ihm erwartungsvoll entgegen.

„Die Papiersuche gestaltet sich schwieriger als gedacht", meinte Holger resigniert. Als kurz darauf die beiden Damen eintrafen, unterbrachen sie augenblicklich alle weiteren Diskussionen zu ihrer erfolglosen Suche.

Nachdem sie die Getränke und Vorspeisen gewählt hatten, erzählte Estrella: „Christa und ich haben heute viele Geschäfte angesehen, aber nichts gekauft. Und am Nachmittag haben wir meine Großmutter besucht." Die Freunde wussten nicht so recht, was sie davon halten sollten. „Großmutter hat sich sehr gefreut", beteuerte Estrella, als sie Saschas argwöhnischen Blick auffing.

Nach einem umfangreichen Essen und dem Genuss von reichlich Wein schlenderten sie ein wenig durch die abendlichen Straßen. Bald kamen sie in das dichte Gewühl eines Abschnittes der *Ramblas*.

„Gebt gut auf eure Taschen acht", ermahnte Estrella. „Hier in dem Gedränge wird viel gestohlen."

In einem passenden Moment nahm Sascha sie beiseite:

„Hast du eine Idee, wo wir geeignetes Papier kaufen können?"

„Ja, morgen suchen wir Geschäfte für Künstlerbedarf", erwiderte sie leise. Norbert und Christa empfahl sie, den *Parc Güell* zu besuchen. Bevor er etwas erwidern konnte, stieß Sascha ihn an. Er verstand: Bei der Suche nach dem Papier sollte Christa nicht dabei sein. Ihm blieb nichts anderes übrig, als wieder mit ihr alleine loszuziehen.

Es war schon spät, als sie sich von Estrella verabschiedeten. Eine dreiviertel Stunde später betraten Sascha und Holger ihr Zimmer. Wie bereits den Tag zuvor hatte der Zimmerservice die beiden Betten wieder zusammengeschoben.

Sascha grinste, und Holger regte sich auf. „Die begreifen es einfach nicht! Morgen früh lege ich einen Zettel hin."

„Und was willst du draufschreiben? Was Spanisches? Oder dachtest du eher an eine Zeichnung mit zwei getrennten Betten?", stichelte Sascha.

Mit einem vernichtenden Blick blaffte Holger: „Ich schreibe: Please keep beds separate. Was denn sonst."

Ohne weiteren Kommentar begann er wieder umzuräumen.

Am nächsten Vormittag quälten sie sich zu dritt durch das Gewühl der Altstadt. In erster Linie schauten sie nach Läden für den Künstlerbedarf.

Nach zwei Stunden vergeblicher Suche schienen sie in einem der Geschäfte Glück zu haben. Der Verkäufer bat sie, nach der Mittagspause zurückzukommen. In der Zwischenzeit wolle er in seinem Lager nach alten Papierbeständen schauen.

Zum Mittagessen steuerte Estrella diesmal zielgerichtet den *Mercat de la Boqueria* an, den bekanntesten und größten Markt Barcelonas. Über Wurstwaren, Schinken, Obst und Fisch bis hin zu lebenden Meerestieren war hier alles zu finden. Es war sehr laut, farbenfroh und roch, je nach den Auslagen, an denen sie vorüberkamen, nach Fisch oder exotischen Gewürzen. Bald schon hatte Estrella eine Theke ausgesucht, an der sie drei freie Plätze fanden. Sascha bestellte ein Gericht mit Meeresfrüchten und Holger entschied sich für einen katalanischen Eintopf; dazu wählten sie einen Weißwein aus der Region aus, der durch seine strohgelbe Farbe auffiel. Das Aroma war fruchtig und erinnerte ein wenig an Bergkräuter. Bei der Zubereitung der Speisen sahen die Gäste von ihren Barhockern aus zu, wie die beiden Köche mit lauten Zurufen und übertriebener Geschäftigkeit agierten.

Estrella meinte lächelnd: „Es ist alles etwas Show und für Touristen gemacht."

Das Essen war, wie mit eigenen Augen gesehen, frisch zubereitet und schmeckte hervorragend.

„Und jetzt eine Siesta", seufzte Holger, als sie ihre Mahlzeit beendeten und jeder von ihnen, außer Estrella, noch ein zweites Glas Wein bestellt hatte.

Aber sie mahnte zum Aufbruch. „Wir gehen zurück zu dem Laden, und dann muss ich mich verabschieden für heute. Ich treffe noch Freunde."

Der Verkäufer erkannte sie gleich wieder. Er hatte seine alten Papierbestände herausgeholt und zeigte ihnen einen kleinen Stapel leicht vergilbten Papiers. Holger griff nach einem der Blätter.

„Wann wurde es ungefähr hergestellt?"

Estrella übersetzte, als der Verkäufer erklärte: „Sie sind aus einer ganz alten Produktion übriggeblieben, aus dem Jahr 1958."

Sascha und Holger schauten sich unschlüssig an. Es war nicht das, was sie eigentlich suchten. Wohl mehr, um den Händler nicht zu enttäuschen, als aus Überzeugung, entschieden sie sich zum Kauf.

„Besser als nichts. Wir nehmen den Stapel." Finanziell wurde man sich schnell einig, und die Bögen wurden verpackt.

Draußen vor dem Laden äußerte Holger seine Bedenken. „So ganz zufrieden bin ich nicht. Ich habe keine Ahnung, inwiefern das genaue Alter von Papier bestimmt werden kann. Aber zumindest haben wir schon mal was in der Hand."

Estrella verabschiedete sich und empfahl, sich am nächsten Tag um elf Uhr am Eingangstor der *Santa Maria del Mar*, unweit des *Museu Picasso* zu treffen.

Nachdem sie in dem Gedränge verschwunden war, schlug Sascha vor, den Stapel Papier erst einmal zum Hotel zu bringen und sich danach mit Norbert und Christa im *Parc Güell* zu treffen.

Norbert und Christa hatten den Tag diesmal geruhsam verbracht. Der Besucherstrom am Eingang des *Parc Güell* hatte sich schon recht bald in die weitläufige Parkanlage verteilt, und die beiden fanden immer wieder einen beschaulichen Platz zum Verweilen. Selbst Norbert war von den pittoresken Formen der Gebäude und den zahlreichen Skulpturen angetan. Ein weiterer Besuchermagnet war die wellenförmige Sitzbank, die sich als Mauer um den großen Forumsplatz entlang zog. Durch die geschwungene Linienführung der mit bunten Mosaiksteinen verzierten Steinbank entstanden viele kleine Nischen, in denen die Besucher ungestört sitzen konnten. In einer von ihnen nahmen Norbert und Christa Platz und sahen dem lebhaften Treiben auf dem Forumsplatz zu. Plötzlich klingelte sein Handy. Sascha rief an.

Nach einer reichlichen Stunde waren sie wieder komplett, zu viert, einschließlich Christa. Aber Estrella fehlte. Norbert gelang es kaum, seine Enttäuschung darüber zu verbergen, dass sie auch am Abend nicht dabei sein würde.

Die Freunde verbrachten den späten Nachmittag bis in die Abendstunden hinein in dem weitläufigen Park mit seiner üppigen Vegetation, den Grotten, Viadukten und Kolonnaden; alles ein gelungener Mix aus Natur und von Gaudí gestalteten Elementen.

Erst spät am Abend, fast zu katalanischen Zeiten, kehrten sie zum Abendessen ein. Diesmal wählten sie ein Restaurant in der Nähe ihres Hotels im *Eixample*. Der Freisitz lag in einer Grünfläche zwischen zwei Fahrbahnen. Doch schon nach kurzer Zeit bereuten sie, dort Platz genommen zu haben, denn der Lärm und die Abgase störten sie sehr. Mit Bewunderung beobachteten sie die Kellner, die geschickt die Speisen und Getränke über die Fahrbahn balancierten und zu den Gästen trugen.

Gleich nachdem sie gegessen und gezahlt hatten, verließen sie den lauten Platz und schlenderten zum Hotel. Die Männer einigten sich noch auf ein Bier an der Bar.

Christa verabschiedete sich mit den Worten: „Also dann bis morgen. Mach nicht mehr so lange, Norbert." Bevor er etwas erwidern kannte, hatte sie sich entfernt. Und alle drei atmeten auf.

„Nun erzählt mal, wie es heute gelaufen ist", forderte Norbert seine Freunde auf.

„Da gibt es nicht viel zu erzählen. Ich befürchte, wir werden Schwierigkeiten haben, Papier aus der Zeit um 1900 zu finden. Was wir bekommen haben, ist zwar bereits vergilbt und angestaubt, aber für unseren Zweck nicht alt genug. Wir können kein Risiko eingehen." Die Freunde diskutierten eine Weile hin und her.

„Und wenn wir nun mal in ein Antiquariat gehen und gezielt nach Büchern aus dieser Zeit suchen?"

„Keine schlechte Idee. Es muss aber ein großes Format sein, sonst würde die Skizze zu mickrig ausfallen. Sicher weiß Estrella, wo wir fündig werden. Also ziehen wir morgen nochmal mit ihr los."

„Und Christa?"

„Tja, Nobbe. Da wirst du wohl wieder alleine mit ihr was unternehmen müssen", waren sich Sascha und Holger einig.

Kurz nach Mitternacht verabschiedete sich Norbert als Erster. Nachdem er gegangen war fragte Sascha in verschwörerischem Ton: „Hast du es schon bemerkt?"

„Was denn? Hat es was mit Estrella zu tun?"

„Nein."

„Oder mit Nobbe und Christa?"

„Völlig falsch. Aber du kannst dich freuen."

„Worüber oder worauf denn?", wollte Holger, nun misstrauisch geworden, wissen.

„Unsere Betten stehen getrennt!"

Als Norbert so lautlos wie möglich das Zimmer betrat, hörte er aus der Richtung des Doppelbettes ein leises Schnarchen. Auf Zehenspitzen schlich er zuerst ins Bad, tastete sich dann wenig später im Dunkeln zu seiner Betthälfte und legte sich vorsichtig hinein. Für einen Augenblick glaubte er, Christa sei wachgeworden, aber im nächsten Moment hörte er wieder ihre gleichmäßigen Atemzüge. Er lag noch eine Weile wach und dachte an Estrella.

Ein Erfolg

Estrella führte sie in die *Carrer de la Palla* in der Altstadt. Hier hofften sie, fündig zu werden. Allerdings war Christa mit dabei. Sie hatte darauf bestanden, die vermeintliche Besichtigungstour diesmal wieder gemeinsam zu unternehmen. Und den Freunden blieb nichts anderes übrig, als ihren Wunsch zu akzeptieren. Sie würden also improvisieren müssen.

Bisher kamen sie nur an Geschäften mit altem Porzellan, Schmuck oder Jugendstilmöbeln vorbei.

„Was genau sucht ihr eigentlich?", wollte Christa wissen.

„Ach, ich möchte etwas mitbringen für eine Kommilitonin in Berlin, es soll etwas typisch Katalanisches sein.", erwiderte Estrella ausweichend. Weiteren Erklärungen wurde sie enthoben, denn Christa hatte einen Souvenirladen mit traditioneller Handwerkskunst entdeckt. Sie zog Norbert mit hinein.

„Wir treffen uns wieder hier vor dieser Tür, in einer Stunde", rief Estrella ihnen nach. Eilig liefen sie und die beiden anderen weiter. Sie kamen an unzähligen Läden voller Geschirr, Textilien und alter Kleinmöbel vorbei.

„Es muss doch auch Läden mit alten Schwarten und abgegriffenen Schmökern geben!" Gerade, als Sascha die Geduld und Holger die Lust am Weitersuchen verloren, entdeckte Estrella das mit Büchern dekorierte schmale Schaufenster eines kleinen Antiquariates. Um ein Haar wären sie daran vorbeigelaufen.

Darinnen sah es verheißungsvoll chaotisch aus. Bis

unter die Decke reichende, mit Büchern vollgestopfte Regale standen an den Wänden und als Raumteiler mitten in dem dämmrigen Geschäft. Eine Wendeltreppe führte im hinteren Teil des Raumes in das Obergeschoss.

Estrella wandte sich an den Verkäufer. „Wir suchen etwas Edles, Großformatiges, Erscheinungsjahr um 1900."

Verständnislos schaute er sie an. „Welches Genre? Literatur? Sachbücher? Atlanten?"

„Das wäre in diesem Fall egal. Es käme auf die Aufmachung und das Erscheinungsjahr an."

Der junge Mann zuckte gleichgültig mit den Schultern und wies mit einer vagen Geste in den hinteren Teil des Raumes. Bei diesen unkonkreten Angaben konnte er nicht weiterhelfen.

Eilig glitten ihre Augen über die endlosen Reihen in den Regalen und blieben nur an Buchrücken mit einer Mindesthöhe von dreißig Zentimetern hängen. Hin und wieder griffen sie nach einem besonders prachtvollen Exemplar und schlugen es auf. Aber auf den zweiten Blick erkannten sie dann jedes Mal, dass das Erscheinungsjahr später als 1900 war.

Holger entdeckte einen goldverzierten Band und zog ihn heraus. Und zu seiner Überraschung handelte es sich um ein Exemplar, das 1901 veröffentlicht wurde. Interessiert blätterte er weiter.

„Es ist erfreulich großformatig und auch guterhalten. Aber ich sehe keine freien Seiten. Doch hier, die Rückseite des dritten Blattes ist nicht bedruckt. Zumindest kommt es in Betracht." Estrella behielt das Buch in der

Hand, und die beiden Freunde nahmen die Aluminium-
leiter zu Hilfe, um in den oberen Reihen weiterzu-
schauen. Aber nach zehn Minuten hatten sie sich
entschieden.

„Wir nehmen es." Sascha ging zur Kasse. Der Preis lag
dem Alter und dem Zustand des Buches angemessen bei
fünfunddreißig Euro. Erst als sie den Laden verlassen
hatten, schauten sie sich den Inhalt und den Titel genauer
an: Er hieß *Erotika, las historias eróticas de Giacomo Casanova*
und war der erste Teil einer zweibändigen Ausgabe.

„Verdammt, wie unpassend!", fluchte Holger. „Wie
sollen wir erklären, dass das Buch einer alten Dame gehörte?"

Beim gemeinsamen Mittagessen, auch diesmal hatte Estrella wieder die große Markthalle in der Altstadt mit den
kleinen Bistros und Theken ausgewählt, packte Christa
ihre Mitbringsel aus. Holger blätterte verstohlen in dem
eben gekauften Erotika-Band. Mit Daumen und Zeigefinger prüfte er die Beschaffenheit des Papiers. Die
Struktur war angenehm glatt, die Buchseiten nur wenig
vergilbt, an den Rändern leicht abgegriffen und an man-
chen Stellen etwas fleckig. Das Buch war eine dekorative
Ausgabe in einem goldgeprägten Ledereinband.

„Was hast du denn da Schönes?" Interessiert beugte
sich Christa über den Tisch.

Sascha erfasste die Situation sofort. „Das Buch ge-
hörte Estrellas Großmutter, eigentlich der Urgroßmutter.
Sie hat es ihr geschenkt, und Estrella möchte es einer
Freundin in Berlin zeigen."

„Darf ich es mal anschauen?", fragte Christa an Estrella gewandt.

„Natürlich, gerne. Aber es ist sehr alt und in Spanisch geschrieben. Du wirst es nicht lesen können."

Bewundernd hielt Christa das Buch in den Händen und betrachtete den goldgeprägten Einband. „Das ist ja wirklich prachtvoll! So etwas gibt es heutzutage sicher gar nicht mehr zu kaufen." Dann gab sie das Buch zurück, und das Thema schien damit erledigt. Auf Christas Frage, was sie am Nachmittag unternehmen würden, erklärte Estrella, dass sie wieder ihre Großmutter in der Seniorenresidenz besuchen wolle.

Sascha empfahl: „Vielleicht sollte jeder den Nachmittag nach eigenem Gusto verbringen. Ich möchte mich gerne nochmal alleine umschauen und fotografieren. Treffen wir uns heute Abend so gegen zwanzig Uhr wieder an alter Stelle in dem kleinen Restaurant?" Holger war der Vorschlag recht. Er hatte ohnehin vor, ein weiteres Mal ins Museum zu gehen, diesmal ungestört und alleine.

Und bevor Norbert zu Wort kam, entschied Christa: „Einverstanden. Norbert und ich werden uns in der Altstadt noch ein wenig umschauen."

Kaum, dass sie die Markthalle verlassen hatten, raunte Sascha Estrella zu: „Nimmst du mich mit?" Auf ihren erstaunten Blick hin erklärte er leise: „Ich habe nämlich eine Idee."

Vor der *Boqueria* verabschiedete sich Christa und zog Norbert mit sich fort. Sascha atmete erleichtert auf und sah den beiden nach. Als Holger sich ebenfalls entfernt hatte, erklärte er sein Vorhaben. „Falls Wenderick deine Großmutter später mal persönlich kennenlernen will, würdest du ja nicht dabei sein können. Dann müsste *ich* ihn begleiten. Insofern fände ich es gut, wenn sowohl die Mitarbeiter der Seniorenresidenz als auch deine Groß-mutter mich vorher schon mal gesehen haben." Estrella nickte, sie fand den Gedanken einleuchtend. „Aber ich habe noch eine andere Idee", fuhr er eilig fort. „Wir soll-ten ein Foto von ihr machen, auf dem sie das Buch in den Händen hält. So wirkt die Geschichte mit der Prove-nienz glaubhafter."

Halb bewundernd, halb amüsiert schaute sie ihn von der Seite an und lachte. „Man muss sich vorsehen vor dir! Du bist für einen Betrug gut geeignet!"

„Danke, aus deinem Mund klingt es wie ein Kompli-ment."

„Es ist ein Kompliment!"

Dann bat Sascha in ernsterem Ton: „Sag aber bitte noch kein Wort zu den anderen." Momentan gefiel ihm der Gedanke, mit seinem Einfall eine Spur voraus zu sein. Irgendwann, später einmal, würde er auch Holger und Norbert einweihen. Vielleicht.

Die Residenz lag in einem großzügigen Gebäudekom-plex mit Terrassen und Balkonen mit Blick aufs Meer. Im unteren Bereich waren ein Kindergarten, Geschäfte, zwei Cafés und das Büro der Seniorenresidenz untergebracht.

Estrella wechselte ein paar Worte mit der Leiterin und stellte Sascha vor.

„Da wird sich Frau Zafón aber freuen!", erwiderte sie.

Ein paar Minuten später betraten sie ein helles, geräumiges Zimmer. Enkelin und Großmutter umarmten sich.

„Què tal?"

„Sí, sí."

Geduldig hörte Sascha dem Monolog zu, der immer wieder von Valentinas *sí, sí* begleitet wurde. Endlich kam Estrella auf das Buch zu sprechen. Sie holte es aus ihrer Tasche und reichte es ihrer Großmutter. Sascha lächelte ihr zu und fotografierte sie mit dem Buch in der Hand. Nach drei, vier Aufnahmen bedankte er sich mit „gràcies" und verabschiedete sich von Valentina Zafón. Estrella gab er zu verstehen, dass er draußen in der Besucherecke auf sie warten würde. Eine Viertelstunde später kam sie aus dem Zimmer.

Sascha zeigte ihr die Aufnahmen auf dem Smartphone. „Ich denke, sie sind gut gelungen", stellte er zufrieden fest. Auf den Fotos war eine strahlende Valentina zu sehen, die den goldgeprägten Lederband in ihren runzligen Händen hielt.

„Wann wirst du die Aufnahmen deinen Freunden zeigen?"

Sascha zuckte mit den Schultern. „Ich weiß es noch nicht. Erst muss unser Künstler mal einen akzeptablen Picasso hinkriegen."

„Und du musst mit Wenderick reden, weil es mit Frau Ruland nicht geklappt hat", erinnerte sie ihn.

Sascha stieß hörbar die Luft aus. Der Gedanke an seinen missglückten Versuch einer Kontaktaufnahme mit der Kunsthistorikerin ärgerte ihn noch immer. Auch Holgers hämischer Blick und Norberts Äußerung, dass sie alle nicht mehr die Jüngsten seien, fielen ihm augenblicklich wieder ein.

Die Tage in Barcelona gingen zu Ende. Norbert war es nicht leid darum. Er freute sich auf die kommende gemeinsame Zeit mit seinen beiden Freunden. Und mit Estrella.

Als Christa mit Bedauern feststellte: „Die Zeit war einfach zu kurz, wir müssen unbedingt bald wiederkommen!", stimmte er ihr nur halbherzig zu.

Ein Missgeschick

Das frühlingshafte Wetter in Berlin empfing sie mit einem strahlend blauen Himmel. Norbert freute sich, zu Hause zu sein. Endlich könnte er sich wieder mit Sascha und Holger treffen oder auch nur ein wenig faulenzen, natürlich immer darauf bedacht, nicht durch allzu große Untätigkeit Christas Unmut zu erwecken. Jetzt waren beide erst einmal mit dem Auspacken ihrer Koffer beschäftigt. Und Norbert traute seinen Augen kaum.

„Wo hast du das denn her?! Du hast doch nicht etwa das Buch von Estrellas Großmutter eingepackt?", fragte er entgeistert.

„Natürlich nicht. Aber es hat mir so gut gefallen, und da habe ich einfach mal in zwei, drei Antiquariate geschaut und tatsächlich noch so ein Prachtexemplar gefunden."

Norbert hielt ungläubig den zum Verwechseln ähnlichen goldbedruckten Band mit dem Titel Erotika in den Händen. Es waren die erotischen Erzählungen von Giacomo Casanova, Band II. Musst du denn alles haben und nachmachen, waren seine Gedanken.

Als sie sich zwei Tage später in Holgers Wohnung trafen, war diesmal auch Estrella mit dabei. Mit einem katalanischen Weißwein stießen sie auf die Tage in Barcelona an. Holger hatte auf dem ausgezogenen Küchentisch seine Skizzenblätter ausgebreitet, deren Aufnahmen er den Freunden schon im Kundenrestaurant gezeigt hatte.

„Der Museumsbesuch in Barcelona hat mich angeregt. Am besten gefiel mir *Liegender weiblicher Akt, Picasso zu seinen Füßen* von 1902. Die Zeichnung ist in Tusche und Aquarell ausgeführt."

Holger zeigte ihnen die Abbildung im Katalog. Zu sehen war ein bäuchlings auf einem Bett ruhender weiblicher Akt, zu dessen Füßen links im Bild, dem Betrachter abgewandt, Picasso saß. Seine rechte Hand lag auf dem Gesäß der Frau. Das Kissen, auf dem ihr Kopf ruhte und das herabhängende Federbett, auf dem sie lag, waren mit sparsamen feinen Linien nur angedeutet. Unten rechts im Bild hatte Picasso mit wenigen Strichen eine Vase mit drei Blumen gezeichnet.

„Und du meinst, du bekämst Ähnliches hin?", fragte Sascha zweifelnd. Wortlos holte Holger eine weitere Skizze hervor.

Norbert war beeindruckt, Estrella begeistert und Sascha behauptete: „Das hast du eins zu eins abgekupfert." Er schüttelte ablehnend den Kopf. „Sowas können wir nicht anbieten."

„Natürlich nicht." Holger griff nach einem anderen Blatt. Es war ebenfalls eine aquarellierte Tuschezeichnung, aber etwas kleiner als die vorige und in deutlichen Abänderungen der Details. Sie war von sicherer Hand in einer Linie durchgezogen. Hauchzart und sparsam hatte er lichte Ockertöne und bläuliche Schattierungen gesetzt.

Alle schwiegen.

„Schade, dass es kein Papier aus der Zeit um 1900 ist. Die Zeichnung würde, so wie sie ist, als ein früher Picasso durchgehen." Sascha war ebenso wie die anderen beeindruckt aber auch in Sorge, ob es Holger gelingen würde, die Zeichnung mit gleichem Schwung in das Buch zu übertragen. Er selbst schien ebenfalls skeptisch und betonte, dass er hierzu Ruhe brauche.

„Setz dich nicht unter Druck, Holle. Ich muss sowieso noch überlegen, wie ich am besten an Wenderick rankomme."

Nach einer zweiten Flasche Wein und einer weiteren kurzweiligen Stunde verabschiedeten sich alle. Sascha nahm sein Rennrad, Estrella lief zur U-Bahn und Norbert ging die kurze Strecke bis zu seiner Wohnung zu Fuß. Er beeilte sich, um vor Christa anzukommen.

Als sie eine Viertelstunde nach ihm eintraf, stellte sie fest: „Du hast eine tüchtige Fahne, mein Lieber. Das gefällt mir gar nicht."

Einen Tag danach saß Holger vor dem edlen Band und starrte auf die leere Seite. Was hatte er sich da eigentlich zugemutet? Wie konnte er auch nur einen Augenblick lang annehmen, er würde ein zweites Mal so eine Skizze hinbekommen, wie er sie gestern seinen Freunden gezeigt hatte? Nein. Holger legte das Buch vorerst beiseite. Er brauchte Zeit dafür und die richtige Stimmung.

Erst am Dienstagvormittag der darauffolgenden Woche entschloss er sich, das Buch wieder hervorzuholen. Vorsichtig blätterte er darin und bemühte sich, die Seiten nicht zu knicken. Im Nachhinein empfand er es als Vorteil, dass die Zeichnung nicht auf den ersten Blick ins Auge fallen würde, sondern der Betrachter drei Seiten weiter- und umblättern musste, um den vermeintlichen, bis dahin unbekannten Picasso zu entdecken.

Mit zaghaften Bleistiftstrichen begann Holger, seine

Skizze auf die freie Seite zu übertragen. Ein paar Mal setzte er den Bleistift ab. Aber das war kein Problem. Schon vor Tagen hatte er einen weichen Radiergummi gekauft, mit dem er die hauchzarten Linien wieder entfernen und gegebenenfalls korrigieren könnte. Weitaus schwieriger wäre es dann schon bei der Federzeichnung. Er würde die gleiche Federstärke und Tusche verwenden, mit der ihm die erste Skizze gelungen war. Ebenso entschied er sich für die vor einer Woche gewählten Aquarellfarbtöne. Hierzu hatte er sich feinkörnige Pigmente und Gummi arabicum besorgt. Um kein Risiko einzugehen, rührte er die Farben selber an und würde die gewünschten Farbtöne durch Lasieren und schichtweises Übermalen erzeugen. Er hoffte, dass die Papierbeschaffenheit des Buches für die Aquarellmalerei geeignet wäre. Die Textur der Seiten schien ihm saugfähig und glatt genug. Aber dennoch würde ein Risiko bleiben.

Nachdem Holger mit der Bleistiftskizze fertig war, kam der von ihm gefürchtete schwierigere Teil. Die mit Tusche gezogenen Linien würde er nicht so ohne weiteres korrigieren können. Zum Lockerzeichnen hatte er sich ein Blatt zurechtgelegt. Darauf zog er zuerst vorsichtig, dann mit immer sicherer werdender Hand Figuren in schwarzer Tusche, bis er meinte, sie aus dem Handgelenk zeichnen zu können. Schließlich nahm Holger wieder das Buch zur Hand und wagte sich an die Aktzeichnung. Links oben am Kopf der männlichen Figur setzte er an. Der Anfang gelang ihm problemlos. Ohne abzusetzen zog er die Bleistiftkonturen mit der Feder nach. Danach begann er an der Schulter des liegenden weiblichen Aktes eine Linie zu ziehen, die sich schwungvoll über die Rückenpartie und die Beine bis zu den Zehenspitzen fortsetzte. Danach setzte er die Feder ab. Erst jetzt bemerkte er, dass seine Handflächen vor Anspannung feucht waren. Holger hielt inne, wusch sich die Hände und schüttelte die Arme locker aus. Dann nahm er wieder am Küchentisch Platz und schaute auf die begonnene Federzeichnung. Die schwarze Tusche hob sich effektvoll von dem leicht vergilbten Papier ab. Bevor er mit dem Kopf, dem angewinkelten Arm, der Brust und der Bauchseite des weiblichen Aktes anfing, zeichnete er mit zügigen Strichen das angedeutete Bett. Anstelle der Vase auf dem Original von Picasso hatte er mit sparsamen Linien eine Karaffe und zwei Gläser skizziert. Mit dem bisherigen Ergebnis konnte er zufrieden sein.

Jetzt kam er zum heikelsten Teil der ganzen Aktion. Holger griff nach dem dicken Band mit Picassos Werken aus den Jahren 1901 bis 1904 und schaute sich zum wiederholten Mal das Signum links oben auf der echten Zeichnung, die ihm als Vorlage diente, an. Das Original hatte er im *Museu Picasso* eingehend studiert. Der Schriftzug *Picasso* gelang ihm mittlerweile fast im Schlaf, so oft hatte er ihn auf dem Papier geübt.

Lange hatten die Freunde darüber diskutiert, ob die dem Original nachempfundene Zeichnung signiert werden sollte. Damit würde sich Holger auf kriminelles Terrain begeben. Ohne Signum könnte er sich, wenn es denn später hart auf hart käme, mit einer zu Übungszwecken angefertigten Kopie herausreden. Aber mit Picassos Schriftzug auf der Zeichnung würde sich diese Hintertür ein für alle Mal schließen. Es wäre ein Fall von Urkundenfälschung. Doch letztendlich wollten sie Wenderick ja einen Picasso verkaufen, und nicht irgendeine Zeichnung, die nur an seinen Stil erinnerte.

Holger holte tief Luft und schrieb dann mit sicherer Hand den Namen des berühmten Malers in die linke obere Ecke der begonnenen Skizze. Danach setzte er die Feder an dem mit Bleistift vorgezeichneten Kopf an. Die gewellten Haare gelangen ihm perfekt, ebenso das mit nur wenigen Strichen angedeutete, dem Betrachter halb zugewandte Gesicht der Frau. Holger überlegte kurz, wie er mit der Bauchseite beginnen sollte. Er entschied sich, links an den Zehenspitzen anzufangen und die Linie über das Knie und die leichte Wölbung des Oberschenkels hinweg durchzuzeichnen.

Und dabei passierte es.

Er verfehlte die vorgezeichnete Bleistiftlinie in Höhe der Hüfte und glitt leicht nach unten ab.

„Mist, verdammter!" Fluchend hielt er inne, dann setzte er die Feder neu an und vollendete den Rest des Bauches, über die Brust bis hin zum angewinkelten Arm, auf dem ihr Kopf ruhte, in einem Schwung. Aber der ausgerutschte Federstrich am Schenkel war deutlich sichtbar. Er hatte sich verzeichnet. Was sollte er jetzt tun? Nach kurzer Überlegung holte er eine Rasierklinge und begann vorsichtig die Tusche wegzukratzen, nur ganz leicht und flach. Nach zwei, drei Minuten hatte er sie restlos entfernt. Aber übrig blieb ein angerauter Fleck auf dem Papier. Mit dem Daumennagel versuchte er, diesen glatt zu streichen. Er hoffte, dass er die Stelle später mit der Aquarellfarbe kaschieren könnte. Mit der Rückenpartie des sitzenden Mannes würde er beginnen.

Es gelang auf Anhieb. Dann setzte er einen kräftigeren Ton auf den Schulterbereich der Frau und führte den Pinselstrich weiter über den Rücken bis zum Gesäß. Er begutachtete sein bisheriges Werk und war zufrieden. Jetzt wagte er sich an die Bauchpartie. Für die Schattierung wählte er einen mehr ins Blau gehenden Farbton. Doch genau an der Stelle, die er kaschieren wollte, zeigte sich der mit der Rasierklinge angeraute Fleck deutlicher als zuvor.

Entmutigt legte er das Buch und seine Utensilien beiseite. Die Zeichnung sah zwar nicht vollkommen verdorben aus, war aber für den beabsichtigten Zweck ungeeignet.

Holger griff zum Telefon. Nach wenigen Klingeltönen hob Norbert am anderen Ende ab.

„Kannst du mal kommen?"

„Was, jetzt gleich?"

„Ja bitte."

„Ist was passiert?"

„So gesehen ja. Ich glaube, ich hab's vergeigt."

„Etwa das Bild?" Schweigen. „In zwanzig Minuten bin ich da."

Eine halbe Stunde später schauten die beiden Freunde auf die Zeichnung.

„Na, was soll ich sagen, Holle, so richtig schlecht sieht das Bild doch gar nicht aus", versuchte Norbert, ihn zu beruhigen.

Doch Holger schnaubte verächtlich. „Auch einen *nicht*

richtig schlechten Picasso können wir unmöglich anbieten. Wenderick und die Kunsthistorikerin würden den Braten sofort riechen." Die Verzweiflung war ihm anzusehen.

„Kannst du das Blatt nicht geschickt heraustrennen und nochmal schauen, ob es weiter hinten noch eine freie Seite gibt?"

Aber Holger schüttelte den Kopf. „Dann wäre das Buch beschädigt, und das würde sofort auffallen. Außerdem habe ich bereits nach einer weiteren leeren Seite gesucht. Es gibt keine."

Norbert nickte. Dann holte er den Rucksack und griff hinein. Wortlos legte er den von Christa gekauften Band auf den Tisch.

Holger traute seinen Augen kaum. „Wo kommt der denn her? Mensch, Nobbe, das könnte die Rettung sein! Hast du den Band gekauft?"

Norbert schüttelte den Kopf. „Nein, das war Christa. Nimm diesen hier, ich stelle den anderen ins Regal zurück."

„Aber sie würde den Tausch doch spätestens dann bemerken, wenn sie das Buch aufschlägt!"

„Wohl kaum. Sie hat das Buch gesehen, und es gefiel ihr. Und wie so oft, wenn ihr etwas gefällt, muss sie es auch haben. Sie wird nie wieder einen Blick hineinwerfen, glaub es mir."

„Und wenn doch?"

„Dann wird sie denken, die Zeichnung gehöre zu den erotischen Erzählungen dazu, und sie hätte sie beim ersten Mal überblättert, weil sie auf der Rückseite ist."

„Das klingt nicht gerade nett, Nobbe, aber hoffentlich

hast du Recht. Eine Bitte noch: kein Wort zu Sascha! Du weißt doch, wie sarkastisch er manchmal sein kann. Er muss nicht alles wissen."

Norbert grinste verständnisvoll. „Versprochen. Es bleibt unter uns."

„Exzellent! So ist es einfach perfekt!" Mit ehrlicher Bewunderung betrachtete Sascha zwei Tage später die neuentstandene Zeichnung. „Nein, wirklich, Holle. Ich bin beeindruckt." Endlich löste er den Blick von dem Bild. „Wie hast du das hinbekommen? Mit so klarer Linienführung, ohne die Feder abzusetzen! Und dann die dezente Farbgebung in den Aquarelltönen!"

Holger war froh, dass sie allein waren. In Norberts Anwesenheit hätte er womöglich grinsen und Sascha gestehen müssen, dass ihm dies alles erst im zweiten Anlauf und in dem anderen Band gelungen war. Aber so zuckte er gelassen mit den Schultern und betonte, dass ihm die vielen Skizzen im Vorfeld geholfen hätten.

„Trotzdem ist mir nicht wohl dabei", gestand er.

„Warum denn?"

„Wegen der Signatur. Hast du dir mal überlegt, was ich persönlich riskiere, wenn der Betrug rauskäme?"

„Er wird nicht rauskommen", wiederholte Sascha nicht zum ersten Mal.

„Wie kannst du da nur so sicher sein? Die Zeichnung wird garantiert untersucht. Und ich bekomme einen Prozess an den Hals." Saschas Gegenargument bekam er nicht mit, weil es klingelte.

Ein paar Minuten später begutachtete auch Norbert

die Zeichnung. „Holle, du bist ein Genie!“

Aber Holger winkte ab und schaute Sascha auffordernd an. „Nun käme also der nächste Schritt.“

Er wusste genau, worauf sein Freund anspielte, ließ sich aber nicht darauf ein. Stattdessen konterte er: „Genau. Als nächstes müssen wir dein Meisterwerk sorgfältig fotografieren.“ Mit diesen Worten holte er sein Smartphone hervor und legte das Buch mit der aufgeschlagenen Seite zurecht. Er fotografierte die Zeichnung mit und ohne Blitz. Zum Schluss schob er ein Lineal zum Größenvergleich daneben. Mit dem Ergebnis waren sie zufrieden.

„Das sind die Aufnahmen, die ich zeigen werde.“

„Und wem wirst du sie zeigen?“, fragte Holger in provokantem Unterton. „Du musst versuchen, irgendwie an Wenderick heranzukommen.“

Sascha reagierte gereizt: „Und wie stellt ihr euch das vor? Bei ihm in der Bank vorsprechen?“

Aber Norbert schüttelte den Kopf und meinte versöhnlich: „Uns wird schon noch was einfallen. Vielleicht geht er joggen. Ich werde mal Estrella fragen.“

Ungläubig starrte Sascha ihn an. „Woher soll sie das denn wissen? Und außerdem: Denkt ihr, ich fange ihn vor seiner Wohnung ab und drehe mit ihm ein paar Runden, nur um ins Gespräch zu kommen? Nee, das könnt ihr gleich vergessen.“ Noch bevor die anderen etwas erwidern konnten, winkte er ab. „Lasst mal, ich kümmere mich selbst darum.“

Als Norbert zu Hause ankam, war Christa bereits da. Aber zu seiner Erleichterung empfing sie ihn diesmal nicht mit Vorwürfen. Sie war beschäftigt. Schon zum dritten oder vierten Mal hatte sie die Kleidung gewechselt, sich immer wieder umgezogen. In dem neuen Kleid fühlte sie sich auf einmal zu dick; auch die Variante mit Rock und Bluse sagte ihr nicht zu, nach ihrem Geschmack wirkte sie zu bieder darin, etwas gouvernantenhaft. Und mit Hose und T-Shirt gefiel sie sich erst recht nicht. Zum Schluss entschied sie sich doch für das Kleid und ergänzte es, um die Fettpölsterchen ein wenig zu kaschieren, mit einem dekorativen Schal. Teils belustigt, teils interessiert verfolgte Norbert ihre Umkleideaktion.

Auf das Klassentreffen hatte sich Christa sorgsam vorbereitet. Über die Jahre war sie etwas fülliger geworden, aber die dunkelbraunen, lebhaften Augen, ihr frischer Teint und das dunkle Haar, dessen ergrauende Ansätze sie regelmäßig nachfärbte, ließen sie jünger erscheinen als die zweiundsechzig Jahre, die sie alt war. Und ihre Augen waren es denn auch, die Norbert damals, als er sie kennenlernte, faszinierten.

Heute verbrachte er den Abend also alleine vor dem Fernseher. Er musste sich eingestehen, dass ihm dies nicht ungelegen kam. Wieder dachte er an Estrella. Manchmal glaubte er, in ihrem Blick echte Zuneigung zu erkennen. Doch wahrscheinlich war es ihre natürliche Freundlichkeit, die er darin sah. Sie war um Jahre jünger als er, und dieser Altersunterschied war bei allem Wohlwollen und Bemühungen seinerseits nicht zu übersehen. Er schaute auf seinen Bauch hinunter. Die zweite Flasche

Bier, die er gerade öffnen wollte, stellte er in den Kühlschrank zurück.

Erst spät am Abend hörte Norbert das Schließen an der Wohnungstür. Er lag schon im Bett, als Christa die Wohnung betrat.

„Na, war's schön?", fragte er verschlafen.

„Hm."

„Waren viele da?"

„Nö." Da sie offensichtlich nicht gewillt war, mehr zu erzählen, drehte er sich auf die andere Seite.

Als sie sich später neben ihn legte, schlief er bereits.

Uta Ruland

Am Dienstag war der Hörsaal nur spärlich besetzt. Frau Rulands Blick glitt über die Anwesenden. Es mochten circa zwanzig Personen sein, die sich ab der dritten Reihe über den Raum verteilten. Aus Erfahrung wusste sie, dass die Teilnehmerzahl zu Beginn des Semesters immer recht hoch war, aber der Eifer der Senioren im Verlauf der Wochen deutlich nachließ. Uta Ruland hatte gelernt, damit umzugehen und es nicht persönlich zu nehmen. Mit freundlichen Worten begrüßte sie die überschaubare Runde. Noch einmal glitt ihr Blick verstohlen über die Reihen.

Nicht dass sie ihn vermisst hätte, das nicht, aber ihr war schon die beiden letzten Male aufgefallen, dass der selbstbewusste Herr aus der ersten Reihe fehlte. Seine beharrliche Art und die Unverfrorenheit, mit der er versuchte, sie in Beschlag zu nehmen, hatten sie zumindest verblüfft. Aber offensichtlich hatte er ihre Signale verstanden. Umso besser. Uta Ruland fuhr mit ihren Ausführungen fort.

Da entdeckte sie ihn. Diesmal saß er ein paar Reihen weiter hinten. Betont sachlich schaute er in ihre Richtung und schrieb konzentriert mit. Für einen Augenblick fühlte sie sich irritiert und abgelenkt. Es war nicht auszuschließen, dass er nach der Vorlesung wieder nach vorne käme. Wie sollte sie sich dann ihm gegenüber verhalten? Ihm nochmal eine Abfuhr erteilen?

Sie konzentrierte sich wieder auf ihre Ausführungen, und versuchte dabei gelassen zu bleiben. Nach neunzig

Minuten beendete sie den Vortrag.

„Selbstverständlich stehe ich Ihnen für weitere Fragen gerne zur Verfügung." Einladend schaute sie in die Runde und vermied dabei den Blick zu ihm. Nachdem das obligatorische Klopfen verklungen war, erhoben sich die Zuhörer. Zwei Damen und ein älterer Herr kamen zielstrebig nach vorne. Er war nicht dabei.

Sascha packte seine Unterlagen ein und verließ den Hörsaal.

Auch während der Donnerstagsvorlesung glitt ihr Blick immer wieder über die Bankreihen des Hörsaals. Sorgsam hatte sich Uta Ruland im Vorfeld eine Antwort zurechtgelegt, falls er nach der Vorlesung doch wieder an sie herantreten sollte. Diesmal würde sie ihn nicht gleich zurückweisen, sondern erst einmal anhören, was er ihr zu sagen hatte. Aber alle Überlegungen hatten sich erübrigt; er war nicht da.

Sascha sah auf seine Uhr. Er musste sich beeilen, in fünf Minuten würde die Vorlesung zu Ende sein. Vor der Tür hielt er inne und wartete. Jetzt hörte er das Klopfen auf den Tischen und gleich darauf das Klappen der Sitzflächen in den Stuhlreihen. Schnell öffnete er die Tür und betrat den Hörsaal. Wie vermutet liefen wieder zwei, drei Senioren nach vorne zum Rednerpult. Uta Ruland sprach mit ihnen und bemerkte nicht, dass er sich hinten anstellte, brav, wie ein wissbegieriger Student.

Dann stand Sascha direkt vor ihr und glaubte, als sie erstaunt zu ihm aufblickte, ein verhaltenes Lächeln in ihren Augen zu erkennen.

„Ja bitte?" Ermunternd schaute sie ihn an.

„Hätten Sie einen Moment Zeit für mich? Ich würde Ihnen gern etwas zeigen."

Uta Ruland sah flüchtig auf ihre Uhr. „Gut, das würde passen."

Fünf Minuten später saßen sie sich in der Cafeteria gegenüber, und Sascha erläuterte sein Anliegen. Interessiert nahm sie die Fotos, die er vor ihr auf dem Tisch ausgebreitet hatte.

„Wie gesagt, von Kunst verstehe ich nicht viel, deshalb wollte ich Sie um Ihre Meinung bitten", beendete Sascha seine Erklärungen.

Ihr wurde bewusst, dass sein Interesse an ihrer Person wohl ausschließlich fachlicher Natur war, deshalb entgegnete sie betont sachlich: „Um mir ein Urteil zu bilden, müsste ich auf jeden Fall auch die Originalzeichnung sehen. Lasst sich das einrichten?"

Sascha schien zu überlegen, bevor er antwortete: „Ich denke schon. Meine Bekannte möchte das Bild gerne einem Experten zeigen und spielt mit dem Gedanken, sich von dem Buch mit der Zeichnung zu trennen. Wenn es sich tatsächlich als ein echter Picasso herausstellen sollte, hat sie vor, es bei einer Auktion anzubieten. Aber ich bezweifle, dass die Zeichnung wirklich von ihm ist. Und Sie wissen ja sicher, wie das so ist, wenn eine Legende jahrzehntelang in der Familie kursiert: Zum Schluss stellt sie sich nur als Wunschdenken heraus. Davon einmal abgesehen finde ich die Zeichnung originell." Sie betrachtete eingehend die Aufnahmen, auch das Foto, auf dem Estrellas Großmutter das Buch in ihren Händen hält. Sascha erklärte: „Die Aufnahme ist erst vor kurzem entstanden. Die betagte Dame lebt in einer Seniorenresidenz in Barcelona und musste sich von ein paar liebgewonnenen Dingen aus Platzgründen trennen, so auch von diesem Buch."

„Aber dann hängt sie doch sicher an der Zeichnung?", gab Uta Ruland zu bedenken.

„Nicht allzu sehr. Das Bild hatte der Maler ja ihrer Mutter, also der Urgroßmutter meiner Bekannten geschenkt."

Mit der nächsten Frage hatte er ebenfalls gerechnet: „Warum wenden Sie sich ausgerechnet an mich?"

„Ich hatte Sie bei der Ausstellungseröffnung in der SüdBank erlebt und Ihre mitreißende Art bewundert, wie Sie schlüssig und leichtverständlich die Hintergründe zu den Braque-Bildern erläuterten." Das war nicht gelogen. Er war von ihr beeindruckt, ja geradezu fasziniert. Sein Kompliment quittierte sie mit einem verlegenen Lächeln. „Und bei der Erwähnung, dass Braque eine Verbindung zu Picasso hatte, kam mir später die besagte Zeichnung in den Sinn." Sascha war selbst überrascht, wie leicht ihm die Lüge über die Lippen kam.

„Warum haben Sie mich dann über diesen Umweg des Seniorenkollegs angesprochen?"

„Ich wollte nicht gleich mit der Tür ins Haus fallen."

Jetzt lächelte sie wieder. „Verstehe. Aber ich bin kein Experte auf diesem Gebiet. Hierzu müsste ich einen Kollegen hinzuziehen. Können Sie mir die Fotografien erst einmal überlassen?"

„Ja, sicher. Das ist kein Problem."

Nach kurzer Überlegung schlug Frau Ruland dann vor: „Am besten wäre es, wenn mein Kollege und ich Ihre Bekannte einmal treffen könnten und sie das Original gleich mitbringen würde. Wenn es sich tatsächlich um einen echten Picasso handeln sollte, wäre diese Entdeckung eine Sensation. Ich kann mir vorstellen, dass der Leiter der SüdBank, den Sie ja bereits bei der Eröffnung der Braque-Ausstellung kennengelernt hatten, am Erwerb der Zeichnung interessiert wäre. Sie würde ausgezeichnet in seine Ausstellung passen " Sascha bemühte sich um einen überraschten Gesichtsausdruck, so als wäre ihm dieser Gedanke bis dahin noch nie gekommen.

Am frühen Abend saßen die vier Freunde, einschließlich Estrella, wieder an Holgers Küchentisch. Durch die weit geöffnete Terrassentür zog die milde Abendluft herein.

„Die Sache ist übrigens gebongt. Sie hat angebissen", erwähnte Sascha bemüht beiläufig.

„Wieso *sie*?"

„Uta Ruland." Es gelang ihm nicht ganz, den Triumph in seiner Stimme zu verbergen.

„Junge, Junge, du hast's immer noch drauf", murmelte Holger anerkennend.

Sascha gab sich den Anschein, als überhöre er das Kompliment und wandte sich an Estrella. „Frau Ruland und ein Kollege von ihr möchten uns beide treffen und die Zeichnung mal näher anschauen."

Aber Estrella hatte Bedenken. „Wo werden wir sie treffen? Auf keinen Fall in der Kunsthalle!"

„Nein, nein. Ich könnte mir vorstellen, dass uns Frau

Ruland in ihrem Dienstzimmer im Institut empfangen wird. Und ich werde sie vor unserem Treffen ausdrücklich darum bitten, Wenderick vorläufig nichts von dem vermeintlichen Picasso zu sagen. Außerdem hatte ich ihr ohnehin schon signalisiert, dass du die Zeichnung vorrangig, wenn überhaupt, in eine Auktion geben willst. Vielleicht könntest du dich generell ein wenig zieren, das Bild zu verkaufen. Sentimentale Gefühle, Familienbesitz und so. Lass dir was Rührseliges einfallen. Aber es muss glaubhaft rüberkommen."

Carsten Landner

Wenn Uta Ruland in ihrer langjährigen Tätigkeit als Kunsthistorikerin außer den erworbenen Kenntnissen auf dem Gebiet der Kunstgeschichte zwei Eigenschaften besonders pflegte und über die Jahre kultivierte, dann waren dies eine Portion Skepsis und das Vermeiden jeglicher Euphorie bei vermeintlichen Neuentdeckungen. So auch in diesem Fall. Deshalb griff sie unverzüglich zum Telefon und rief ihren Kollegen Carsten Landner an. Er war ebenfalls Kunsthistoriker. Aber die Unterschiede sowohl im Auftreten als auch im äußeren Erscheinungsbild konnten gegensätzlicher kaum sein. Breitschultrig und mitunter ungehobelt stapfte Landner durch die Welt der Schönen Künste und verbarg hinter seiner brüsken Art einen feinen Sinn für kunstwissenschaftliche und ästhetische Aspekte. Öffentliche Auftritte mied er, sie lagen ihm nicht. Folgerichtig hatte er eine Tätigkeit im Museumsarchiv gewählt und agierte eher im Hintergrund. Unter anderem beriet er Restauratoren. Nebenher verfasste er Beiträge in Kunstfachzeitschriften, so auch vor ein paar Jahren einen Artikel über das Frühwerk von Picasso. Hin und wieder wurde Carsten Landner um Expertisen gebeten. Dabei tat er sich besonders schwer und benötigte wegen seiner Akribie und Ausführlichkeit bei der Erstellung der Gutachten jede Menge Zeit. Der Aufenthalt in Museen war eine Leidenschaft von ihm. Nicht selten fing er dann die verstohlenen Blicke anderer Besucher auf, aus denen er dann las: Siehe da, sogar dieser Klotz interessiert sich für Kunst.

In der Kunsthalle der SüdBank war Carsten Landner nur ein einziges Mal.

„Uta, du vergeudest Mühe, Zeit und auch deine Gefühle an diesen selbstgefälligen Galan", waren seine Worte. Auch wenn sie sich an die knarzige und direkte Art schon längst gewöhnt hatte und den fachlichen Rat zu schätzen wusste, so hatte sie ihm diese unerbetene Meinungsäußerung damals sehr übelgenommen. Im Gegensatz zu Kai Wenderick fehlten ihm jeglicher Charme und die Geschmeidigkeit in den Umgangsformen. Und so war es eine Selbstverständlichkeit, dass es zwischen ihr und Dr. Carsten Landner nie mehr als eine kollegiale Freundschaft gab und geben würde.

Nachdem Uta Ruland ihm in kurzen Worten die Sachlage geschildert hatte, blaffte er sofort: „Das kann nicht sein! Woher kennst du diesen Vogel, der dir einen Picasso unterjubeln will?"

Uta holte erst einmal tief Luft, bevor sie klarstellte: „Er saß im Seniorenkolleg und trat nach der Vorlesung an mich heran. Und außerdem will er mir nichts unterjubeln, sondern hat mich nur um meinen Rat gebeten."

„Hm, anschauen kann ich mir die Zeichnung ja mal."

Nach dem Telefonat überlegte sie, was sich daraus ergeben könnte. Sie hatte nicht vor, Kai Wenderick über die potenzielle Neuentdeckung zu informieren. Wenn es sich tatsächlich um einen echten Picasso handelte, bliebe genügend Zeit, es ihm zu sagen. Garantiert wäre er an einem Ankauf interessiert. Er war immer so ungeduldig und fordernd. Auch ihr gegenüber. Dass sich aus ihrer beider Zusammenarbeit in der Kunsthalle eine intime

Beziehung ergeben würde, war ihrerseits nie vorgesehen. Doch seine Aufmerksamkeit und Bewunderung stärkten damals nach der Scheidung ihr Selbstwertgefühl und halfen ihr aus einer persönlichen Krise. Fünf Jahre war das nun her, und fast ebenso lange waren Kai Wenderick und sie ein Paar. Er war verheiratet, und die Mitarbeiter der SüdBank wussten, dass sie seine Geliebte war. Womöglich hatte es sogar seine Frau erfahren. Aber von einer Scheidung war nie die Rede. Und Uta Ruland war dies recht.

Sie riss sich aus ihren Gedanken und studierte eingehend die Fotografien, die ihr Herr Dr. Niermeyer überlassen hatte.

Sie trafen sich in Landners Archivräumen. Diese lagen im Untergeschoss des Museums und waren hell und freundlich ausgestattet. Carsten Landner führte Estrella, Sascha und Uta Ruland zu einer geräumigen Nische, in deren Mitte ein großer runder Tisch mit sechs Stühlen stand. Ächzend ließ er sich auf einem davon nieder. Links von ihm nahm Uta Ruland Platz; Estrella ließ den Stuhl neben Landner frei, legte ihre Tasche darauf und wählte den nächsten. Ihm gegenüber saß Sascha. Es war offensichtlich, dass der Kunsthistoriker in dieser Runde die Gesprächsführung übernehmen und im Spannungsfeld zwischen ihm und Sascha die Erörterung stattfinden würde. Wie zwei gegnerische Parteien saßen sie sich gegenüber.

Landner eröffnete die Runde. „So, nun zeigen Sie uns

mal das gute Stück." Estrella holte das sorgfältig verpackte Buch aus ihrer Tasche und legte es vor Landner auf den Tisch. Gleichmütig griff er danach und schlug es auf. Nach kurzem Blättern fand er die Seite und betrachtete ein paar Augenblicke lang die Zeichnung.

„Wie kommen Sie eigentlich darauf, dass sie tatsächlich von Picasso sein könnte?" Er klang desinteressiert.

„Wir sind keineswegs sicher, dass sie wirklich von Picasso ist", entgegnete Sascha. „Aber immerhin ist die Zeichnung mit seinem Namen signiert."

Landner unterbrach ihn. „Das sehe ich selbst."

Sascha überhörte die brüske Bemerkung und fuhr fort: „Ausschlaggebend für die Vermutung, dass sie wirklich von ihm sein könnte ist der Umstand, dass Frau Cardonas Urgroßmutter im Alter von neunzehn Jahren kurzzeitig mit einem jungen Maler befreundet war. Viele Jahre später, als die Affäre fast in Vergessenheit geriet, fiel ihr das Buch mit der Zeichnung wieder in die Hände." Er hielt inne und schaute Estrella an. Sie verstand seine stumme Aufforderung.

„Meine Urgroßmutter zeigte das Buch später ihrer Tochter, also meiner Großmutter. Und die bewahrte es auf. Aber dann ist sie in eine Seniorenresidenz gezogen, und sie gab mir das Buch. Und jetzt möchte ich gerne wissen, ob die Zeichnung wirklich von Picasso ist. Ich weiß noch nicht, ob ich das Buch verkaufen werde. Es ist ein Andenken an meine Urgroßmutter und gehört zur Familie."

Während Estrella sprach, hatte Sascha Gelegenheit, die beiden so unterschiedlichen Frauen zu beobachten.

Altersmäßig lagen sie vermutlich nicht weit auseinander. Uta Ruland schätzte er auf Anfang fünfzig, Estrella war siebenundvierzig, das wusste er. Aber in ihrem Äußeren und ihrem Naturell waren sie grundverschieden. Estrellas dunkle Augen sprühten vor Energie, wenn sie sprach, und ihre Worte unterstrich sie mit lebhaften Gesten. Die Lippen hatte sie in einem leuchtenden Rot geschminkt, im gleichen Farbton waren ihre Fingernägel lackiert. Sie trug eine knallgelbe Jacke, die in reizvollem Kontrast zu ihrem dunklen Teint stand. Estrella war nicht zu übersehen, sie fiel sofort auf. Sascha überlegte, an wen sie ihn erinnerte. Ja, jetzt fiel es ihm ein: an die Schauspielerin Penélope Cruz. Sein Blick glitt hinüber zu Uta Ruland. Die leicht gewellten Haare trug sie hochgesteckt, nur zwei, drei Strähnen hatten sich gelöst und fielen in ihre Stirn und seitlich an den Schläfen herunter. Die Brille lag vor ihr auf dem Tisch. Ohne sie wirkten ihre aparten Gesichtszüge weicher, weniger streng. Im Gegensatz zu Estrella war sie dezenter geschminkt. Sie trug einen zarten Lidschatten, der perfekt zu ihren graublauen Augen passte. Auf die Lippen hatte sie einen mattroten Ton aufgetragen. Neben dem kräftigen Carsten Landner wirkte sie grazil, fast zerbrechlich. Das dunkle kurzärmelige Kleid schmeichelte ihrer Figur. Dazu trug sie eine silberne Kette mit einem filigranen Anhänger in orientalisch anmutendem Design und schmale, ebenfalls silberfarbene Armreifen.

Landners Stimme riss Sascha aus seinen Betrachtungen. „Wenn ich mal zusammenfassen darf: Sie möchten also wissen, ob die Zeichnung von Picasso ist, aber an einem Verkauf sind Sie nicht unbedingt interessiert."

„Sie haben mich verstanden", erwiderte Estrella ebenso knapp, aber mit einem Lächeln.

Gelassen richtete Landner seinen Blick auf Sascha. „Welches Interesse haben *Sie* eigentlich an der ganzen Angelegenheit? Ich gehe davon aus, dass Sie nicht zu Frau Cardonas Familie gehören."

Über diese direkte Frage, aus der er unmissverständlichen Argwohn und Ironie heraushörte, war er sichtlich irritiert. Doch bevor er eine passende Antwort fand, schoss Estrella zurück: „Nein, er gehört nicht zur Familie. Warum wollen Sie das wissen? Ist es wichtig?"

Landner ignorierte ihre Attacke und erklärte zum Abschluss des Gesprächs: „Wenn Sie ein Gutachten wollen, müssen Sie mir das Original für mindestens eine Woche überlassen. Hier im Tresor ist es sicher aufbewahrt. Ich stelle Ihnen selbstverständlich eine Empfangsbestätigung aus."

Damit waren Estrella und Sascha einverstanden. Nach der Übergabe geleitete Landner die beiden hinaus. Er selber kehrte zu Uta Ruland zurück.

„Und, was meinst du?" Sie trug ihre Brille, die sie ein wenig streng aussehen ließ und schaute ihn erwartungsvoll an. Carsten Landner ließ sich mit der Antwort Zeit.

„Abgesehen von der schrillen Dame und ihrem arroganten Begleiter halte ich das plötzliche Auftauchen eines bis dahin unbekannten Picassos für sehr unwahrscheinlich. Aber ausgeschlossen ist es natürlich nicht. Das Bild ähnelt übrigens einer Zeichnung, die Picasso in Tusche und Aquarell gefertigt hat."

Landner stemmte sich ächzend aus dem Stuhl und trottete zu einem der langen Regale. Als er zurückkam, hielt er einen umfangreichen Bildband in den Händen. Er blätterte zielgerichtet darin und stieß bald auf die gesuchte Seite. „Hier, *Liegender weiblicher Akt, Picasso zu seinen Füßen, 1902/1903.*"

Beide schauten auf das bekannte Bild, und Uta Ruland meinte: „Sollte er tatsächlich, bevor er diese Tuschezeichnung angefertigt hatte, ein fast identisches Bild in das Buch von Frau Cardonas Urgroßmutter gezeichnet haben? Oder hat er sie gar selbst dargestellt?"

Landner zuckte mit den Schultern. „Wie gesagt: Ausgeschlossen ist es nicht. Dann hätte er allerdings eine sehr intime Beziehung zu ihr gehabt. Aber Picasso war ja bekanntermaßen kein Kostverächter. Vielleicht war die Urgroßmutter tatsächlich seine Geliebte. Ich werde die Zeichnung genauer untersuchen." Mit diesen Worten erhob er sich. Die Unterredung war für ihn beendet.

Unweit des Museums saß Norbert an einem der kleinen Tische vor dem Selbstbedienungscafé und sah auf die Uhr. Er wartete auf Estrella. Sie würde bald kommen und ihm berichten, wie das Gespräch verlaufen war. Und hoffentlich ohne Sascha. Es war nicht auszuschließen, dass er sich im letzten Moment an sie dranhängen würde. Nein, sie kam allein. Mit einem strahlenden Lächeln schritt sie auf ihn zu, warf ihre Tasche auf den Stuhl und küsste ihn auf die Wange.

„Oh, mein Lippenstift hinterlässt Spuren!" Lachend versuchte sie, das Rot zu entfernen, aber beide Wangen wurden noch röter. Dann nahm sie ihm gegenüber Platz. „Puh, das war anstrengend! Ich kam mir vor wie bei einer Prüfung."

„Was darf ich dir bringen? Ein Mineralwasser und einen Kaffee, oder lieber einen Cappuccino?"

„Muchas gracias, einen Cappuccino bitte."

Dann schilderte Estrella temperamentvoll und gestenreich den Hergang der letzten Stunde. Verstohlen schaute sich Norbert um. Die Gäste vom Nachbartisch waren gegangen, und der nächste Tisch lag weit genug entfernt.

„Dann bleibt uns momentan nichts anderes übrig, als auf Herrn Dr. Landners Gutachten zu warten", fasste er Estrellas Bericht zusammen. Mit einem leisen Aufschrei schaute sie auf ihre Uhr.

„Musst du zur Flaschenannahme?"

„Nein, ich bin aufgestiegen, ich räume Regale ein." In ihren Worten schwang eine Spur Sarkasmus mit.

Beide erhoben sich, und Norbert stand ihr etwas verlegen gegenüber. Aber diesmal legte sie die Fingerspitzen auf ihre Lippen und deutete den Kuss nur an.

„Ich will Christa nicht eifersüchtig machen", erklärte sie lachend, nahm ihre Tasche und eilte mit federnden Schritten davon.

Einen Augenblick lang schaute er ihr versonnen nach.

Holger holte aus dem Kühlschrank für jeden eine Flasche Bier. Er und Norbert saßen noch nicht lange, als es klingelte und gleich darauf Sascha sein Rennrad in den Flur schob. Zu dessen kurzer Schilderung des Treffens in

Landners Archivräumen schwieg Norbert wohlweislich.

„Und wenn er nun zu dem Schluss käme, dass die Zeichnung nicht von Picasso sein kann?", waren Holgers Bedenken.

Sascha zuckte nur mit den Schultern. „Das wäre dann seine ganz persönliche Meinung. Ich könnte mir vorstellen, dass Uta Ruland die Fotos trotzdem Wenderick zeigen würde."

Eine Weile diskutierten sie darüber, welche Konsequenzen das Gutachten von Landner haben könnte, vor allem, wenn sein Urteil vernichtend ausfiele.

„Letzten Endes haben wir sowieso keinen Einfluss darauf, wen Frau Ruland als Fachmann hinzuzieht. Und im Falle einer Expertise wäre unsere Zeichnung dann gewissermaßen geadelt, sozusagen über jeden Verdacht erhaben", resümierte Sascha. Dem stimmten die Freunde zu. Nach einer weiteren halben Stunde verabschiedeten sie sich.

Es war bereits nach zwanzig Uhr, als Norbert in Erwartung neuer Vorwürfe die Wohnungstür aufschloss. Christas Dienst war längst beendet, sie müsste demnach zu Hause sein. Aber die Wohnung war leer. Als er das Wohnzimmer betrat, blinkte ihm die kleine Leuchte am Telefon entgegen. Auf dem Anrufbeantworter hatte sie eine Nachricht hinterlassen. Sie teilte ihm mit, dass sie sich gleich nach dem Dienst mit zwei ehemaligen Schulfreundinnen treffen würde. Er solle nicht auf sie warten.

Entgegen aller Vernunft

Die Picasso-Zeichnung erwähnte sie mit keiner Silbe, als Kai Wenderick diesen Abend bei ihr verbrachte. Bevor Uta Ruland nicht das Gutachten von Carsten Landner hätte, würde sie die vermeintliche Neuentdeckung für sich behalten. Zudem hatte sich die Spanierin bezüglich eines Verkaufes nur vage geäußert. Wenn sie sich denn überhaupt von dem Buch trennen wolle, so hatte sie in dem Gespräch mit Landner zu verstehen gegeben, käme nur eine Auktion in Betracht. Uta Rulands Absicht war, genau das zu verhindern. Die Gebote könnten eine Höhe erreichen, die Kai Wendericks Mittel aus dem Fonds der Kunsthalle bei weitem überstiegen. Der Kreis der Sammler und finanzstarken Kaufinteressierten war zu groß.

Uta Ruland erkannte die einmalige Chance, Einfluss auf die Entscheidung der Spanierin zu nehmen und Kai somit die Gelegenheit zum Kauf einer bis dahin unbekannten Picasso-Zeichnung zu geben. Es fiel ihr sichtlich schwer, ihm gegenüber zu schweigen. Uta war bei ihren Überlegungen hin und hergerissen, und Kai Wenderick hatte ihre Unruhe bemerkt.

„Was ist denn los mit dir? Du bist mit deinen Gedanken ganz woanders, jedenfalls nicht bei mir."

Am nächsten Morgen, Kai hatte sich wie immer schon vor Mitternacht von ihr verabschiedet, hielt sie es nicht mehr länger aus. Am Frühstückstisch holte sie ihr Handy heraus und wählte Carsten Landners Nummer.

„Und? Hast du dir schon eine Meinung gebildet?"

Offensichtlich hatte Uta ihn mit dem Anruf geweckt,

denn noch mürrischer, als es ohnehin seine Art war, knurrte er etwas ins Telefon. Es klang wie „keine Geduld" und „in Ruhe recherchieren".

Nach einer halben Stunde rief er zurück. „Du kannst im Laufe des Tages mal vorbeikommen."

Zwei Stunden später saß sie bei ihm am Tisch. Das Buch lag aufgeschlagen vor ihnen.

„Wir wollen die Sache mal gemeinsam durchgehen." Landner griff zur Lupe. „An der Linienführung ist nicht viel auszusetzten."

„Nicht viel?" Sie klang enttäuscht.

„Du siehst vielleicht selber, dass an einigen Stellen ein leichtes Zögern beim Federstrich, eine Unsicherheit zu erkennen ist, aber nur ein wenig, so dass es für das bloße Auge kaum sichtbar ist. Das Papier ist stimmig, das Buch stammt aus einer Zeit um 1900 und wurde in Barcelona gedruckt. Generell ist es bei Zeichnungen schwierig, den genauen Zeitpunkt des Entstehens zu bestimmen. Diese hier könnte auch viel später und nachträglich in das Buch gezeichnet worden sein. Aber das wäre schwer nachzuweisen. Um eventuelle Unstimmigkeiten und Widersprüche herauszufinden, müssten Partikel der Tusche und der Aquarellfarbe zu einer Analyse geschickt werden. Das dürfte allerdings sehr kompliziert, wenn nicht gar unmöglich werden. Ich hatte übrigens Telefonate mit den Picasso-Museen in Barcelona und Antibes geführt. In Picassos Werkverzeichnis wird die Zeichnung jedenfalls nicht genannt. Doch damit war ja ohnehin nicht zu rechnen. Um es kurz zu machen: Alles in allem habe ich kein gutes Gefühl, Uta. Letztendlich haben wir nur die

Schilderung der Katalanin; und auf deren Worte können wir uns nicht verlassen. So eine Provenienz ist schnell ausgedacht und müsste in jedem Fall bewiesen werden. Aber wie sollte das geschehen? Bliebe also außer einer fraglichen Materialanalyse noch der stilistische Vergleich. Auf jeden Fall handelt es sich um eine gutgemachte Zeichnung. Sie sieht aus wie von Picasso, aber irgendetwas ist unstimmig", schloss Carsten Landner seine Erklärung und hob bedauernd die Schultern. „Tut mir leid, Uta, ich kann die Echtheit nicht bestätigen und verlange auch kein Honorar für meine Aufwendungen. Du musst nun selbst entscheiden, was du machen wirst. Ich an deiner Stelle würde keine weitere Zeit darauf verschwenden." Für ihn schien die Sache damit erledigt. Er lehnte sich in seinem Stuhl zurück und sah Uta abwartend an. Wie zu erwarten war sie enttäuscht. Und unzufrieden.

„Danke erst einmal für deine Mühe, Carsten." Er nickte nur und stand auf.

„Die Dame kann ihr Buch wieder abholen. Sie soll aber nicht vergessen, die Empfangsbestätigung wieder mitzubringen."

Am Nachmittag saßen Sascha und Estrella in Uta Rulands Dienstzimmer. Schon an deren bedauernder Miene erkannten sie, dass es nichts Erfreuliches wäre, was sie ihnen gleich mitteilen würde.

„Wie ich schon befürchtet habe, ist die Angelegenheit nicht so einfach. Herr Dr. Landner ist nicht gewillt, eine Expertise auszustellen." Uta ließ eine kleine Pause, bevor sie abschließend meinte: „Sie können jetzt entscheiden, ob Sie weiterrecherchieren wollen oder die Sache auf sich beruhen lassen."

Soweit zu unserem Plan, waren Saschas Gedanken. Laut gab er zu bedenken: „Aber immerhin geht es um sehr viel. Ich könnte mir vorstellen, dass ein bis dahin unbekannter Picasso viel Aufmerksamkeit und auch Interessenten finden würde."

„Und was ist mit der Provenienz?", fragte Estrella. „Das Buch war im Besitz von meiner Großmutter, sie wird es bestätigen."

Uta Ruland schaute beide nachdenklich an. Nach ein paar Augenblicken hatte sie sich entschieden.

„Könnten wir Ihre Großmutter in Barcelona mal aufsuchen?" Sofort befürchtete Estrella, dass sie mit „wir" Kai Wenderick einschloss. Aber die nächste Bemerkung beruhigte sie etwas. „Und es wäre nicht verkehrt, wenn Herr Dr. Landner uns begleiten würde."

Sascha und Estrella baten sich Bedenkzeit aus.

Am Abend besprachen die Freunde wieder in Holgers Küche das weitere Vorgehen.

„Ich sehe es als gutes Zeichen, dass sich Frau Ruland jetzt vor Ort erkundigen will. Aber wie wird Estrellas Großmutter wohl reagieren, wenn sie nach dem Buch gefragt wird?"

„Sie wird es erkennen. Ich hatte ihr das Buch schon gezeigt", meinte Estrella zuversichtlich.

„Und was ist mit der Zeichnung? Die kann sie ja noch gar nicht gesehen haben."

„Sie wird *sí sí* sagen und lächeln."

Man wurde sich einig, einem baldigen Besuch zuzustimmen. Außer Estrella würde auch Sascha mit nach Barcelona fliegen.

Kurz vor zwanzig Uhr betrat Norbert die Wohnung.

„Ich frage mich wirklich, wo du dich den ganzen Nachmittag herumgetrieben hast. Mindestens fünfmal habe ich versucht, dich zu erreichen. Und dein Handy war natürlich wieder ausgestellt", empfing ihn Christa vorwurfsvoll.

„Jetzt bin ich doch da. Was wolltest du mir denn sagen?"

„Ich konnte heute mal zeitiger gehen und hätte gerne mit dir einen Kaffee getrunken. Aber das hat sich ja nun erledigt. Das kommende Wochenende werde ich übrigens zu meiner Schwester fahren. Wie ich dich kenne, willst du sowieso nicht mit."

„Stimmt." Ihre Schwester hatte er noch nie gemocht. „Brauchst du das Auto?", fragte er vorsichtig.

„Nein, ich fahre mit dem Zug."

Am darauffolgenden Samstagvormittag rief er Estrella an. Umständlich schlug er vor, mit dem Auto einen Ausflug zu unternehmen.

Sie schwieg einen Augenblick und entgegnete dann etwas verlegen: „Das ist sehr lieb gemeint von dir, Norbert, aber ich bin mit zwei Kommilitoninnen verabredet."

Na klar! Wie konnte er auch nur für einen Moment annehmen, dass die temperamentvolle Katalanin an diesem Wochenende nichts Besseres vorhätte, als mit ihm durch die Gegend zu fahren! Und gar, dass sie Ähnliches für ihn empfände, wie er für sie. Enttäuscht nahm er ihre Erklärung zur Kenntnis. Im Nachhinein war ihm sein Vorschlag peinlich. Da diesmal weder Sascha noch Holger Zeit für ihn hatten, vertrödelte Norbert den Samstag in der Wohnung. Für einen Augenblick war er drauf und dran, Christas Schwester anzurufen, um ihr mitzuteilen, dass er nachkäme. Aber dann verwarf er die Idee wieder, im Grunde genommen war ihm nicht danach. Die ewig gleichen Gesprächsthemen und die unerquicklichen Diskussionen war er leid.

Momentan konnte er sich selbst nicht ausstehen. Das ganze Wochenende empfand er als öde und enttäuschend. Immer wieder dachte er an Estrella. Er war eindeutig, aber leider unglücklich verliebt.

Zurück in Barcelona

Estrella und Sascha betraten die große Schalterhalle des Flughafengebäudes und schauten sich um. Da erblickten sie Uta Ruland und neben ihr, nicht wie erwartet, Carsten Landner, sondern Kai Wenderick! Auf der Stelle kehrte Estrella um. Sascha folgte ihr.

„Ich kann nicht mitfliegen! Was mache ich jetzt?"

„Keine Panik. Zum Glück haben sie uns noch nicht gesehen. Ich gehe jetzt alleine hin und sage ihnen, dass du den Flug kurzfristig stornieren musstest, ohne Begründung. Das geht sie nichts an."

„Ja, aber was wird aus dem Besuch bei meiner Großmutter?"

Sascha beruhigte sie: „Ich weiß doch, wo sie wohnt, und sie hat mich bereits kennengelernt. Als hätten wir's geahnt! Nur gut, dass du mich der Leiterin vorgestellt hast. Ich werde ihr sagen, dass du leider verhindert bist."

„Aber meine Großmutter wird dich nicht erkennen!"

„Das lass mal meine Sorge sein, Estrella. So, ich muss los. Wir müssen uns jetzt verabschieden."

Bekümmert und verwirrt blieb sie zurück, während Sascha mit einem freundlichen Lächeln auf Uta Ruland zuging und sie begrüßte.

„Nun kommt leider alles anders! Frau Cardona ist bedauerlicherweise verhindert. Aber ich denke, ich kann vor Ort ebenso alles regeln." Dann gab er Kai Wenderick die Hand.

Uta stellte ihn vor und erklärte: „Mein Kollege, Herr Landner, kann ebenfalls nicht mit. Dafür begleitet mich

Herr Wenderick. Er hat ein paar Tage freigenommen und möchte Barcelona kennenlernen. Ich nehme an, dass neben dem Dienstlichen auch für mich noch ein wenig Zeit für private Besichtigungstouren bleibt."

Mit einem betont festen Händedruck schüttelte Sascha ihm die Hand. Wendericks Anwesenheit verunsicherte ihn. Er wusste nicht, inwiefern Uta Ruland ihn zwischenzeitlich doch über die Zeichnung unterrichtet hatte. Als er mit ihr einen Moment allein war, fragte er sie danach.

„Nein, ich habe ihm noch nichts davon gesagt. Bevor die Sache nicht hieb- und stichfest ist, bleibt es unter uns. Außerdem möchte ich ihn vor voreiliger Euphorie bewahren. Wenn wir morgen in die Seniorenresidenz fahren, wird er also nicht dabei sein. Aber ein Dolmetscher wird uns begleiten."

Für einen Moment fühlte sich Sascha überrumpelt. Doch was hatte er denn erwartet? Selbst wenn er Spanisch spräche, würde sie weder ihm noch Estrella vertrauen.

Das Hotel, in dem sie untergebracht waren, erwies sich als eine Klasse besser als das vorige im Eixample und lag zudem zentrumsnah, ein weiterer Vorteil. Von seinem Hotelzimmer aus rief er bei der Seniorenresidenz an und meldete den morgigen Besuch bei Frau Valentina Zafón, Estrellas Großmutter, vorsichtshalber an. Eine unnötige Aktion, wie sich gleich darauf herausstellte, denn Estrella hatte dies bereits getan. Sie hatte mit der Leiterin telefoniert und außerdem mitgeteilt, dass sie selbst leider verhindert sei.

Zum Abendessen saßen sie zu dritt in einem noblen Restaurant auf der Rambla. Sascha fühlte sich unwohl. Die Zweisamkeit der beiden wollte er nicht stören, aber Kai Wenderick hatte darauf bestanden, den Abend gemeinsam zu verbringen.

Das Gespräch verlief unerwartet locker und im besten Einvernehmen. Sascha musste sich eingestehen, dass er Wenderick keineswegs unsympathisch fand. Fast gegen seinen Willen entdeckte er Gemeinsamkeiten und ähnliche Interessen. Und vergebens versuchte er, sich Wenderick als aufdringlichen Macho oder gar gewaltbereiten Typen vorzustellen. Es gelang ihm nicht. Zudem sprach gegen diese Vorstellung, dass die feinsinnige, zurückhaltende Uta Ruland mit ihm mehr als nur befreundet war.

Nach dem reichlichen Abendessen, dem exzellenten Wein und einem Absacker an der Hotelbar waren Sascha und Kai Wenderick plötzlich beim Du. Er wusste nicht so recht, was er davon halten sollte und befürchtete für einen Augenblick, dass sich bei ihm durch die unerwartete Vertrautheit Skrupel bei der Durchführung seines Planes einstellen könnten. Aber diese Befürchtung und die Sorge vor dem morgigen Besuch in der Seniorenresidenz verdrängte er und kam erst spät in der Nacht und leicht beschwipst auf sein Zimmer. Dort entschied er sich gegen ein weiteres Bier aus der Hausbar, duschte und legte sich ins Bett. Der Alkohol zeigte seine Wirkung, denn schon nach wenigen Minuten fiel er in einen unruhigen Schlaf.

Am nächsten Morgen betrat Sascha kurz nach neun Uhr den Frühstücksraum des Hotels. Uta Ruland und Kai Wenderick saßen an einem Vierertisch.

Kai winkte ihn sofort heran und bot ihm den Platz neben sich an. „Na, Sascha, was hast du heute schönes vor?"

„Ach, nichts Aufregendes, zu einer alten Dame, etwas abklären", antwortete er ausweichend.

„Immerhin interessant genug, dass Uta dich dabei begleiten möchte." Und zum ersten Mal bekam Sascha eine Vorstellung von Wendericks autoritärem Auftreten und einer Neigung zu Jähzorn. Seine Kiefermuskeln waren angespannt und ließen ihn für eine Sekunde abweisend und berechnend erscheinen. Mit kühlem Blick sah er Sascha an. Aber ebenso plötzlich, wie die Härte in seine Miene trat, entschwand sie wieder. In einem harmlosen, verbindlichen Plauderton brachte er das Gespräch auf ein neutrales Thema.

Nach dem Frühstück brachen Sascha und Uta Ruland in Richtung des Hafens zu der Seniorenresidenz auf. Am Eingang des Gebäudekomplexes kam ein junger Mann auf sie zu und stellte sich vor. Es war der Dolmetscher. Mit gemischten Gefühlen folgte Sascha den beiden und meldete sich bei der Leiterin der Station.

Sie erkannte ihn sofort wieder. „Frau Zafón erwartet sie bereits. Sie wird sich freuen", ließ sie über den Dolmetscher mitteilen und führte die drei Besucher zum Zimmer. Estrellas Großmutter saß sorgfältig gekleidet und frisiert in ihrem Sessel. Mit einem Lächeln gab Uta Ruland der alten Dame die Hand und überreichte ihr einen Blumenstrauß und eine Schachtel Pralinen. Beschämt gestand sich Sascha ein, dass er an ein Geschenk gar nicht gedacht hatte. Nach ein paar Höflichkeitsfloskeln nahmen die Besucher Platz.

„Viele Grüße von Ihrer Enkelin Estrella", richtete Sascha aus. Frau Zafón schien ihn sofort zu verstehen, sie nickte erfreut und erwiderte: „Sí".

Dann kam Uta Ruland auf das eigentliche Anliegen ihres Besuches zu sprechen. „Frau Zafón, wir sind heute auch hier, um uns mit Ihnen über ein Buch und eine Zeichnung zu unterhalten, die bis vor kurzem noch in Ihrem Besitz war." Durch deren freundliches *Sí, sí* ermuntert fuhr sie fort: „Vielleicht könnten Sie uns etwas zur Geschichte des Bildes erzählen." Der Dolmetscher übersetzte, und Frau Zafón antwortete mit „Sí."

Frau Ruland wartete. Als sie nach einem langen Schweigen noch immer keine Antwort erhielt, wiederholte der Dolmetscher die Bitte. Die alte Dame sah ihn mit einem strahlenden Lächeln an und sagte nachdrücklich „sí!" Irritiert schaute Uta Ruland zu Sascha hinüber.

Der zuckte hilflos mit den Schultern. „Möglicherweise ist ihr Sprachvermögen altersbedingt etwas eingeschränkt, eine Art Aphasie."

„Davon hatten Sie mir vor der Reise nichts gesagt."

Sascha hörte aus ihren Worten einen deutlichen Vorwurf heraus und beeilte sich zu erklären: „Es fiel mir damals, als ich sie kennenlernte, nicht weiter auf. Frau Cardona sprach die meiste Zeit zu ihr." Diese Rechtfertigung klang dürftig, das spürte er selbst. Er wusste nicht, ob sie ihm glaubte.

Uta Ruland griff in ihre Handtasche und holte die Fotografien von dem Buch und der Zeichnung hervor und reichte sie Frau Zafón. Als diese das Foto sah, auf dem sie das Buch in ihren Händen hielt, strahlte sie. Auf der nächsten Aufnahme war die Zeichnung in Großaufnahme zu sehen. Auch beim Betrachten dieses Fotos glitt ein wiedererkennendes Lächeln über ihr Gesicht.

„Sie kennen die Zeichnung?", fragte Frau Ruland.

„Sí, sí", bestätigte die alte Dame.

„Das Bild gehörte einmal Ihrer Mutter?" Die Frage stellte sie rein rhetorisch, denn Uta Ruland erwartete keine Erläuterung mehr. Das „sí" kam überzeugend heraus. Ein letztes Mal versuchte sie es mit einer offenen Frage.

„Von wem ist die Zeichnung ihrer Meinung nach?" Doch das darauffolgende „sí" bestätigte nur die Gewissheit, aus Frau Zafóns Mund nichts über die Herkunft des Bildes zu erfahren. Nach ein paar freundlichen Worten wollte sie die Fotos wieder vom Tisch nehmen, aber die alte Dame griff energisch nach der Fotografie mit der Großaufnahme der Zeichnung. Uta Ruland überließ sie ihr und verabschiedete sich. Vor der Tür zahlte sie den Dolmetscher aus, der sich die ganze Zeit mehr als überflüssig vorgekommen war. Sascha gegenüber äußerte sie sich mit keiner Silbe zu dem Besuch. Nachdem sie sich verabschiedet hatte, eilte sie davon.

Nur mit Mühe war es Sascha gelungen, seine Verwunderung und Erleichterung über Frau Zafóns Reaktion zu verbergen. Ihm schien, als hätte sie aus bisher unbekannten Gründen die Zeichnung wiedererkannt, und wollte das Foto deshalb als Andenken behalten. Gleich heute Abend würde er Estrella anrufen und fragen, wie es zu dieser wundersamen Reaktion kam.

Kai Wenderick hatte den Vormittag in der Altstadt verbracht und sich vom Menschenstrom erst durch die *Ramblas* und dann bis hinunter ans Meer, an die *Plaja de la Barceloneta*, treiben lassen. Er hatte seine Sandalen ausgezogen und grub die Zehen in den warmen Sand. In diesem Augenblick klingelte sein Handy.

„Wo steckst du gerade?", fragte Uta Ruland.

„Mit beiden Füßen im Sand."

„Das klingt gut. Wo wollen wir uns treffen?" Wenderick schaute sich um und sah hinter sich ein Fischrestaurant. Er nannte Uta die Adresse und setzte sich an den Strand. Eine halbe Stunde später war sie bei ihm.

„Na, habt ihr bei der alten Dame alles klären können?"

„Nein, es war wenig hilfreich. Die Angelegenheit ist komplizierter als gedacht. Und wo warst du?"

„Ach, mal hier, mal da, mal irgendwo. Im Urlaub lass ich mich gerne treiben. Von Sightseeing-Touren halte ich nicht viel, Highlights abhaken ist nicht so mein Ding. Ich schau lieber dem Getümmel in den Straßen zu."

Uta war da anderer Meinung. „Wenn ich mit dir schon mal in Barcelona bin, möchte ich auch was von der Stadt sehen", ließ sie ihn wissen. „Heute Nachmittag besuche ich übrigens mit Herrn Dr. Niermeyer das *Museu Picasso*. Kommst du mit?"

„Mit Sascha? Natürlich komm ich mit."

Zu dritt schlenderten sie durch die Ausstellungsräume und schauten sich das eine oder andere Gemälde genauer an. Aber Sascha und Uta zog es zu den Räumen, in denen die Graphiken und Zeichnungen hingen.

Um die Bilder zu schonen, war die Beleuchtung gedimmt. Plötzlich blieb Sascha stehen. In einem schmalen Rahmen hing die Zeichnung „Liegender weiblicher Akt, Picasso zu seinen Füßen" in Tusche und Aquarell. Er bemühte sich gar nicht erst, sein Interesse zu verbergen. Bei dem letzten Besuch vor ein paar Wochen war er achtlos an dem Bild vorbeigegangen und kannte es daher nur aus dem Bildband von Picassos Frühwerken. Jetzt sah er es im Original. Nachträglich bewunderte er Holgers Fertigkeit. Die Ähnlichkeit seiner Zeichnung mit dem echten Picasso hier im Museum war augenfällig. Uta empfand das wohl ebenso. Beide wechselten einen kurzen Blick. So nah wie möglich trat sie heran, damit ihr kein Detail entging. Dann trat sie wieder zurück und betrachtete die Zeichnung aus größerem Abstand. Kai Wenderick hatte sie dabei beobachtet.

„Na, du suchst wohl schon was Neues für unsere nächste Ausstellung in der Kunsthalle?", zog er Uta auf. Sie erwiderte sein Lächeln und lief rasch weiter. Sascha fieberte danach, mit ihr allein zu sprechen. Wenn Kai doch schon mal in den nächsten Raum vorausgehen würde! Aber er blieb stur an ihrer Seite. Nach zwei Stunden begaben sie sich ins Museumscafé. Als Kai nach freien Plätzen suchte, nutzte Sascha die Gelegenheit.

„Die Ähnlichkeit der beiden Zeichnungen ist doch frappierend, nicht wahr?" Uta Ruland nickte. „Darf ich

125

fragen, ob Sie bereits zu einem Ergebnis nach dem Gespräch mit der alten Dame gekommen sind?"

„Gespräch ist gut", meinte sie trocken. „Es war wohl eher ein Monolog, sí? Aber die Zeichnung schien sie sofort wiedererkannt zu haben."

„Ja, das Gedächtnis funktioniert offensichtlich noch gut." In diesem Moment winkte Kai sie an einen freigewordenen Tisch heran.

Nachdem sie ihre Bestellungen abgegeben hatten, kündigte er an, am Abend das *Cordobés*, ein beliebtes Restaurant mit Flamencoaufführungen zu besuchen.

„Und danach vielleicht noch in eine Bar. Kommst du mit?", fragte er an Sascha gewandt. Utas Zustimmung setzte er voraus. Aber Sascha winkte ab. Er hatte keine Lust darauf, ein weiteres Mal im Schlepptau der beiden den Abend zu verbringen. Momentan hatte er nur einen Wunsch: so bald wie möglich mit Estrella zu telefonieren.

Nach einer halben Stunde verließen sie das Café, und Sascha verabschiedete sich. Er wollte in Ruhe nachdenken, wie es nun weiterginge. Seine Mission hier in Barcelona war im Prinzip erfüllt, daher spielte er mit dem Gedanken, zwei Tage früher zurückzufliegen. Was sollte er hier alleine in der Stadt? Zu blöd, dass Kai Wenderick mitgekommen war und Estrella deshalb Hals über Kopf absagen musste. Er zückte sein Handy und versuchte, sie zu erreichen. Aber sie nahm den Anruf nicht entgegen.

Erst spät am Abend, als er in einem Strandrestaurant am *Platja de Bogatell* saß, rief sie zurück.

„Hallo Sascha! Wo bist du gerade? In der Altstadt? Nein, lass mich raten, du bist am Meer." Er bestätigte es.

„Aber du bist nicht allein?"

„Natürlich nicht. In Barcelona ist man scheinbar nie und nirgends alleine. Uta Ruland und Wenderick sind nicht in der Nähe, wenn du das meinst."

Estrella lachte etwas gequält. „Aber erzähle, wie ist es gelaufen in der Seniorenresidenz?"

„Frau Dr. Ruland war ziemlich verärgert, dass sie als Antwort nur *sí, sí* zu hören bekam."

„Ah, das habe ich befürchtet. Und sonst?"

Verstohlen schaute Sascha sich um, dann stellte er die Frage, die ihn die ganze Zeit beschäftigte. „Woher kennt deine Großmutter eigentlich die Zeichnung? Sie hat sie eindeutig wiedererkannt."

Gleich darauf hörte er Estrellas übermütiges Lachen.

„Gestern habe ich eine E-Mail mit dem Foto von der Zeichnung an die Seniorenresidenz geschickt. Ich habe die Leiterin gebeten, es meiner Großmutter zu zeigen."

„Du hast ihr hoffentlich nichts Näheres erzählt?!"

„Nein, nein! Nur dass drei Leute kommen und mit ihr sprechen wollen, über das Bild."

Sascha holte tief Luft. Aber Estrellas Plan hatte eindeutig funktioniert. „Trotzdem: Du hättest mich vorher darüber informieren müssen. In Zukunft bitte keine Alleingänge mehr, Estrella!"

Statt einer Antwort seufzte sie: „Ach, Sascha, ich wäre jetzt so gerne in Barcelona."

„Das wäre mir auch sehr viel lieber. Was soll ich jetzt hier alleine mit den verbleibenden Tagen anfangen?"

Was er zu diesem Zeitpunkt nicht wissen konnte: Später würde er bedauern, dass sie so schnell vergingen.

Sascha und Uta Ruland

Am nächsten Morgen sah er Uta Ruland und Kai Wenderick nicht im Frühstücksraum. Erst als Sascha sich das zweite Mal am Frühstücksbuffet bedient und wieder Platz genommen hatte, betraten sie den Raum. Sie steuerten auf seinen Tisch zu. Und er sah sofort, dass Kai nicht bester Stimmung war. Er wirkte gereizt und übelgelaunt. Sascha vermutete, dass es letzte Nacht recht spät geworden war. Beide sahen übermüdet aus.

„Mein Koffer ist gepackt", erklärte Kai mürrisch.

„Schlechte Nachrichten?"

„Wie man's nimmt. Auf jeden Fall ist das Taxi schon bestellt."

„Also geht's für euch beide heute schon zurück?", schlussfolgerte Sascha.

„Nein, Uta wollte sowieso nochmal ins Museum und auch einiges besichtigen. Ihr könntet ja was zusammen unternehmen", schlug er in beiläufigem Tonfall vor. Aber sein Blick und das angedeutete Lächeln besagten: Lass die Finger von ihr.

Nach dem Frühstück und nachdem Kai Wenderick sich von ihm verabschiedet hatte, zog Sascha sich diskret zurück. Während Uta Ruland Kai zum Taxi begleitete, hielt er sich in der Lounge des Hotels auf und blätterte im Reiseführer.

Nach fünf Minuten kam sie auf ihn zu. „Wie sieht es aus, Herr Dr. Niermeyer? Ich gehe nochmal ins *Museu Picasso*. Hätten Sie Lust, mitzukommen?"

„Bis Mittag gerne. Aber für den Nachmittag wollte ich

Sie eigentlich überreden, Barcelonas Hausberg, den *Montjuïc* zu besuchen. Natürlich nicht zu Fuß, wir würden mit dem Bus fahren. Außer der Zitadelle und der *Fundació Miró* könnten wir noch den *Pavelló Mies van der Rohe* besichtigen und dann später auf halber Höhe des *Montjuïc* vom *Plaça de l´ Armada* ein Stück mit der Seilbahn bis zum *World Trade Center* zurückgondeln."

„Das klingt interessant aber auch sehr anstrengend."

Im *Museu Picasso* hielten sie sich nur eine knappe Stunde auf. Diesmal steuerten sie zielgerichtet auf das Bild *Liegender weiblicher Akt, Picasso zu seinen Füßen* zu und studierten eingehend die Linienführung. Sascha wartete vergebens darauf, dass Uta Ruland sich bezüglich Holgers Zeichnung im Buch und zu deren Ähnlichkeit mit dem Original, vor dem sie standen, äußerte.

Durch die angrenzenden Räume liefen sie zügig, nahmen im Museumscafé ein zweites Frühstück und verließen bald darauf das Gebäude. Für den Nachmittag hatten sie sich viel vorgenommen, aber er gestaltete sich ganz nach Saschas Plan und Vorstellungen.

Erschöpft und pflastermüde saßen sie am frühen Abend in einer Gondel der Hafenseilbahn und glitten von halber Höhe des Berges hinab zum World Trade Center. Wenig später schlenderten sie durch die dichtbevölkerten Gassen der Altstadt. Zum Abendessen fanden sie einen freien Tisch auf der Terrasse eines kleinen Restaurants, unweit ihres Hotels. Uta sah ein wenig abgespannt aus und hatte schon im Vorfeld angekündigt, an diesem Abend nicht lange aufzubleiben. Der gestrige

Barbesuch, der sich bis weit nach Mitternacht hingezogen hatte, ließ sie jetzt müde erscheinen.

Vor ihnen stand ein großer Teller mit *pa amb tomàquet*, den gerösteten, mit Olivenöl und reifen Tomaten bestrichenen Brotscheiben.

„Warum werde ich das Gefühl nicht los, dass Sie ständig grübeln?", fragte Sascha lächelnd. „Machen Sie sich Sorgen wegen Kais plötzlicher Abreise?" Ihn in ihrer Gegenwart beim Vornamen zu nennen, kam ihm seltsam und unpassend vor.

„Nein, das ist es nicht. Ich bin es gewohnt, dass Kai ständig zu dienstlichen Belangen gerufen wird, auch während der wenigen Urlaubstage, die wir gemeinsam verbringen", erwiderte sie.

„Was ist es dann?"

„Ehrlichgesagt denke ich über die Zeichnung nach. Frau Zafón konnte die Provenienz des Bildes nicht bestätigen. Mit anderen Worten: Die Reise hätte ich mir sparen können." Sie klang jetzt vorwurfsvoll und gereizt.

„Von ihrer Demenz wusste ich doch selbst nichts", versuchte er, sich herauszureden.

„Frau Cardona hätte es mir sagen müssen."

„Möglicherweise hat sie diese Tatsache einfach verdrängt oder das Ausmaß unterschätzt."

„Sie vertrauen ihr?"

Für einen Moment war Sascha irritiert. „Wem? Frau Cardona? Ja natürlich. Aber sie kann sich ja ohnehin nur auf das berufen, was ihr die Großmutter früher einmal erzählt hatte." Er fühlte sich in der Defensive.

„Wo lebt eigentlich ihre Mutter?"

Mit dieser Frage hatte er gerechnet. „Sie ist verstorben. Frau Zafón ist die einzige Verwandte, die Frau Cardona noch hat." Uta Ruland nickte nachdenklich, und damit schien das Thema erst einmal erledigt. Sascha nahm einen Schluck von dem *Quinze Roures*, einem katalanischen, im Fass gereiften Weißwein. Der Kellner brachte die Hauptgerichte, für Uta eine Paella und für Sascha eine *llangosta amb pollastre*, Languste mit Hühnchen. Für ein paar Minuten schwiegen sie und genossen die katalanischen Gerichte. Verstohlen schaute Sascha zu ihr hinüber. Wie ernst sie war. Ob sie ihm misstraute? Und wenn, dann läge sie völlig richtig. Er war ein Betrüger ..., schoss es ihm augenblicklich durch den Kopf.

Uta hatte seinen betroffenen Blick gespürt und deutete ihn falsch. Mit einem versöhnlichen Lächeln erklärte sie: „Meine Bemerkung vorhin war nicht so ernst gemeint. Der Tag heute hat mir gut gefallen. Schon allein deshalb hat sich die Reise für mich gelohnt." Augenblicklich durchströmte ihn ein warmes Glücksgefühl, und er vergaß für einen Moment den eigentlichen Grund seines Barcelona-Aufenthaltes. Jetzt genoss er einfach das Zusammensein mit ihr.

„Wenn Sie möchten, könnten wir morgen die *Sagrada Familia* und den *Parc Güell* besichtigen."

„Sie kennen sich hier offenbar recht gut aus. Sicher durch Frau Cardona. Sind Sie schon lange mit ihr zusammen?" Es klang nach einer beiläufigen Frage. Doch ihre Annahme, Estrella und er seien ein Paar, wollte er umgehend richtigstellen. Deshalb erklärte er rasch, dass sie sich durch Estrellas Sprachkurs kennengelernt hätten, aber nur befreundet seien. Dann wechselten sie das Thema und kamen auf den morgigen Tag zu sprechen.

Nach dem Essen entschuldigte sie sich: „Ich würde mich jetzt gerne zurückziehen. In der letzten Nacht habe ich nicht mehr als fünf Stunden geschlafen." Sascha gab dem Kellner ein Zeichen. Nach einem kurzen Disput, wer was bezahlen würde, beglich er kurzerhand die Rechnung.

„Warum eigentlich denken Männer immer, dass sie für die Frauen bezahlen müssten?" Die Frage klang ein wenig herausfordernd.

„In meinem Fall wäre es nur der Versuch einer Wiedergutmachung für den enttäuschenden Großmutterbesuch, sí?"

Jetzt lächelte Uta: „Zumindest die Großmutter schien nicht enttäuscht gewesen zu sein. Ich hatte den Eindruck, dass sie sich sogar über den Besuch gefreut hat. Insofern gibt es nichts wiedergutzumachen."

Dann kehrten beide zum Hotel zurück. Für den morgigen Tag verabredeten sie sich für acht Uhr im Frühstücksraum. Ihre Besichtigungstour wollten sie um neun starten.

Wenn er insgeheim befürchtete, der nochmalige Besuch der *Sagrada Familia* und der Aufenthalt im *Park Güell* wären eine Wiederholung dessen, was er bereits mit Estrella und den anderen gesehen hatte, so täuschte er sich gründlich. Mit Uta Ruland hatte er eine wahre Kunstkennerin und zudem eine charmante Begleiterin an seiner Seite. Sascha erkannte sofort, dass sie die Bauwerke und deren Geschichte im Vorfeld gründlich studiert und sich hierzu ein umfängliches Hintergrundwissen angeeignet hatte. Sie wies ihn auf gestalterische Elemente und Facetten hin, die er bei dem Besuch vor Wochen trotz Estrellas Erläuterungen übersehen hatte. So war ihm bisher nicht bekannt, dass Gaudí die letzten Monate vor seinem Unfalltod in der *Sagrada Familia* gelebt hatte, um seinem Werk und der Arbeit nahe zu sein.

Auch den *Park Güell* sah er jetzt mit anderen Augen. Ursprünglich war er als luxuriöser Park mit Gärten und Häusern für das gehobene Bürgertum gedacht, eine Art Altersruhesitz sollte es werden. Doch das Projekt wurde von den wohlhabenden Bürgen rundweg abgelehnt und somit ein Reinfall. Die Nachkommen von Güell verkauften das riesige Gelände später an die Stadt. Heute gehört der Park zum Weltkulturerbe der UNESCO. Jetzt im Nachhinein ärgerte sich Sascha darüber, wie achtlos er damals an der Haupttreppe mit dem Drachen und dem Wasserfall auf der Suche nach Norbert und Christa vorübergeeilt war. Ebenso hatte er nur einen flüchtigen Blick in den Saal der einhundert Säulen und dessen wellenförmige Decke aus Mosaiksteinen geworfen. Doch sie hatten damals anderes im Sinn, versuchte er sich vor sich selbst zu rechtfertigen.

An einem der Kioske am Rande des großen Platzes, der ursprünglich als Forumsplatz gedacht war, kauften Uta Ruland und Sascha Sandwiches und zwei Flaschen Wasser und nahmen in einer Nische auf der langen wellenförmigen Sitzbank Platz.

„Übrigens, haben Sie bemerkt, dass die Farbigkeit der

Mosaikarbeiten von der einen Seite bis zum anderen Ende der Bank hin abnimmt und dann ins Weiß übergeht?"

Sascha schüttelte den Kopf. „Wie sollte ich. Die Bankreihe ist ja immer vollbesetzt. Aber wir könnten die Leute ja bitten, mal kurz aufzustehen." Sie lächelte artig über seinen Witz. Dann bissen beide in die pappigen Sandwiches. „Schlechtes Essen – herrliche Aussicht", witzelte er weiter. Aber sie schwieg und genoss den großartigen Blick über die Stadt, den sie von hier oben hatten.

Hinsichtlich des kärglichen Mittagessens kündigte Sascha an: „Aber heute Abend gehen wir richtig gut essen. Sie sind mein Gast."

„Das Thema Wiedergutmachung hatten wir bereits gestern abgehakt. Und bestechen lass ich mich erst recht nicht, Herr Dr. Niermeyer", erwiderte sie streng. Doch an ihren Augen sah er, dass sie es nicht ernst meinte. „Ich schlage vor, wir betrachten das heute Abend als ein gemeinsames Arbeitsessen. Einverstanden?"

„Habe ich eine Wahl?"

„Nein."

Sascha streckte, nachdem er den letzten Bissen des Weißbrotes mit Mineralwasser heruntergespült hatte, die Beine weit von sich. Er freute sich über den gemeinsamen Tag mit ihr. „Dieser Mensch war einfach genial", stellte er angesichts der Symphonie an Farben und Formen, die sich ihnen bot, bewundernd fest, „… und wohl auch ein bisschen verrückt."

„Wie wohl die meisten Genies ihrer Zeit. Vielleicht schaffen wir es noch, auf dem Rückweg einen Blick auf

die *Casa Batlló* zu werfen." Sascha versuchte seine Unkenntnis zu verbergen und brachte das Gespräch auf die
ihm bekannte *Casa Milà*, um gleich darauf festzustellen,
dass Uta Ruland auch über diesen Bau bestens informiert
war. Mit Blick auf die Uhr stellte sie bedauernd fest, dass
deren Besichtigung am heutigen Tag wohl nicht mehr zu
realisieren sei. „Die *Casa Milà* muss man von innen sehen
und bis hinauf auf das Dach mit den merkwürdigen Ka-
minen steigen. Und unbedingt sehenswert sind die beiden im Stil des *Modernisme* restaurierten Wohnungen.
Wirklich schade, dass wir morgen schon abreisen."

„Wir könnten doch einfach nachbuchen", schlug er
übermütig vor. Aber sie lachte nur.

„Natürlich. Und meinem Chef sage ich, dass die
Dienstreise etwas länger dauert und er meine Vorlesungen selber halten soll!"

Sascha erhob sich von der Bank. „Auf geht's, damit
wir wenigstens noch die *Casa Batlló* sehen." Er reichte ihr
die Hand und zog sie mit Leichtigkeit empor.

In den vergangenen zwei Stunden hatten sie nicht nur die
Casa Batlló mit ihren markanten Balkonen, den dekorativen Glasfenstern und der karnevalesk anmutenden Fassade aus bunten Mosaiksteinen gesehen. Sie schafften es
sogar, die *Casa Milà* von innen zu besichtigen.

„Hier könnte ich wohnen", schwärmte Uta Ruland, als
sie die im Stil des *Modernisme* gestaltete Wohnung betraten.

„Mir persönlich wäre das alles zu verspielt", entgegnete Sascha. „Ich sehe hier keine einzige gerade Linie."

„Das ist richtig, hier gibt es keine. Im Inneren des Gebäudes hat Gaudí auch keine einzige tragende Wand vorgesehen, nur Säulen und Träger." Sie stiegen durch das einer Felsgrotte ähnelnde und mit Pflanzen ausgestattete Treppenhaus bis hinauf zum Dach und hatten von dort aus einen überwältigenden Blick auf die Stadt. Sascha gelangen sogar ein paar heimliche Schnappschüsse von Uta. Während sie auf dem gewellten Dach zwischen den kriegerisch anmutenden Schornsteinen umher stieg, schien sie nicht zu bemerken, dass er sie dabei fotografierte.

Als sie später wieder auf dem *Passeig de Gràcia* waren, meinte sie unvermittelt: „Eigentlich habe ich jetzt Hunger."

„Tatsächlich? Ich dachte schon, dass Ihnen solch menschliche Empfindungen völlig fremd sind", spottete Sascha. „Aber ehrlichgesagt knurrt mir schon seit mindestens einer Stunde der Magen. Ich habe nur nicht gewagt, Sie in Ihrem Besichtigungseifer auszubremsen."

„Das haben Sie recht gemacht!", gab sie trocken zurück und stellte mit einem Blick auf die Uhr bedauernd fest: „Für ein Abendessen ist es leider noch viel zu früh, zumindest für katalanische Verhältnisse."

Doch Sascha entgegnete mit Entschiedenheit: „Bis zwanzig Uhr halte ich es auf keinen Fall aus! Ich bekomme sonst schlechte Laune."

„Und das wiederum würde *ich* nicht aushalten."

Unterdessen standen sie vor einer Bar. Kurzentschlossen traten sie ein und bestellten Tapas und zwei Biere. Bald darauf waren ihre Lebensgeister und Utas Unternehmungslust wieder geweckt.

„Den *Plaça Reial* sollten wir uns unbedingt noch ansehen." Sie winkte den Kellner heran und zahlte ungeachtet Saschas Widerspruchs die Rechnung.

„Dann lade ich Sie aber später zum Abendessen ein!"

„Momentan bin ich satt."

Auf dem Rückweg in die Altstadt nahmen sie die Metro. Endlich, als sie sich durch das Gedränge auf der *Rambla* hindurchgearbeitet hatten, erreichten sie über eine kurze Querstraße den *Plaça Reial*.

„Nun? Habe ich zu viel versprochen?", fragte Uta, als sie die geschlossene Platzanlage betraten.

Sascha schaute sich bewundernd um: „Das ganze Flair hier mit den klassizistischen Häusern und den Palmen wirkt auf mich wie eine italienische Piazza." Mittlerweile war es schon nach zwanzig Uhr. Sie steuerten auf eines der Restaurants unter den Arkaden zu und nahmen auf der Terrasse Platz.

„Warum waren Sie eigentlich nicht schon längst einmal in Barcelona, wenn Sie sich mit Gaudí und seinen Werken so gut auskennen? Außerdem gibt es hier doch jede Menge Museen, die Sie interessieren dürften."

„Stimmt." Uta nahm einen Schluck Cava. „Aber es hat sich einfach nicht ergeben. Dienstlich und auch privat war ich bisher vor allem in Italien und Frankreich."

„Interessiert sich Kai für diese Länder?"

„Eher nicht. Ich war früher oft mit meinem Mann im Urlaub dort." Uta sah seine überraschte Miene. „Das ist nun Jahre her. Ich bin schon lange geschieden. Und Sie? Sind oder waren Sie verheiratet?"

Diese Frage aus ihrem Munde überraschte ihn. „Nein,

niemals", gab er schroffer als beabsichtigt zurück.

„Ich wollte Ihnen nicht zu nahetreten", entschuldigte sie sich denn auch sofort.

Aber Sascha winkte ab. „Das sind Sie nicht. Aber eine feste Bindung kam für mich bisher einfach nicht in Betracht. Ich hatte mich wohl immer zu sehr auf die Arbeit konzentriert." Das stimmte nur zum Teil. Denn die Beziehungen, die er hatte, hielten wegen der einen oder anderen Affäre nie sehr lang. Treue war seine Stärke nicht, und seine Unabhängigkeit hatte er bis heute nicht bereut.

Uta hatte ihn beobachtet. „Aber Sie waren mindestens schon einmal in Barcelona?"

„Sí, sí", erwiderte er. Uta Ruland lächelte, doch gleich darauf wurde sie ernst.

„Es ist wirklich schade, dass Frau Zafón uns nichts Näheres zu der Zeichnung und dem Buch sagen konnte."

Sascha beteuerte noch einmal: „Es tut mir wirklich leid, dass Ihre Dienstreise in dieser Hinsicht nichts gebracht hat."

„Keine Sorge, ich habe gesehen, was ich sehen wollte. Zumindest einen Teil davon." Die Doppeldeutigkeit ihrer Bemerkung wurde ihm nicht sofort bewusst. Als er sie erkannte, schaute er Uta Ruland erschrocken an. Aber ihre Miene verriet keinerlei Ironie oder Sarkasmus. Im Gegenteil, sie lehnte sich entspannt zurück und schien den Abend und das mediterrane Flair des *Plaça Reial* zu genießen. „Und außerdem hatte ich einen sehr unterhaltsamen und charmanten Stadtführer", ergänzte sie lächelnd.

Nach dem Abendessen, zu dem sich Uta Ruland auf

sein Drängen hin dann doch einladen ließ, schlenderten sie zum Hotel zurück.

„Da unser Flieger ja erst am späten Nachmittag geht, hätten wir morgen vielleicht noch Zeit für eine letzte kleine Besichtigungstour."

„Ich hab's befürchtet!", rief er mit gespielter Verzweiflung.

Sascha lag noch lange wach. Das reichliche Essen und ebenso der Genuss des Weines ließen ihn nicht einschlafen. Vor allem aber waren es die Gedanken an Uta Ruland. Die beiden Tage empfand er anregender, als er es je zu hoffen wagte. Letztendlich hatte ihm Kai Wendericks unverhoffte Abreise die Gelegenheit verschafft, mit Uta Ruland zwei herrliche Tage zu verbringen. Fast schien es Sascha, als wäre sie seit seiner Abreise lockerer und ungezwungener. Aber vielleicht tauschte er sich auch. Was wusste er schon von ihr? Im Grunde genommen kaum etwas. Und erst recht durfte er sich kein Urteil über ihre Beziehung zu Wenderick anmaßen. In seiner Gegenwart hatte sie keineswegs unglücklich gewirkt, nur etwas zurückhaltender, reservierter eben. Vielleicht war Kai gar kein so unangenehmer Mensch? Wie sonst hätte es Uta Ruland schon so lange mit ihm ausgehalten? Der liebenswürdige, von allen verkannte Kai ... Bei dieser Vorstellung grinste Sascha und schlief bald darauf ein.

Am nächsten Morgen erinnerte er sich vage an einen Traum: Er hatte geträumt, dass er im besten Einvernehmen mit Kai und Uta den Urlaub verbrachte.

Norbert und Holger würde er nie davon erzählen.

Aufkommende Skrupel

„Nun lass dir nicht alles aus der Nase ziehen. Wie ist es gelaufen?" Sascha war den ersten Tag wieder zurück aus Barcelona, und die vier Freunde, Estrella gehörte mit der größten Selbstverständlichkeit dazu, saßen an Holgers Küchentisch. Vor ihnen standen ein Kuchenteller und vier Kaffeetassen. Es war noch zeitig am Nachmittag, zwei Stunden vor Christas Dienstschluss.

Mit einem schiefen Lächeln erklärte Sascha: „Es lief nicht schlecht, zumindest duze ich mich jetzt mit Wenderick."

Norbert und Estrella blieb der Mund offenstehen, und Holger meinte entsetzt: „Du machst Witze! Sag, dass es nicht stimmt!" Aber Sascha zuckte nur entschuldigend mit den Schultern. Jetzt regte sich Holger ernsthaft auf: „Da bist du mal drei Tage mit dem Kerl zusammen, und schon hat er dich für sich eingenommen!"

Um sich anzügliche Bemerkungen zu ersparen, erwähnte Sascha mit keiner Silbe, dass Kai Wenderick schon einen Tag nach seiner Ankunft wieder abreiste und er selber deshalb die restlichen beiden Tage alleine mit Uta Ruland verbracht hatte.

„Weiß er denn schon von dem Bild?"

Sascha verneinte und fügte an Estrella gewandt hinzu: „Ich bezweifle allerdings, dass Frau Ruland die Begegnung mit deiner Großmutter überzeugt hat. Im Gegenteil, sie hat mir Vorwürfe gemacht."

„Ja, was lief denn dann deiner Meinung nach überhaupt gut?", fragte Holger gereizt.

„Zumindest konnte ich eine Art Vertrauensbasis zu beiden aufbauen. Wir müssen einfach abwarten, wie sich die Sache weiterentwickelt. Es ist ja noch nichts entschieden, und wie ich Frau Dr. Ruland einschätze, wird sie nochmal Landner konsultieren."

„Aber der sah so misstrauisch aus, er glaubt sowieso nicht die Geschichte", warf Estrella ein. Seine kritische, fast schon zynische Art hatte sie lebhaft vor Augen. Sie erhob sich, um Kaffee nachzugießen.

Erschrocken schaute Norbert auf die Uhr: „Für mich nicht mehr, ich muss gleich los." Natürlich, Christa würde in einer halben Stunde vom Dienst zurück sein.

Die anderen blieben noch und diskutierten darüber, wie es weitergehen könnte.

Sascha empfahl: „Ich kann nur sagen: Ruhe bewahren, abwarten und nicht drängen. Eigentlich kann uns gar nichts passieren. Schlimmstenfalls hat sich die Großmutter eben getäuscht."

„Dass *du* dich da mal nicht täuschst. So wie ihr Landner beschrieben habt, scheint er ein harter Hund zu sein. Die Zeichnung liegt bei ihm im Tresor, und wenn er sie genauer untersuchen lässt, müssen wir mit dem Schlimmsten rechnen. Wenn dann der Schwindel herauskäme, könnte man mich wegen Urkundenfälschung belangen", war Holgers berechtigte Sorge. „Ich hätte die Zeichnung nicht signieren dürfen."

Aber Sascha erwiderte scharf: „Du hast doch selbst gesagt, dass Picasso üblicherweise alle Arbeiten signiert hat. Und ohne seinen Namen auf der Zeichnung wäre sie wahrscheinlich nichts wert. Dann könnte es auch ein genialer Witzbold gewesen sein, der sich mit Estrellas Ur-großmutter einen Spaß erlaubt hätte."

Die Bezeichnung „genialer Witzbold" gefiel Holger sehr viel besser als die des Fälschers. Nach weiteren zehn Minuten verabschiedeten sich zuerst Estrella und danach Sascha. Er nahm sein Fahrrad vom Flur; in der Wohnungstür drehte er sich noch einmal um.

„Was mich ehrlichgesagt etwas verunsichert ist, dass mir dieser Wenderick persönlich keineswegs unsympathisch erscheint. Meinst du, sowohl Estrella als auch Nobbe könnten falsch liegen oder etwas übertrieben haben?"

Holger schaute ihn zuerst verständnislos an, dann ereiferte er sich: „Ich befürchte eher, dass *du* da ziemlich falsch liegst, Sascha. Er hat dich wahrscheinlich mit seinem Geschwafel um den Finger gewickelt, sozusagen deinen Verstand vernebelt! Es ist doch offensichtlich, dass Estrella vor ihm Angst hat. Wenderick scheint gefährlich und unberechenbar zu sein. Und Nobbe glaub ich sowieso, dass sein Gespräch bei der SüdBank ein Fiasko war. Fang jetzt bloß nicht an zu zweifeln, und komm mir nicht mit Skrupeln! Das hättest du dir wirklich früher überlegen müssen. Wir ziehen die Sache durch. Und vergiss nicht: Letztendlich war das alles *deine* Idee."

Die Nummer auf dem Display war ihm nicht bekannt. Sascha nahm den Anruf entgegen und meldete sich mit „Ja bitte?" Kai Wenderick war am Apparat.

„Eigentlich müsste ich dir ja böse sein", war dessen harsche Einleitung zum Gespräch.

Augenblicklich beschlich Sascha ein ungutes Gefühl. Hatte er sich mit seiner Annäherung an Uta Ruland zu weit vorgewagt? Ach was, sie siezten sich nach wie vor. Nein, er hatte sich nichts vorzuwerfen. Und Gedanken konnte auch ein Kai Wenderick nicht lesen. So unbefangen wie möglich erwiderte er: „Warum solltest du mir böse sein?"

„Das fragst du noch?" Sascha stellte sich ahnungslos. Ihm schwante nichts Gutes, als Kai fortfuhr: „Du verheimlichst mir, dass Uta und du …"

„Kai, zwischen uns ist wirklich nichts passiert."

„… dass Uta und du einem bislang unbekannten Picasso auf der Spur seid!" Kai Wenderick lachte leise, es klang ein wenig boshaft.

Sascha holte tief Luft. Zu blöd, dass er sich voreilig gerechtfertigt hatte. Kai war also bestens informiert. Und das bedeutete letztendlich, dass Uta Ruland nicht mehr an der Echtheit der Zeichnung zweifelte!

„Sorry, Kai, aber so lange die Sache noch nicht in Sack und Tüten ist, sollte niemand etwas davon erfahren, auch du nicht. Es muss noch geprüft werden, ob es sich tatsächlich um einen Picasso handelt."

Aber für Kai Wenderick war das kein Argument. „Du weißt doch, wie sehr ich mich dafür interessiere und dass so ein Werk ausgezeichnet in die Sammlung meiner Kunsthalle passen wurde."

Jetzt spricht er schon von *seiner* Kunsthalle, dachte Sascha. Laut erklärte er: „Du wärst natürlich der erste, der davon erfahren würde. Aber Frau Dr. Ruland schien mir keineswegs von der Provenienz der Zeichnung überzeugt zu sein. Und du kannst dir ja sicher selbst vorstellen, wie das so mit Legenden ist, die über Jahrzehnte in der Familie kursieren. Frau Ruland wollte auf jeden Fall noch ihren Kollegen, Herrn Landner, dazu konsultieren und ..."

Wenderick fiel ihm ins Wort: „Das hat sie getan. Und soweit ich Uta verstanden habe, gibt es aus seiner Sicht keine Zweifel."

Das stimmte nicht. Denn er wusste nichts von der hitzigen Diskussion zwischen Uta und Carsten Landner. Diese gipfelte in dessen Vorwurf: „Das ist Wunschdenken, Uta! Damit tust du niemandem einen Gefallen, am allerwenigsten dir selbst." Fast trotzig hatte sie erwidert, dass zu jeder Entscheidung dieser Tragweite auch eine Portion Mut gehöre, sie aber in dem Fall sicher sei, keiner Täuschung zu unterliegen. Und dann bat sie ihn, das Buch vorerst bei ihm im Tresor zu lassen, auf neutralem Terrain. Sie wolle zu einem späteren Zeitpunkt mit einem interessierten Käufer vorbeikommen. Carsten Landner wusste genau, wer dieser „interessierte Käufer" sein würde. So gesehen war es ihm fast egal, wenn Wenderick auf einen falschen Picasso hereinfiele.

Sascha räusperte sich und gab sich den Anschein, als fasse er gerade einen Entschluss: „Ich werde also Frau Dr. Rulands Anruf und Bestätigung abwarten. Und dann muss ich natürlich noch die Besitzerin fragen, ob sie die Zeichnung überhaupt verkaufen will."

„Lass mich mit der Dame reden!", schlug Kai Wenderick spontan vor. Diese Reaktion war zu erwarten.

Ausweichend erwiderte Sascha, dass sie dienstlich oft unterwegs sei. „Aber ich werde mich umgehend mit ihr in Verbindung setzen", versprach er. „Vielleicht ruft sie dich auch von sich aus an. Oder sie bevollmächtigt mich, einen möglichen Verkauf des Buches abzuwickeln. Ja, so könnte es laufen." Sie einigten sich darauf, dass Sascha sich bei ihm melden würde. Dann wählte er Estrellas Nummer. Ihr Handy war ausgeschaltet.

Erst nach zweiundzwanzig Uhr rief sie zurück. Sie klang ein wenig müde. In kurzen Worten informierte Sascha sie über Wendericks Anruf und dessen offenkundigem Interesse. „Das ist die gute Nachricht, und jetzt kommt der problematische Teil: Er will mit dir persönlich sprechen."

Estrella schnappte nach Luft. „Auf gar keinen Fall! Du weißt doch, dass es nicht geht!"

Sascha provozierte sie mit der Frage: „Meinst du wirklich, dass du bei ihm einen derart bleibenden Eindruck hinterlassen hast und er dich tatsächlich wiedererkennen würde?"

Für einen Moment glaubte sie, ihn falsch verstanden zu haben, dann ließ sie ihrer Empörung freien Lauf. „Das ist unverschämt! Pass du nur auf, dass ich nicht bei *dir* einen bleibenden Eindruck hinterlasse!"

Sascha lachte. „Aber jetzt mal im Ernst: Wie wäre es, wenn du ihn anrufen würdest? Natürlich nicht sofort. Ich habe behauptet, dass du oft dienstlich unterwegs bist. Außerdem möchte ich vorher auch nochmal mit Uta Ruland sprechen."

Nur widerwillig versprach Estrella, seinen Vorschlag zu überdenken. Sie klang besorgt.

Norbert und Estrella

Saschas Anruf erreichte sie in einem unpassenden Moment. Uta Ruland stand mit Kai in der Kunsthalle, in dem Raum mit den Druckgraphiken von Georges Braque. Er nahm ihr immer noch übel, dass sie in Barcelona mit keiner Silbe die Zeichnung erwähnt hatte.

Nachdem sie ihm gestern Abend von Picassos unbekanntem Frühwerk berichtet hatte, starrte er sie für einen Moment sprachlos an und verließ gleich darauf wutentbrannt ihre Wohnung.

Jetzt, in der Kunsthalle, formulierte er seinen Vorwurf: „Zumindest im Museu Picasso hättest du mich auf die dort ausgestellte Zeichnung hinweisen können! Aber nein, du und Sascha, ihr wolltet unbedingt euer sorgsam gehütetes Geheimnis vor mir wahren." Diesen verbissenen Gesichtsausdruck kannte sie an Kai. Seine Kiefermuskeln arbeiteten, und an der Schläfe schwoll eine Ader an. Uta Ruland stand etwas hilflos neben ihm und versuchte, die Sachlage zu erklären.

„Ich hatte dir nichts gesagt, weil die Provenienz des Bildes noch nicht eindeutig nachgewiesen wurde." Ihr Argument wischte er mit einer ungeduldigen Handbewegung beiseite. Nur mit Mühe gelang es ihm, seinen Ärger in den Griff zu bekommen.

„Das ist doch nur eine Ausrede! Du weißt genau, dass ich an einer solchen Zeichnung mehr als nur interessiert wäre. Ich hätte mir das Pendant im *Museu Picasso* mit ganz anderen Augen angeschaut."

In diesem Moment klingelte Utas Handy. Sie erkannte

die Nummer sofort. Aber kühl und sachlich fragte sie, ob sie zurückrufen könne. Sascha verstand, dass es ihr nicht möglich war, ungezwungen mit ihm zu sprechen. Eine Stunde später rief sie ihn an, und diesmal gab *er* sich reserviert und leicht ungehalten.

„Hatten wir nicht ausgemacht, dass wir beide noch einmal miteinander reden, bevor Sie Kai etwas von der Zeichnung erzählen? Gestern Nachmittag rief er mich an und machte mir einen leichten Vorwurf, dass ich ihn nicht eingeweiht hätte." Er hörte, wie sie seufzte.

„Es tut mir wirklich leid. Mir macht er diesbezüglich übrigens *schwere* Vorwürfe. Gestern Abend ist mir die Sache mit der Zeichnung mehr oder weniger rausgerutscht." Sicher hatte sie ihm in einem schwachen Moment der Wiedersehensfreude nicht widerstehen können, dachte Sascha voller Bosheit. Aber was hatte er denn erwartet? Sie war Wendericks Geliebte.

Mit gespielter Ungezwungenheit erwiderte er: „Schwamm drüber. Jedenfalls wäre es schön, wenn wir beide nochmal alles besprechen könnten. Vielleicht bei einer Tasse Kaffee?" Aber vorher würde er unbedingt mit Estrella, Holger und Norbert reden.

Am nächsten Vormittag trafen sie sich zu viert auf dem kleinen Freisitz vor dem Café, in dem Norbert und Estrella ein paar Tage zuvor schon gesessen hatten.

„Was würde eigentlich dagegensprechen, wenn Estrella ihn von sich aus mal anriefe?", eröffnete Sascha die Diskussion.

„Aber wenn er ihre Stimme wiedererkennt? Ich fände

es ehrlichgesagt zu riskant", hielt Norbert dagegen.

„Wenn Wenderick aber gar keinen Kontakt zu ihr bekäme, würde die ganze Sache unglaubwürdig erscheinen", stimmte Holger Saschas Vorschlag zu. Norbert wies darauf hin, dass Estrella doch bei den Gesprächen mit Frau Dr. Ruland und Herrn Dr. Landner anwesend war, das müsse reichen.

„Ich fände es trotzdem besser, wenn sie auch mit Wenderick sprechen würde", beharrte Sascha auf seiner Idee.

Estrella hatte zu alledem geschwiegen, jetzt platzte sie heraus: „Ihr alle redet über meinen Kopf hinweg, ihr wisst nicht, wie ich fühle!" Und dann ergänzte sie trotzig: „Schluss mit der Diskussion! Ich rufe Wenderick an."

„Warum nicht gleich so, Estrella." Sascha versuchte, ihr begütigend auf die Schulter zu klopfen, aber sie wich ihm wütend aus und fauchte: „Du musst dich nicht über mir lustig machen!" Als Sascha dann laut loslachte, drohte die Situation zu eskalieren.

Norbert griff schlichtend ein. Er sah ihre Wut und Angst und erklärte: „Ich habe Estrella kennengelernt, als sie damals aus dem Gebäude geflohen ist: erst der nächtliche Angriff von Wenderick und dann die Abfuhr von der Personalabteilung. Nein, Estrella muss ihn nicht anrufen."

„Danke, Norbert. Tú me entiendes."

Sascha fühlte sich leicht beschämt. Doch dieser Zustand währte nicht lange, denn sein Handy klingelte. Mit einem bedeutungsvollen Blick gab er den andern zu verstehen, dass es ein wichtiger Anruf sei, stand auf und entfernte sich ein paar Schritte. Nach einer Minute kehrte er zurück. „Leute, ich verabschiede mich. In einer halben Stunde bin ich bei Frau Ruland, und dann erfahre ich Näheres. Tschüss."

Holger trank den Rest seines Kaffees aus und erhob sich ebenfalls. „Ich hau jetzt auch ab. Wir hören voneinander." Estrella und Norbert blieben alleine zurück.

Es klopfte, und gleich darauf betrat Sascha das Dienstzimmer. Uta Ruland hatte ihn erwartet und begrüßte ihn mit einem warmen Lächeln. Augenblicklich spürte er die Vertrautheit wieder, die er während der beiden Tage in Barcelona empfand. Und wie immer, wenn er sie ansah, war er fasziniert von ihren ausdrucksvollen Augen und ihrer aparten Erscheinung. Ihm fiel auf, dass er sie schon lange nicht mehr mit der strengen Brille gesehen hatte. Ohne diese wirkte sie weniger distanziert. Uta wies auf einen der Sessel am Besuchertisch.

„Darf ich Ihnen einen Espresso anbieten?" Er hatte vorhin mit den anderen Kaffee getrunken und genug Koffein in sich, aber aus Höflichkeit lehnte er nicht ab. Sie bediente die Espressomaschine und kam mit zwei kleinen Tassen zurück an den Tisch.

„Es tut mir wirklich leid, dass ich Kai zu voreilig von dem Picasso erzählt habe. Ich gab ihm aber auch zu verstehen, dass mein Kollege, Herr Landner, nach wie vor seine Zweifel an der Echtheit des Bildes hat. Aber dessen ungeachtet hat Kai ein großes Interesse daran, die Zeichnung mit eigenen Augen zu sehen. Könnte er mal einen Blick auf das Original werfen?"

„Natürlich. Ich sehe da kein Problem", erwiderte Sascha.

„Danke. Meine nächste Frage wäre, ob Frau Cardona sich überhaupt zu einem Verkauf entschließen würde. Mir wäre es also sehr lieb, wenn sie gleich mit dabei wäre."

Und genau das durfte nicht sein. „Sie ist zeitlich immer sehr gebunden. Aber auch ohne sie könnten wir uns gerne wieder bei Herrn Dr. Landner treffen."

Mit zwei kurzen Telefonaten wurde ein Termin gleich für den nächsten Tag um elf Uhr ausgemacht. Dann unterhielten sie sich noch ein wenig über Barcelona. Nach einer halben Stunde verabschiedete sich Sascha. Dabei hielt er ihre Hand wohl einen Augenblick zu lang in seiner, denn nach einem bemerkenswert kräftigen, abschließenden Händedruck entzog sie ihre und kehrte unverzüglich zurück an den Schreibtisch.

An diesem Nachmittag war es Norbert, der weit nach Christas Dienstschluss die Wohnung betrat. Entsprechend vorwurfsvoll empfing sie ihn. „Da komme ich heute schon mal besonders pünktlich nach Hause, um mit dir noch eine Tasse Kaffee zu trinken. Und wo ist der Herr des Hauses? Wiedermal unterwegs. Übrigens, wie siehst du denn aus und was ist mit deinem Hemd passiert? Wasserflecke. Wenigstens wirst du rot. Oder hast du was getrunken?"

Norbert holte tief Luft. „Natürlich habe ich getrunken! Jeder Mensch muss trinken! Und im Alter erst recht, auch du! Woher sollte ich wissen, dass die *Dame* des

Hauses heute so pünktlich erscheint? Gestern und vorgestern warst du um diese Zeit noch nicht da. Da hatte *ich* mich nämlich beeilt, nach Hause zu kommen."

So ergab ein Wort das andere, und Christa ergriff kurzentschlossen ihre Handtasche und stürmte in Richtung Wohnungstür. Über die Schulter rief sie ihm zu: „Rechne heute Abend nicht mehr mit mir."

Im nächsten Augenblick war sie verschwunden, und die Tür fiel geräuschvoll ins Schloss. Norbert stand verdattert da. Was sollte das heißen? Würde sie auswärts übernachten? Und wenn ja, bei wem? Vermutlich bei einer Kollegin. Nein, wohl doch nicht, mit Sicherheit wäre ihr das peinlich. Dann schon eher bei einer ehemaligen Schulfreundin. Angestrengt dachte er nach, aber ihm fiel keine ein. Deren Namen hätte er sich ohnehin nicht gemerkt. Halbherzig versuchte er es auf Christas Handy. Wie erwartet war es ausgeschaltet. Er hinterließ die Nachricht, dass er es nicht so gemeint hätte und sie doch heute Abend bitte zurückkommen solle. Aber wenn nicht, wäre es auch okay. Das sagte er natürlich nicht. Er dachte an den Vormittag, das Mittagessen danach und den begonnenen Nachmittag mit Estrella.

Nachdem sich Sascha und Holger verabschiedet hatten, blieben beide in einvernehmlichem Schweigen eine Weile vor dem kleinen Café sitzen. Später bummelten sie ziellos durch den Park, bis ihnen dann gegen dreizehn Uhr einfiel, dass sie eine Kleinigkeit essen könnten. Deshalb steuerten sie auf den nächsten Freisitz zu und ließen sich an einem der Tische nieder.

„Danke, Norbert, dass du mir geholfen hast heute

Vormittag. Sascha und Holger wissen nicht, wie groß meine Angst vor Wenderick ist. Aber du verstehst mich." Estrella legte ihre Hand auf seine.

Nach dem Essen schlenderten sie weiter. An einem Brunnen zog sie die Sandaletten aus und stieg in das flache Wasser.

„Es ist nicht kalt, Norbert. Komm mit deinen Füßen mit hinein!" Aber er schaute ihr lieber zu. Es gelang ihm nicht, dem Wasserschwall auszuweichen, den sie ihm gleich darauf entgegen spritzte.

Plötzlich schaute er erschrocken auf die Uhr. „Verdammt, es ist schon nach vierzehn Uhr. Ich muss mich verabschieden." Eilig half er Estrella aus dem Brunnenbassin und stand ihr dann leicht verlegen gegenüber, wie ein Schuljunge, der mit seinen Händen nicht so recht wusste, wohin. Estrella zog ihn lächelnd an sich heran und gab ihm auf beide Wangen einen Kuss.

„So, jetzt musst du wieder meinen Lippenstift abwischen. Und dein Hemd, es ist ganz nass!" Dann wandte sie sich um und eilte davon. Sie wusste, dass er ihr nachblickte.

Das war nicht länger als eine Stunde her. Etwas verloren stand Norbert jetzt im Wohnzimmer. Wieder probierte er, Christa auf dem Handy zu erreichen. Vergebens. Dann wählte er entschlossen Estrellas Nummer.

„Schon wieder du, Norbert?", fragte sie überrascht.

„Ja, ich bin's nochmal. Hättest du heute Abend Zeit für mich?" Seine Stimme klang ernst.

Nach einem kurzen Zögern meinte sie: „Ich muss

gleich los zu meiner Arbeit. Aber heute habe ich schon um zwanzig Uhr Schluss."

Eilig bot Norbert an: „Ich könnte dich mit dem Auto abholen, … wenn es dir recht wäre." Wieder entstand eine winzige Pause.

„Okay." Sie nannte ihm die Adresse des Einkaufscenters und wo genau sie sich treffen würden.

Kurz vor zwanzig Uhr stellte Norbert sein Auto auf dem Parkplatz ab und wartete vor dem Personalausgang.

Diesmal war es kein unverfängliches Treffen mehr, zu einem Kaffee oder in Holgers Küche. Nein, es hatte eindeutig den Anschein von etwas Anrüchigem, zumal am Abend und um diese Uhrzeit. Er wagte sich absichtsvoll einen Schritt weiter. Sein Gewissen beschwichtigte er mit dem Gedanken, dass auch er nicht wusste, was Christa jetzt vorhatte.

Dann trat Estrella aus dem Seitenausgang des Gebäudes. Beschwingt kam sie auf ihn zu, küsste ihn unbefangen auf die Wange und hakte sich bei ihm unter.

„Es ist schön, wenn ich abgeholt werde. Wo fahren wir hin?"

„Vielleicht zu einer kleinen Gaststätte mit Blick auf die Spree?"

Aber der Gedanke an ein Restaurant schien Estrella nicht zu begeistern, denn sie schlug stattdessen vor, zu ihrer Wohnung zu fahren und dort eine Kleinigkeit zu essen.

Ihr Angebot übertraf all seine Erwartungen. Diese faszinierende Frau lud ihn zu sich nach Hause ein!

Eine halbe Stunde später betraten sie die kleine Wohnung, in der Estrella im Tausch gegen ihre eigene zeitweilig untergebracht war.

„Ich habe Glück gehabt. Die Wohnung ist nicht größer als meine, aber hier ist alles, was ich brauche. Was will ich mehr?" Dann zeigte sie ihm den kleinen Balkon, der auf einen begrünten Innenhof hinausging. Nicht mehr als ein Tisch und zwei Klappstühle hatten darauf Platz.

„Wenn du möchtest, können wir hier essen." In die Mitte des Tisches stellte sie eine Kerze. „Du bleibst hier sitzen, und ich mache uns etwas zu essen."

Unterdessen brach die Dunkelheit herein. Nur die Kerze auf dem Tisch, ein paar erleuchtete Fenster und die Lichter auf den anderen Balkonen gaben etwas Helligkeit. Die Luft war angenehm mild. Aus einem der Fenster wehte leise Musik herüber, gerade so deutlich, dass man die Melodie erahnte. Hin und wieder hörte Norbert spontanes Lachen und Gesprächsfetzen. Durch die geöffnete Tür sah er Estrella in der Küche hantieren. Er seufzte vor Behaglichkeit und streckte die Füße unter dem Tisch aus. Selten hatte er sich so gelöst gefühlt wie jetzt und hier. Es gelang ihm, den Streit mit Christa zu verdrängen.

Estrella hatte das Licht gelöscht und trat mit einem kleinen Tablett heraus. Mit ein paar Handgriffen verteilte sie Teller, Besteck und zwei Weingläser. Über die gerösteten Brotscheiben träufelte sie etwas Olivenöl, drückte die Tomaten darauf aus und schenkte Wein ein.

„Für mich bitte nur das eine Glas, ich muss nachher noch Auto fahren."

„Aber doch nicht gleich in der nächsten Stunde!", protestierte sie und wünschte: „*Bon profit*!"

Nachdem beide die *pa amb tomàquet* restlos aufgegessen und Estrella angeboten hatte, noch ein paar Scheiben zu rösten, fragte sie leichthin: „Sicher wartet Christa schon auf dich?"

„Ich glaube nicht."

„Du glaubst es nicht? Wo ist sie jetzt?" Norbert zuckte mit den Schultern. „Also, du weißt nicht, wo deine Ehefrau um diese Uhrzeit ist?", hakte sie ungläubig nach. „Du erzählst mir jetzt, was los ist mit Christa und dir."

Zögerlich schilderte Norbert die unerfreuliche Situation und ließ dabei auch sein eigenes Zutun nicht aus. Im Schein der Kerze konnte Estrella nicht erkennen, ob er traurig war. Das flackernde Licht schuf eine eigenartige Atmosphäre, eine Mischung aus Vertrautheit und Geheimnisvollem.

„Du rufst jetzt nochmal zu Hause an", entschied sie. „Vielleicht macht sie sich Sorgen und fragt, wo du bist."

Norbert wählte die Festnetznummer und ließ es klingeln, bis der Anrufbeantworter ansprang. Dann bat er: „Christa, wenn du da bist, geh doch bitte ran." Er wartete ein paar Augenblicke und wollte sein Smartphone wieder wegstecken.

„Und jetzt versuch es auf ihrem Mobiltelefon", forderte sie ihn auf. Wie erwartet war es ausgeschaltet. Mit wenig Überzeugung sprach er auch hier seinen Satz. Nach ein paar Minuten erhob er sich.

„Für den unwahrscheinlichen Fall, dass sie zu Hause im Bett liegt und einfach nicht ans Telefon geht, werde ich jetzt zurückfahren. Danke für den schönen Abend, Estrella." Norbert klang traurig und ein wenig resigniert.

Sie stand ebenfalls auf und begleitete ihn zur Tür. Aus einem Impuls heraus umarmten sie sich, für eine freundschaftliche Umarmung dauerte sie einen Augenblick zu lang. Dann küsste sie ihn, zuerst nur auf die Wange. Er reagierte heftiger, als sie erwartet hätte und ließ alle Zurückhaltung fallen.

Als sie später verlegen beieinanderlagen, sprach sie es aus. „Norbert, wir wissen beide, dass es nicht sein darf. Es wird kein zweites Mal geben." Estrella versuchte, sich aus der Umarmung zu lösen. Und doch geschah es, wohl auch zu seiner eigenen Überraschung, bald darauf ein weiteres Mal.

Erst in den frühen Morgenstunden trennten sie sich. Norbert fuhr zu seiner Wohnung. Wie erwartet war sie leer.

Offene Fragen

Den Weg zu den Archivräumen legten sie schweigend zurück. Nachdem Sascha zwei oder dreimal den Versuch unternommen hatte, mit Landner ins Gespräch zu kommen, gab er es auf. Fast erleichtert erblickte er Kai Wenderick und Uta Ruland.

„Hallo, Sascha! Jetzt bin ich aber gespannt. Du Gauner hättest es mir wirklich gleich in Barcelona verraten können!" Mit einem jungenhaften Grinsen hatte sich Kai Wenderick von seinem Platz erhoben und reichte Sascha die Hand. Dieser überging ihn mit einem entschuldigenden „Sorry, Ladys first", und begrüßte zuerst Uta Ruland. Umso kräftiger spürte er danach den Händedruck von Kai. Und wieder nahm er dessen Selbstverständnis und Souveränität wahr. Auf jeden Fall war Wenderick ein Typ, den man nicht so leicht übersah. In Sascha sah er womöglich einen ebenbürtigen Partner. Flüchtig kam ihm der Gedanke, dass unter anderen Gegebenheiten aus dieser Bekanntschaft eine Freundschaft hätte entstehen können.

In der Zwischenzeit hatte Carsten Landner den Tresor geöffnet und kam mit dem Buch zurück.

Schweigend beobachteten Sascha und Uta, wie Kai die Zeichnung eingehend studierte. Aus seiner Mimik war nicht zu entnehmen, was er dabei dachte oder empfand. Dann nahm er die Lupe zu Hilfe, die Landner bereitgelegt hatte. Millimeter um Millimeter fuhr er die Linien ab; an drei, vier Stellen hielt er kurz inne. Endlich wandte er sich mit einem verbindlichen Lächeln an Landner.

„Auf Ihr fachmännisches Urteil lege ich natürlich besonderen Wert und möchte Ihnen ausdrücklich danken, dass Sie sich für unsere kleine Zusammenkunft Zeit genommen haben. Darf ich Sie um Ihre Meinung zu der Zeichnung bitten?" Wortlos stand Carsten Landner auf und entfernte sich in Richtung der Regale. Uta und Kai wechselten einen irritierten Blick. Ließ er sie jetzt ohne weiteren Kommentar hier einfach sitzen? Sascha sah, wie Kais Kiefermuskeln arbeiteten und eine Ader an seiner Schläfe schwoll. Nach wenigen Augenblicken kehrte Landner mit einem umfangreichen Druckwerk zurück. Es war der Band, den er vor Tagen Uta Ruland gezeigt hatte. Zwischen zwei Seiten steckte ein Lesezeichen, deshalb fand er die Abbildung sofort.

„Eine Meinung müssen Sie sich schon selber bilden", war alles, was er dazu sagte.

Wenderick schaute verärgert auf und zog dann das aufgeschlagene Buch näher zu sich heran. Der Ton des Kunsthistorikers und der Verlauf des Gesprächs missfielen ihm. Deshalb erwiderte er gereizt: „Die Zeichnung kenne ich. Das Original habe ich vor kurzem im *Museu Picasso* in Barcelona gesehen." Das war nicht gelogen, denn Kai fiel damals das Interesse auf, mit dem Uta und Sascha das Werk betrachteten und hatte deshalb selber einen Blick darauf geworfen.

„Na dann." Landner wollte den Band wieder wegnehmen, aber Kai Wenderick legte energisch seine Hand darüber.

„Natürlich konnte ich beide Zeichnungen nicht nebeneinander vergleichen." Immer wieder wanderte sein

Blick zwischen dem Druck und der vor ihm liegenden Fälschung hin und her. Endlich schien er sich ein Urteil gebildet zu haben.

„Meiner Ansicht nach besteht kein Zweifel daran, dass es sich hierbei um ein Frühwerk von Picasso handelt, dass er im Überschwang seiner Verliebtheit auf das Papier brachte. Deutlich erkennbar sind ein paar Unsicherheiten, die er dann später in der Zeichnung, so wie sie im Museu Picasso zu sehen ist, überwunden hat. Dort spürt man förmlich den Schwung in der Linienführung und die zunehmende Sicherheit des Künstlers." Landner ließ sich zu einem knappen „Wenn Sie meinen" herab. In seiner Miene glaubte Sascha, unverhohlene Ironie zu erkennen. Wenderick schwieg pikiert.

Auf die Frage des Kunsthistorikers, ob er annähme, dass auf beiden Darstellungen die gleiche Frau abgebildet sei, entgegnete er kühl: „Woher soll ich das wissen?" Etwas höflicher fuhr er fort: „Aber diese Zeichnung hier variiert sowohl in der Haltung der sitzenden Figur als auch in der Position des liegenden Aktes gegenüber der Darstellung im *Museu Picasso*. In meinen Augen gibt es da einen Qualitätssprung, wenn auch nur minimal, so doch bei genauerem Hinsehen deutlich sichtbar. So als wäre sich der Künstler hier bei der früheren Zeichnung seiner Mittel noch nicht ganz sicher." Er wies auf Holgers Fälschung: „Trotzdem finde ich, dass es sich um ein sehr bemerkenswertes und durchaus gelungenes Werk handelt."

Landner hatte Mühe, sich zu beherrschen. Die geschwollene Ausdrucksweise ärgerte ihn. Zum Schluss erkundigte sich Wenderick, ob die bis dahin unbekannte Zeichnung in Picassos Werkverzeichnis aufgenommen würde. Landner zuckte gleichgültig mit den Schultern.

„Ausgeschlossen ist es nicht. Aber hierzu wären umfangreiche Untersuchungen und Gutachten erforderlich."

„Wie lange würde das dauern?" Wieder zuckte Landner mit den Schultern.

„Monate, vielleicht ein Jahr." Durch dessen schroffe Art und Wortkargheit fühlte sich Kai Wenderick zunehmend gereizt.

„Sie können also keine Expertise ausstellen?"

„Ich habe Frau Ruland bereits gesagt, dass ich die Echtheit des Bildes nicht bestätigen kann."

Während des Gesprächs zwischen Landner und Kai Wenderick hatte sie geschwiegen und mit innerer Anspannung die Situation beobachtet. Im Prinzip wollte Kai ja nur das Original sehen und hatte sich aber wiedermal zu weitschweifenden Ausführungen hinreißen lasse. Die ganze Diskussion lief nicht nach Utas Wünschen. Aber was hatte sie eigentlich erwartet? Carsten Landners Meinung kannte sie, und dass er und Kai sich nicht ausstehen konnten, war ihr auch bewusst.

Jetzt wandte sie sich an Sascha. „Wäre Frau Cardona denn überhaupt gewillt, sich von dem Buch und der Zeichnung zu trennen?"

Bei der Nennung ihres Namens schrak er für den Bruchteil einer Sekunde zusammen, aber Kai Wenderick schien der Name *Cardona* nichts zu sagen.

„Hast du sie unterdessen gesprochen?", hakte er nach.

„Ja, das habe ich. Wenn es sich denn tatsächlich um einen Picasso handelt, wäre sie nicht abgeneigt, das Buch zu verkaufen." Als Wenderick zufrieden nickte, fügte Sascha schnell hinzu: „Allerdings dachte sie wohl eher an eine Auktion." Landner brummte etwas Unverständliches, das so ähnlich wie „wird Monate dauern" klang.

Ungeduldig meinte Wenderick: „Wäre es da nicht im Interesse deiner Bekannten, wenn sie die langwierigen Formalitäten umgehen und das Buch unserer Kunsthalle anbieten würde? Über den Preis müssten wir natürlich noch reden."

Sascha gab sich, als überlege er und erwiderte dann entschlossen: „Ich rede nochmal mit ihr. Wir werden sehen, was sich machen lässt." Bei diesen Worten klopfte er Kai zuversichtlich auf die Schulter und verabschiedete sich.

„Wo warst du die letzte Nacht?", fragte Christa voller Misstrauen.

Norbert versuchte, gelassen zu bleiben. „Das gleiche könnte ich dich auch fragen."

„Ich habe dich zuerst gefragt."

„Soll das hier ein Verhör werden?" Er überlegte fieberhaft. Offensichtlich hatte Christa ebenso wie er zu Hause angerufen und ihn nicht erreicht. Gleich nach diesem unerfreulichen Gespräch würde er Holger um einen Gefallen bitten. Jetzt behauptete er ihr gegenüber: „Da du sowieso nicht da warst, bin ich zu Holger gegangen."

„Ach?" Die Betonung dieser einen Silbe ließ keinen

Zweifel daran, dass sie ihm nicht glaubte.

Norbert entschied sich zum Gegenangriff. „Und wo warst du?"

Das darauffolgende Schweigen deutete er falsch. Es war kein Schuldeingeständnis, sondern Christa überlegte, was sie zuerst tun sollte. Fast schien sie befreit. Dieser neuerliche Streit half ihr, eine Entscheidung zu treffen. Entschlossen stand sie auf und holte ihre Reisetasche. Norberts genervtes „Was ist denn nun schon wieder los?", ließ sie unbeantwortet. Ein paar Sekunden schaute er ihr beim Packen zu, aber anstatt sie aufzuhalten und zum Bleiben zu bewegen, nahm er wortlos seine Jacke und verließ die Wohnung.

Estrella schaute auf ihre Uhr. Die verbleibende Zeit brauchte sie, um sich auf das bevorstehende Gespräch vorzubereiten. Seit den letzten Ereignissen war sie kaum zur Besinnung gekommen. Übermüdet und in Gedanken bei dem Geschehen der vergangenen Nacht hatte sie am Deutschkurs teilgenommen. Es fiel ihr schwer, sich zu konzentrieren. Das Handy war während der Vorlesung aus, und als sie es danach wieder einschaltete, hörte sie die entgangene Nachricht. Frau Dr. Ruland bat dringend um ein Gespräch. Eilig rief Estrella zurück und schlug als Treffpunkt heute um dreizehn Uhr das Kundenrestaurant des Galeria-Kaufhauses vor. Der Ort war ihr vertraut, hier hatte sie sich auch mit Sascha, Holger – und Norbert getroffen. Bei dem Gedanken an ihn stellte sich sofort wieder dieses Schuldgefühl Christa gegenüber ein.

Estrella betrat das Kundenrestaurant, nahm ein Tablett und holte sich von der Theke eine Kleinigkeit zu essen. Den Kaffee würde sie später mit Frau Dr. Ruland nehmen. Warum wollte sie mit ihr so dringend und alleine reden, ohne Sascha? Ein beunruhigender Gedanke schoss ihr durch den Kopf. Sie würde doch hoffentlich nicht Wenderick mitbringen?! Aber nein, dann hätte sie ja nicht betont, dass sie mit ihr unter vier Augen sprechen wolle. Trotzdem wählte Estrella einen Platz, von dem aus sie den Eingangsbereich im Auge behalten konnte. Mit dem Blick auf den Eingang gerichtet saß sie an einem kleinen Vierertisch. Wieder wanderten ihre Gedanken zu Norbert. Wie sollte es jetzt weitergehen? Gedankenverloren stocherte sie auf ihrem Teller herum und versuchte sich auf das bevorstehende Gespräch mit Frau Dr. Ruland zu konzentrieren. Sie bedauerte, Sascha nicht vorher gesprochen zu haben. Er hätte sie über den Ausgang des letzten Treffens mit Wenderick und Landner informiert und ihr geraten, wie sie sich jetzt Frau Ruland gegenüber verhalten solle. Aber dann straffte Estrella ihre Schultern. Sie kam auch allein zurecht. Sicher wollte die Kunsthistorikerin von ihr persönlich erfahren, ob sie das Buch mit der Picasso-Zeichnung an Wenderick verkaufen würde, und wenn ja, zu welchem Preis. Es gab also keinen Grund zur Sorge. Estrella gelang es, sich ein wenig zu entspannen. Umso erschrockener war sie, als eine wohlbekannte Stimme sie von hinten ansprach.

„Kann ich mich für einen Moment dazusetzen?" Sie sah verunsichert auf, und augenblicklich schoss ihr die Röte ins Gesicht.

„Natürlich gerne, Christa. Aber ich warte auf jemanden, auf eine Kunsthistorikerin." Christa war, außer Wenderick, so ziemlich die letzte Person, mit der sie jetzt sprechen wollte. Ob sie etwas ahnte? Aber das konnte nicht sein. Norbert hätte ihr nie gestanden, dass er und Estrella die Nacht zusammen verbracht hatten.

Trotzdem raste ihr Puls, als Christa fragte: „Störe ich auch wirklich nicht? Du wirkst irgendwie erschrocken und verlegen."

Forschend betrachtete sie ihr Gegenüber und Estrella versicherte schnell: „Nein, ich habe mich nur erschreckt, weil du mich von hinten angesprochen hast. Aber bitte, setz dich zu mir." Sie überlegte fieberhaft und kam zu dem Schluss, dass Christa mit dem untrüglichen Gespür einer betrogenen Ehefrau von den Zusammenhängen wusste oder zumindest etwas ahnte. Estrella musste sich nun entscheiden, ob sie die Sache rundweg abstreiten oder eine Erklärung geben sollte. Sie fühlte sich miserabel dabei.

Doch Christa fuhr in vertraulichem Ton fort: „Es ist wirklich ein Glück, dass ich dich hier treffe. Ich brauche nämlich dringend einen guten Rat." Ein wenig erstaunt und eine Spur erleichtert horchte Estrella auf. Es klang nicht danach, als wolle Christa sie zur Rede stellen. Demnach ginge es nicht um Norbert und sie. Dann sprudelte es nur so aus ihr heraus: „Norbert geht fremd, ich spüre es einfach."

Den Ausdruck Fremdgehen kannte Estrella nicht. Entsprechend verständnislos schaute sie deshalb Christa an, und diese beeilte sich zu erklären: „Wir verstehen uns einfach nicht mehr. Seit er in Rente ist, komme ich nicht mehr an ihn heran. Tagsüber ist er ständig unterwegs und abends mit den Gedanken ganz woanders. So abwesend und ab*weisend* habe ich ihn früher nie erlebt. Ich bin sicher, er hat eine Andere. Und ich ahne auch, wer es sein könnte."

Estrella hielt den Atem an, aber in Christas Miene entdeckte sie keinerlei Zynismus. Und wenn sie für einen Moment annahm, Christa wolle sie herauslocken oder provozieren, so wurde diese Befürchtung augenblicklich zerstreut.

„Voriges Jahr hatte er nämlich ein Klassentreffen und sich vermutlich verliebt."

Unmerklich ließ Estrella die angestaute Luft heraus und meinte erleichtert: „Was hat das schon zu sagen. Du bist eine attraktive Frau und energisch. Und du wirst ihn zurückerobern!"

Zu ihrer Verwunderung lächelte Christa vielsagend. „Aber ob ich das will?"

„Wie meinst du das? Willst du nicht mehr zusammen leben mit Norbert?"

Jetzt war es Christa, die errötete, und es dauerte einen Augenblick, bevor sie weitersprach. „Ich hatte vor kurzem ebenfalls ein Klassentreffen …" Ihr war es sichtlich peinlich, darüber zu reden, doch der Mitteilungsdrang überwog. „… und da habe ich meine Jugendliebe wiedergetroffen. Beim letzten Treffen war er nicht dabei. Wir hatten uns also ewig nicht mehr gesehen. Aber es war vom ersten Augenblick an wie früher, als hätten wir uns nie aus den Augen verloren. Mit anderen Worten: Es hat sofort zwischen uns beiden gefunkt."

„Und? Wie geht es weiter? Was wirst du tun?"

„Heute Morgen, nach dem Streit mit Norbert, habe ich ein paar Sachen eingepackt und bin zu ihm gezogen."

„Zu deiner Jugendliebe?" Christa nickte. „Aber vorhin wolltest du einen guten Rat von mir. Ich sage dir also: Du darfst nicht deine Ehe kaputtmachen."

Jetzt schüttelte Christa den Kopf. „Das hat Norbert ja bereits getan. Zumindest in Gedanken hat er mich schon längst verlassen." Von dem betroffenen Schweigen, das diesen Worten folgte, wurde Estrella bald erlöst.

„Guten Tag, Frau Cardona, wenn ich störe, kann ich gerne etwas später wiederkommen." Uta Ruland stand neben dem Tisch.

„Nein, nein, bitte nehmen Sie Platz! Ich möchte vorstellen: das ist Frau Lange, eine gute Bekannte von mir, und das ist Frau Dr. Ruland, eine Kunstexpertin."

Christa machte Anstalten, sich zu erheben, aber Uta Ruland schlug vor: „Wie wäre es, wenn ich uns allen einen Kaffee hole?"

Ein paar Minuten später saßen die drei Frauen gemeinsam am Tisch. Im Wesentlichen bestritt Estrella die Unterhaltung, aber sie wirkte nervös und angespannt.

„Frau Dr. Ruland begutachtet eine Zeichnung. Sie war im Besitz von meiner Großmutter. Vielleicht ist sie sehr wertvoll und ich überlege, ob ich sie verkaufe oder behalte als Andenken. …Ich meine jetzt die Zeichnung", ergänzte sie mit einem aufgesetzten Lachen. Dann kamen sie auf Barcelona zu sprechen und hatten somit ein gemeinsames Thema gefunden. Christa bot sogar an,

Frau Ruland bei der nächsten Reiseplanung fachlich zu beraten.

„Darauf komme ich gerne zurück, Frau Lange", nahm Uta den Vorschlag dankend an.

Nachdem Christa den Kaffee ausgetrunken hatte, verabschiedete sie sich. „Ja, dann alles Gute, Frau Dr. Ruland, und vielleicht bis bald einmal in meinem Reisebüro. Und danke, Estrella, für das Gespräch." In ihrem Blick lag die unausgesprochene Bitte, über das Gesagte zu schweigen. Uta Ruland entging der nonverbale Austausch nicht.

„Hatte ich Sie bei einem wichtigen Gespräch gestört?"

„Ach, wir hatten uns zufällig getroffen. Sie hat zurzeit etwas Kummer mit der Liebe." Fast befürchtete Estrella, dass die Erklärung unglaubwürdig und auch ein wenig schuldbewusst klang, doch Uta Ruland nickte nur und kam dann gleich zur Sache.

„Weshalb ich Sie sprechen möchte, Frau Cardona: Ein guter Bekannter von mir hat heute Vormittag einen Blick auf die Zeichnung geworfen. Er ist im Vorstand der Kunsthalle der SüdBank und sehr an einem Kauf der Zeichnung interessiert. Sie würde hervorragend die bestehende Sammlung ergänzen. Herr Dr. Niermeyer und mein Bekannter, Herr Wenderick, hatten sich übrigens in Barcelona kennengelernt." Genau wie Estrella vermutete, würde Frau Ruland sie gleich zum Verkauf des Buches drängen. „Allerdings sehe ich da ein Problem.", fuhr sie fort.

„Ja, es gibt tatsächlich ein Problem", stimmte Estrella zu „Ich weiß nicht, ob ich das Buch verkaufen werde, und wenn doch, ob ich es lieber in eine Auktion geben soll."

„Das meine ich nicht. Das Hauptproblem besteht darin, dass Herr Dr. Landner die Echtheit des Bildes nicht bestätigen kann. Und auch ich könnte meinem Bekannten kaum mit gutem Gewissen zum Kauf raten. Von dem Besuch in der Seniorenresidenz hatte ich mehr erhofft. Sie hätten mich vorher darüber informieren müssen, dass Frau Zafón nichts zur Provenienz der Zeichnung sagen kann." In ihrem Ton schwang eindeutig dieser Vorwurf mit, von dem Sascha bereits sprach. Estrella ärgerte sich: Sie hätte damit rechnen müssen, dass die Kunsthistorikerin nochmal darauf zu sprechen käme. Trotzdem traf sie die Äußerung jetzt unvorbereitet. Doch gerade, als sie nach einer Rechtfertigung suchte, lenkte Uta Ruland ein: „Immerhin schien sie die Zeichnung sofort wiedererkannt zu haben. Da sie aber nichts mehr zu deren Geschichte sagen kann, möchte ich Sie persönlich bitten, mir nochmal alles im Detail zu schildern."

Für einen Augenblick fühlte sie sich überrumpelt, wie bei einer unverhofften Prüfung. Doch Uta Ruland sah sie aufmunternd an und stellte ihren Laptop auf den Tisch.

Auf die folgenden Fragen war Estrella nicht vorbereitet. Sie wurde nach dem genauen Geburts- und Sterbedatum der Urgroßmutter, dem Vor- und Geburtsnamen und zu ihrem Lebenslauf befragt.

„Oh, ich weiß nur, dass sie Teresa hieß. Die anderen Fragen kann ich nicht sofort beantworten."

„Erzählen Sie einfach alles, was Sie von ihr wissen. Hatte sie außer Ihrer Großmutter noch weitere Kinder?"

Estrella verneinte. Dann erzählte sie die sorgfältig erdachte Legende zu der Zeichnung und schmückte sie ein wenig aus. Das leise Klappern auf der Tastatur irritierte sie. Uta Ruland schrieb zügig mit und stellte ab und zu ihre Fragen.

Abschließend meinte sie erstaunt: „Und das alles hatte Ihnen früher Frau Zafón erzählt?"

„Ja, sie hat immer viel gesprochen mit mir." Auf den zweifelnden Blick ihres Gegenübers hin ergänzte Estrella, dass ihre Mutter früh verstorben sei und sie deshalb bei der Großmutter aufwuchs. Uta Ruland nickte verständnisvoll. Die Auskünfte schienen ihr hinreichend konkret und schlüssig zu sein. Entschlossen klappte sie ihren Laptop wieder zu, die Befragung war beendet.

„Eine Sache möchte ich allerdings noch klären." Estrellas Miene drückte offensichtlich die unausgesprochene Frage „Ja, was denn nun noch" aus, denn Uta Ruland ergänzte lächelnd: „Wir haben noch nicht darüber gesprochen, ob Sie, wenn Sie sich denn zu einem Verkauf entschließen sollten, das Buch der Kunsthalle anbieten würden. Vorausgesetzt natürlich, es besteht kein Zweifel an der Echtheit der Picasso-Zeichnung." Estrella antwortete nicht sofort. Dann wiederholte sie vage ihre Absicht, es in eine Auktion zu geben. „Weil es bei einer Versteigerung einen höheren Preis erzielen würde?" Estrella nickte. Gespannt wartete sie auf einen Vorschlag oder ein Angebot. Doch Uta Ruland argumentierte, dass bei einer Auktion die dort ersteigerten Kunstwerke später häufig bei privaten Sammlern verschwänden, und ob es nicht auch in ihrem Interesse läge, dass die Zeichnung einem breiten Publikum zugänglich wäre.

„Außerdem sind bei einer Auktion umfangreiche Formalitäten und Gutachten erforderlich. Das alles könnte Monate dauern."

„Und ihr Bekannter würde auf die Formalitäten verzichten?"

Uta Ruland hob die Schultern. „Eventuell. Zumindest, solange er überhaupt noch Interesse an einem Kauf hat."

Eilig lenkte Estrella ein: „Sie haben Recht. Aber welchen Preis würde er zahlen?"

„Ich habe mich bereits durch Vergleiche mit ähnlichen Zeichnungen kundig gemacht und außerdem Auskünfte bei Experten eingeholt. Eine Summe von 200.000 Euro wäre meiner Ansicht nach durchaus drin. Natürlich müssen auch die finanziellen Möglichkeiten des Käufers in Betracht gezogen werden. Nicht zu vergessen wäre in diesem Fall, dass es keinen zweifelsfreien Nachweis zur Echtheit der Picasso-Zeichnung gibt." Estrella schien über die genannte Summe sichtlich enttäuscht. „Kurz und gut, Frau Cardona, denken Sie noch einmal über mein Angebot nach und rufen Sie mich an, wenn Sie zu einem Entschluss gekommen sind." Estrella nickte nachdenklich und wollte sich schon erheben, als Uta Ruland anmerkte: „Wirklich schade, dass Sie heute Vormittag bei unserem Treffen nicht dabei sein konnten. Herr Wenderick hätte Sie gerne persönlich kennengelernt." Sie hielt kurz inne, bevor sie weitersprach: „Umso … erfreulicher ist es, dass sie mir dann so schnell einen Termin für unser Gespräch hier anbieten konnten." Eigentlich wollte sie „umso erstaunlicher" sagen.

Estrella entging die zögerliche Formulierung nicht und hörte auch den leicht mokanten Unterton heraus. Schärfer als beabsichtigt stellte sie deshalb klar: „Ich habe nur wenig Zeit. Vormittags sind immer Vorlesungen und danach muss ich arbeiten. Außerdem will ich mich von Ihrem Bekannten nicht beeinflussen lassen bei meiner Entscheidung."

Nicht allzu glücklich saß Norbert an diesem Nachmittag bei Holger.

„Nein, Nobbe, das ist wirklich zu viel verlangt. Ich kann deine – wie soll ich es sagen? – amouröse Irritation nicht gutheißen. Hast du mal überlegt, wie alt du bist?"

„Da brauch ich nicht zu überlegen. Ich weiß es."

„Und Estrella, wie alt ist sie?" Als er dazu schwieg, hielt Holger ihm vor Augen: „Sie ist fast zwanzig Jahre jünger als du!"

Norbert reagierte sichtlich gereizt: „Danke, ich kann selber rechnen! Aber wenn du es genau wissen willst, es sind achtzehn." Er bereute schon, seinen Freund ins Vertrauen gezogen zu haben. Norbert stand auf und wollte gehen.

Rasch lenkte Holger ein. „Bisher hat Christa nicht bei mir angerufen. Aber mir würde es sehr schwerfallen, sie zu belügen. Überleg es dir gut, Nobbe, ob du deine Ehe wegen einer temperamentvollen, zugegebenermaßen sehr attraktiven Spanierin einfach so aufs Spiel setzen willst. Ich für meinen Teil wäre glücklich, wenn ich Hannah noch hätte."

Betroffen sah Norbert ihn an und murrte: „Natürlich,

171

mach mir nur noch ein schlechtes Gewissen."

„Das muss ich tun, Nobbe. Bei eurer Hochzeit damals hast du ein Versprechen abgegeben und…"

„Ich habe nicht versprochen, mir jahrelang irgendwelche Vorwürfe anzuhören oder vermeintlich wohlgemeinte Erziehungsmaßnahmen über mich ergehen zu lassen!", unterbrach ihn Norbert. „Ihr ständiges Genörgel und Gemecker geht mir zusehends auf die Nerven. Ich kann Christa ja kaum noch etwas recht machen. Und das letzte, was ich jetzt hören möchte, sind unerbetene Ratschläge eines Moralapostels!" Er holte tief Luft, bevor er fortfuhr: „Und außerdem kann ich mich kaum entsinnen, wann ich von Christa das letzte Mal ein liebes Wort gehört habe. Da musst du doch wenigstens einen Funken Verständnis dafür haben, dass ich wider alle Vernunft schwach geworden bin!"

Holger grinste: „Bist du jetzt fertig?" Als Norbert keine Antwort gab, lenkte er ein: „Sagen wir mal so: Wenn es deine Ehe rettet, werde ich ausnahmsweise für dich lügen, Nobbe. Interessant finde ich übrigens, dass es sich hierbei nicht um eine amouröse Affäre im klassischen Sinn handelt."

„Wie meinst du das?!"

„Nun ja, zumindest haben wir hier den wohl seltenen Fall, dass sich eine wesentlich jüngere Frau ganz uneigennützig in einen relativ mittellosen Rentner verliebt. Das dürfte nicht so häufig vorkommen. Jedenfalls kann man Estrella kein finanzielles Interesse unterstellen."

Norbert sah ihn mit einem vernichtenden Blick an. „Deine Einsamkeit macht dich zynisch."

Diese herbe Kritik schien spurlos an Holger abzugleiten, denn ungerührt fuhr er fort: „Mal ganz abgesehen von deinem persönlichen Problem: Wie soll es jetzt für uns alle in dieser neuen Konstellation weitergehen?"

„Wir sind erwachsene Menschen, und von dem, was zwischen Estrella und mir vorgefallen ist, werdet ihr nichts zu spüren bekommen. Ich hatte dich nur um einen Gefallen als Freund gebeten."

Holger seufzte: „Mensch, Nobbe, dass dir so was passieren musste."

„In meinem Alter, wolltest du doch sagen, oder was? Ich fühle mich so lebendig wie seit Jahren nicht mehr! Statt ständigen Anschuldigungen und Gezeter erfahre ich endlich mal Zuneigung und Aufmerksamkeit."

„Und wann hattest *du* Christa das letzte Mal Zuneigung und Aufmerksamkeit entgegengebracht?"

Mit finsterem Blick schaute Norbert ihn an. „Ich hätte mich an Sascha wenden sollen. Der würde sicher Verständnis für meine Situation haben."

Nach einem kurzen unguten Schweigen wechselte Holger das Thema. „Ich habe übrigens mal im Internet nach möglichen Preisen für bisher unbekannte Picasso-Zeichnungen recherchiert."

Norbert unterbrach ihn: „Hältst du es für klug, zu diesem Thema Spuren im Netz zu hinterlassen? Nur mal angenommen, man kommt uns auf die Schliche und beschlagnahmt unsere Rechner!"

„Jetzt machst *du* mir Angst – und ein schlechtes Gewissen, Nobbe."

„Das muss ich tun", höhnte Norbert und imitierte

dabei Holgers belehrenden Tonfall. „Wenn Sascha oder Estrella das machen, wäre das völlig normal und unverfänglich, aber doch nicht bei dir! Davon mal abgesehen: Was hast du denn herausbekommen?"

„Zum Beispiel wurde im Juni 2015 bei einer Auktion in Baden-Württemberg eine Postkarte ersteigert, auf deren Rückseite Picasso anstelle eines Grußes etwas gezeichnet hat. Die Karte stammt aus dem Jahr 1918 und ging für 166.000 Euro an einen privaten Sammler aus Übersee."

„Hm, ich hätte jetzt mit mehr gerechnet."

„Die meisten Einträge habe ich zu seinen Lithografien gefunden, die so um die 40.000 Euro lagen. Eine Tuschefederzeichnung wurde z.B. für 31.720 Euro ersteigert. Sie ist allerdings nur 8,4 mal 6,4 cm groß."

Norbert schien enttäuscht. Das Klingeln an der Tür ließ ihn aufschrecken. Gleich darauf vernahm er Estrellas Stimme. Nachdem Holger sie begrüßt hatte, kam sie in die Küche, hielt einen winzigen Augenblick inne, als sie Norbert sah, und küsste ihn dann auf beide Wangen. So als wäre nichts zwischen ihnen geschehen.

„Und Sascha? Er ist noch nicht da?"

„Ich habe mit ihm telefoniert, er wird gleich kommen." Um die Zeit bis zu Saschas Eintreffen zu überbrücken, berichtete Holger über seine Recherchen im Internet. Dann klingelte es wieder, und kurz darauf schob Sascha sein Rennrad in den Flur. Aus dem Rucksack holte er eine Flasche Wein, Tomaten, Käse und Oliven. Während sie den Tisch deckten, schilderte Estrella das Treffen mit Uta Ruland. Die Begegnung mit Christa ließ sie wohlweislich aus. Dann beschrieb Sascha in kurzen Worten Wendericks Reaktion, als er am Vormittag die Zeichnung studierte.

„Er ist ganz offensichtlich interessiert. Jetzt geht es also noch um den Preis. Ich schlage vor, dass du dich nicht von dir aus meldest, Estrella, sondern abwartest, bis Uta Ruland wieder anruft. Wir sollten sie und Wenderick ein wenig schmoren lassen."

Es war später als sonst, als sie sich von Holger verabschiedeten. Norbert sah keine Notwendigkeit mehr, pünktlich nach Hause zu kommen. In seine Wohnung zog es ihn momentan überhaupt nicht, er sehnte sich nach Estrella.

„Hast du heute Abend keinen Dienst im Einkaufscenter?", fragte er hoffnungsvoll, als sie beide vor der Haustür standen.

„Nein, heute nicht. Und auch morgen nicht."

Verheißungsvolle Aussichten

Nach dem Gespräch mit Sascha Niermeyer und vor allem der darauffolgenden Unterredung mit Estrella Cardona hatte Uta Ruland auf eine baldige Entscheidung gehofft. Seitdem war fast eine Woche vergangen und Kai Wenderick fragte sie täglich nach dem Stand der Dinge. Er musste die Picasso-Zeichnung unbedingt besitzen, und sie durfte ihn nicht enttäuschen. „Verlustängste" hatte Utas Freundin dieses ständige Bemühen, ihm alles recht zu machen, einmal genannt.

Als sie Kai Wenderick damals bei einer Ausstellungseröffnung in der Kunsthalle der SüdBank kennenlernte, umwarb er sie sofort. Die Aufmerksamkeit, mit der er sie bedachte und seine selbstbewusste Art, sie zu erobern, halfen ihr damals nach der Scheidung aus einer persönlichen Krise. Seine beharrlichen Bemühungen um sie stärkten ihr Selbstwertgefühl. Ein Nein zählte bei ihm nicht. Misserfolge ließ er nicht gelten, weder beruflich noch privat, und meist bekam er das, worum er kämpfte; so auch Uta Rulands Zuneigung.

Unterdessen war es fast eine Woche her, seit sie zusammen bei Carsten Landner saßen und Kai zum ersten Mal einen Blick auf die Zeichnung warf. Sie hatte förmlich gespürt, wie er sich dafür begeisterte. Und mit jedem Tag seit jenem Treffen wurde er ungeduldiger und sein Wunsch, die Zeichnung zu besitzen, immer dringlicher. Sie bemerkte es an seiner Unruhe und der wachsenden Verärgerung darüber, dass weder Frau Cardona noch Sascha Niermeyer bisher etwas von sich hören ließen.

Als das Telefon schrillte, fuhr Uta Ruland zusammen.

„Und, hat sich Sascha gemeldet?", fragte Kai Wenderick ohne Einleitung. Sie verneinte. „Gut, dann muss ich die Sache jetzt selbst in die Hand nehmen.", verkündete er in gereiztem Ton.

„Oh, ich wollte ihn sowieso gerade anrufen.", log sie und beendete mit ein paar beschwichtigenden Worten das Gespräch. Nach einem kurzen Zögern wählte sie Saschas Nummer. Es dauerte ein paar Augenblicke, bis er den Anruf entgegennahm, aber in dem Moment, als sie auflegen wollte, begrüßte er sie mit ihrem Namen. Ihre Telefonnummer hatte er bei sich eingespeichert.

„Ich weiß, Frau Dr. Ruland, dass Sie auf eine Rückmeldung warten, und ich habe auch schon ein schlechtes Gewissen. Aber Frau Cardona hat sich leider immer noch nicht entschieden."

„Wieso nehmen Sie an, dass Kai an dem Bild noch interessiert ist?" Für einen Augenblick erschrak Sascha, hörte aber gleich darauf ihr Lachen. „Sie kennen ihn doch. Er wird nun langsam ungeduldig und wollte sich schon bei Ihnen beschweren. Aber wir hatten ja ausgemacht, dass die Verbindung über mich laufen soll."

„Danke, dass Sie mich vor seiner Laune schützen.", meinte er schmunzelnd. „Ich werde umgehend mit Frau Cardona sprechen und sie zu einer Entscheidung drängen."

„Nein, nein, nicht drängen. Mit der Zeichnung sind ja immerhin persönliche Erinnerungen verbunden."

Nicht ohne Hintergedanken schlug er vor: „Wollen wir beide das bei einer Tasse Kaffee besprechen?"

Nach einem kurzen Zögern stimmte sie zu. „Einverstanden, wir könnten uns bei mir im Institut treffen."

Sascha hatte sich eigentlich etwas Intimeres als ihr Dienstzimmer vorgestellt, er dachte an ein Café mit einem Freisitz. Sie einigten sich auf ein kleines Restaurant in der Nähe des Instituts.

Sascha hatte einen Tisch auf der Terrasse mit Blick auf das Einsteinufer gewählt und wartete. Dabei spürte er, dass er aufgeregt war. Wann hatte er das letzte Mal Ähnliches empfunden? Es war Jahre her. Endlich kam sie.

Nachdem er die Bestellung aufgegeben hatte, schwieg er und schaute sie an. Uta Ruland senkte den Blick und kam direkt auf den eigentlichen Grund ihres Treffens zu sprechen. Seine Enttäuschung über ihre Sachlichkeit versuchte er zu verbergen.

„Sie haben vollkommen recht: Wir dürfen Frau Cardona nicht unter Druck setzen. Da ich mich heute Abend sowieso wieder mit ihr zum Deutschüben treffe, kann ich das Thema nochmal auf die Zeichnung bringen. Natürlich völlig beiläufig." So locker wie möglich meinte er dann: „Aber sollten wir uns jetzt nicht lieber einen gut gekühlten spanischen Weißwein bestellen und auf die gemeinsamen Tage in Barcelona anstoßen?"

„Ich war eigentlich auf eine Tasse Kaffee eingestellt", erwiderte sie.

Als der Kellner die Kännchen brachte und sich gleich darauf wieder entfernen wollte, bestellte Sascha kurzentschlossen noch eine Flasche Gran Viña Sol. Mit einem Stirnrunzeln nahm Uta es zur Kenntnis.

„Widersetzen Sie sich eigentlich immer den Wünschen Ihrer Gesprächspartner? Ich wollte nichts trinken, zumindest keinen Alkohol", stellte sie klar.

Sascha zog eine übertrieben schuldbewusste Miene und griff zur Kaffeetasse, dann erklärte er feierlich: „Also, auf die schöne aber sehr kurze Zeit in Barcelona und einen befriedigenden Abschluss der Picasso-Angelegenheit!" Wider Willen musste sie lachen, und er fragte: „Wäre Kai sehr enttäuscht, wenn es mit der Zeichnung nicht klappen sollte?"

„Ich denke schon."

„Und Sie selbst?"

„Natürlich wünsche ich mir, dass Frau Cardona *ihm* die Zeichnung zum Kauf anbietet."

„Wenn er unglücklich ist, sind Sie es auch, nicht wahr?"

„So ungefähr. Warum fragen Sie?"

„Nur so, aus keinem besonderen Grund." Sie wusste, dass es nicht stimmte. Der Kellner brachte den Gran Viña Sol, goss zuerst Sascha zum degustieren und dann beiden ein. Nachdem er sich wieder entfernt hatte, wagte Sascha den nächsten Vorstoß.

„Irgendwie finde ich es unpassend, dass Kai und ich uns duzen, wir beide aber, Sie und ich, beim förmlichen Sie geblieben sind. Ich habe das Gefühl, dass wir uns mittlerweile viel besser kennen, als es Kai und mir je gelingen würde. Seit Barcelona erst recht." Bittend schaute er sie an und registrierte die leichte Röte, die sich über ihre Wangen zog. Vom Wein konnte es nicht sein; sie hatten bisher nichts davon getrunken. Etwas verlegen

179

stimmte sie zu. Dann erhob er sein Glas, stieß mit ihr an und nannte sie zum ersten Mal bei ihrem Vornamen.

Nach einer reichlichen Stunde und einem zweiten Glas Gran Viña Sol schaute sie erschrocken auf die Uhr.

„Oh, ich muss gehen!"

„Sicher erwartet er dich schon?" Diese kleine Impertinenz quittierte sie mit einer hochgezogenen Augenbraue, und er entschuldigte sich. Dann wies er auf die halbvolle Flasche Wein.

„Was mache ich jetzt damit?"

„Alleine austrinken oder zu Frau Cardona mitnehmen. Dann lässt es sich doch gleich viel beschwingter Deutsch üben!" Ohne ihm die Gelegenheit zu einer Erwiderung zu geben, verabschiedete sie sich und eilte davon.

Estrella und Norbert stiegen aus der U-Bahn. Diesen Abend und auch die Nacht würden sie gemeinsam bei ihr verbringen. Für den Fall, dass Christa zwischenzeitlich auftauchte, hatte er einen Zettel in der Wohnung hinterlegt: Es gehe ihm gut, und am Vormittag käme er wieder zurück. Die Notiz lag ungelesen schon eine Woche auf der kleinen Konsole im Flur. Einmal hatte er versucht, sie während ihrer Dienstzeit im Reisebüro zu erreichen. Aber sie erkannte die Nummer auf dem Display, hob den Hörer kurz ab und legte gleich darauf wieder auf.

Norbert riss sich aus seinen trüben Gedanken. Unterdessen waren sie an der Stelle angelangt, an der Estrella jedes Mal überlegte, ob sie die Abkürzung durch das dichtbewachsene verwilderte Waldstück oder die längere Wegstrecke an der Straße entlang nehmen sollte.

Diesmal wählte sie den kürzeren Weg. „Heute ist es noch heller, und du bist bei mir. Da brauch ich keine Angst zu haben." Sie schmiegte sich an Norbert, und gemeinsam durchquerten sie den kleinen dunklen Park.

Später am Abend fragte Norbert unvermittelt: „Du hast mir nie verraten, warum du auf einmal keine Bedenken mehr hast, mit mir zusammen zu sein." In diesem Augenblick klingelte ihr Handy. Sascha war am Apparat.

„Störe ich?"

„Nein, jetzt nicht mehr."

„Aha. Folgendes: …" und er berichtete von dem Gespräch mit Uta Ruland. „Ich werde Uta also einen Termin vorschlagen, an dem wir uns zu dritt, natürlich ohne Wenderick, treffen können."

„Ah, du sprichst schon von *Uta*!", lästerte sie. Sascha ließ im Gegenzug viele Grüße an Norbert ausrichten. Dann beendeten sie das Gespräch.

Attacke

Als Treffpunkt hatten sie wieder Dr. Landners Archivraum gewählt. Zwei Tage zuvor hatte Sascha ein Konto, selbstredend nicht bei der SüdBank, auf Estrellas und seinen Namen einrichten lassen und einen Kaufvertrag in zweifacher Ausfertigung vorbereitet. Landner saß als unbeteiligte vierte Person mit unergründlicher Miene dabei, als sie den Vertrag durchgingen.

Stirnrunzelnd meinte Uta Ruland dann: „Soweit ich mich erinnere, hatte ich Frau Cardona allerdings eine Summe von 200.000 Euro genannt, und nicht 250.000, wie sie hier im Vertrag steht." Sie nahm die Brille ab und lehnte sich zurück.

„Ah, ich finde die Summe ist zu niedrig.", entgegnete Estrella. „Unterdessen habe ich mich auch informiert ein wenig. In den vergangenen Jahren ist eine viel kleinere Skizze auf einer Postkarte für 166.000 Euro versteigert worden!"

Uta Ruland wusste sofort, wovon die Rede war. „Sie meinen die Postkarte, die er 1918 an seinen Freund Guillaume Apollinaire geschickt hatte? Die Echtheit steht hier außer Frage. Sie wurde von dem französischen Kunstexperten Christian Riga bestätigt."

Estrella reagierte enttäuscht. „Und damit wollen Sie sagen, meine Zeichnung ist nicht so viel wert, weil es keine Expertise gibt." Entschlossen griff sie nach dem Vertrag. „Ich überlege noch, ob ich sie verkaufe an Ihren Bekannten."

Aber Uta Ruland kam ihr zuvor. „Ich handle nicht

gerne, Frau Cardona, aber ich kann Herrn Wenderick den Kaufvertrag vorlegen. Mal sehen, ob er den Preis akzeptiert. Wenn Sie also bitte schon unterschreiben würden?"

Als sich Estrella und Sascha verabschiedet hatten, warnte Carsten Landner: „Du weißt hoffentlich, worauf du dich da einlässt, Uta. Wenn dein Wenderick die Zeichnung tatsächlich erwerben und sich nachträglich herausstellen sollte, dass da doch etwas nicht stimmt, bist du blamiert. Lass dich doch nicht unter Druck setzen und lege sie lieber nochmal einem anderen Experten vor. Ja, ja, ich weiß, Wenderick will das Bild sobald wie möglich in seiner Kunsthalle zeigen und kann's nicht abwarten. Ich hoffe nur, der Preis ist ihm zu hoch und er lässt die Finger davon. Sollen sich doch Niermeyer und die Cardona erstmal eine Expertise von sonst woher besorgen. Aber nicht von mir."

Uta Ruland schwieg ein paar Augenblicke und fragte dann: „Was konkret befürchtest du, Carsten?"

„Das Buch mit der Zeichnung ist aus dem Nichts aufgetaucht …"

„Nicht aus dem Nichts", unterbrach sie ihn. „Ich habe selbst mit der Großmutter von Frau Cardona gesprochen."

Sein Lächeln war voller Ironie. „Und? Hast du sie verstanden? Was hat sie gesagt?"

„Immer auf den wunden Punkt, Carsten. Aber sie hat das Bild eindeutig erkannt. Bei dem Besuch war ihre Enkelin nicht dabei. Frau Cardona konnte sie also nicht beeinflusst haben."

Er reagierte ungehalten: „Und das reicht dir als Beweis für eine unanfechtbare Provenienz aus?" Sie zuckte nur mit den Schultern. „Uta, du bist unbelehrbar! Ich gebe es auf." Ächzend stemmte er sich aus seinem Stuhl. Für ihn war die Unterredung beendet.

Am frühen Abend klingelte Saschas Telefon.

„Kai hat den Vertrag unterschrieben. Natürlich war er nicht begeistert, dass der Kaufpreis nun auf einmal um 50.000 Euro höher liegen soll. Aber er hat es akzeptiert und wird die Summe innerhalb der nächsten zwei Tage überweisen. Möchtest du euer Exemplar morgen Vormittag bei mir im Institut abholen?"

„Na wunderbar! Danke Uta, ich komme morgen vorbei." Dann wählte Sascha Norberts Nummer.

„Nobbe, wir haben Grund zum Feiern! Das Geld wird überwiesen! Morgen hole ich den von Wenderick unterschriebenen Kaufvertrag ab. Na, was sagst du dazu?"

Norbert sagte erst einmal gar nichts. Von dieser raschen Entwicklung schien er überrumpelt. „Ich kann's kaum glauben", erwiderte er dann. „Wenderick hat die Kröte tatsächlich geschluckt? Das müssen wir unbedingt feiern! Aber diesmal nicht bei Holle in der Küche, sondern in einem Restaurant. Ich schlage vor, heute Abend um acht im La Vie. Du kennst es? Nichts Überkandideltes, aber eine gute Küche und sehr gemütlich. Ich rufe gleich mal Holle an."

Zum Glück hatte Norbert einen Tisch reservieren lassen. Das Restaurant war gut besetzt, als er, Estrella, Sascha und Holger kurz nach zwanzig Uhr den Raum betraten. Der Kellner führte sie vorbei an den anderen Gästen in den hinteren Bereich der Gaststätte. Nachdem sie die Getränke bestellt und sich für das zweitteuerste Menü entschieden hatten, erinnerte Holger vorsichtig daran, dass sie das Geld ja noch nicht hätten.

„Aber was kann jetzt noch passieren!", entgegnete Estrella voller Euphorie. „Wenderick wird zahlen."

„Nicht so laut …", mahnte Norbert mit einem verstohlenen Blick auf die Nachbartische.

Etwas leiser fuhr sie fort: „Und du bekommst dein Geld zurück, Norbert. Leider ist es nun nicht der ganze Betrag, aber besser als gar nichts."

Der erste Gang wurde serviert, und man widmete sich der gekühlten Rahm-Gurken-Suppe, garniert mit Bachkresse und Limonen-Schnitzen.

Für ein paar Minuten war es still am Tisch, dann sprach Estrella ihre Vermutung aus: „Sicher hat Uta Ruland ihn überredet, den höheren Preis zu zahlen."

„Vielleicht. Jedenfalls lief bisher alles problemloser ab, als gedacht. Auf deine Großmutter!"

„Und auf die Urgroßmutter Teresa, die Geliebte von Picasso! Und auf den Künstler, auf dich, Holle!", fügte Estrella überschwänglich hinzu.

Diesmal sah sich Holger verstohlen um und zischte: „Nicht so laut …"

Der Kellner brachte den zweiten Gang, ein Lachstatar mit einer Creme aus Frischkäse, Joghurt und Zitronensaft. Garniert war die Portion mit einem Löffel isländischen Kaviars.

„Wie soll später eigentlich die Zahlung auf Nobbes Konto erfolgen? Der Transfer darf ja nicht auffallen", gab Holger zu Bedenken. Sascha aß in Ruhe zu Ende und legte dann sein Besteck beiseite.

„Nach Einzahlung der Summe lassen wir den Betrag eine Weile auf dem Zwischenkonto stehen, und dann, vielleicht nach einem halben Jahr und wenn keine unangenehmen Nachfragen erfolgen, zahlen wir zuerst die Hälfte der Summe und ein paar Monate später den Rest auf ein von Norbert gewähltes Konto. Aber die Details besprechen wir, wenn wir das Geld haben." Sascha sah sich nach dem Kellner um und bestellte eine zweite Flasche Wein.

Als er am nächsten Morgen Uta Rulands Dienstzimmer betrat, sah sie verwundert auf. Sie trug wieder die extravagante Brille, die ihr Gesicht strenger erscheinen ließ.

„Hat Kai dich denn nicht angerufen?"

Saschas Lächeln erlosch. „Nein, wieso? Er hat es sich doch nicht etwa anders überlegt?"

„Nein, nein. Aber gestern Abend fiel ihm plötzlich ein, dass er dir den Vertrag persönlich aushändigen möchte."

„Dann wird er mich ja noch anrufen. Wie sieht es mit einer Tasse Kaffee aus, Uta?"

Zehn Minuten später hatten sie an einem der kleinen Tische in der Cafeteria Platz genommen. Um diese Zeit war sie kaum besetzt.

„Und, habt ihr gestern noch ein wenig gefeiert?", fragte sie vorsichtig.

Irgendwie fühlte er sich bei ihrer Frage unbehaglich.

„Zugegeben, ja. Estrella kann das Geld aus dem Verkauf sehr gut gebrauchen. Sie und ihr Partner wollen sich in Barcelona eine kleine Eigentumswohnung kaufen." Nichts von dem stimmte, aber Uta schien die Begründung plausibel. An diesem Morgen wirkte sie nachdenklich und in sich gekehrt.

„Bedrückt dich etwas?", erkundigte er sich besorgt und legte seine Hand auf ihren Arm. Aber sie schüttelte den Kopf.

„Nein, es ist alles in Ordnung. Ich habe nur nicht sehr gut geschlafen."

Erst gegen Mittag, als sich die Cafeteria zunehmend füllte, verabschiedeten sie sich. Dass Sascha ihr früher einmal völlig fremd war, und sie in ihm einen selbstgefälligen Macho sah, war ihr jetzt unvorstellbar. So kam es, dass sie ihre Hand, die er wieder einen Augenblick zu lang in seiner hielt, diesmal nicht entzog.

Wenderick schaute auf die Uhr. Es war noch reichlich Zeit. Dann zückte er sein Handy und rief Sascha an.

„Ja, Kai?", meldete er sich voller Erwartung.

„Ich muss mich bei dir entschuldigen. Mir ist etwas dazwischengekommen – ein Geschäftspartner. Du weißt ja, wie das ist." Nein, Sascha wusste es nicht, aber was blieb ihm anderes übrig, als Verständnis zu zeigen. „Ich melde mich also so bald wie möglich wieder bei dir", versprach er dann.

Sascha war alles andere als zufrieden. Diese Verzögerung gefiel ihm gar nicht.

Entsprechend angespannt war die Stimmung, als die Freunde am späten Nachmittag wieder in Holgers Küche saßen. „Und ich sage euch, da stimmt was nicht.", orakelte er und lief nervös umher.

„Nun setz dich doch mal hin, Holle. Du raubst mir den letzten Nerv", maulte Norbert.

Estrella fing an zu lamentieren: „Bestimmt haben wir uns zu früh gefreut!"

„Schluss jetzt! Ich hab's euch ja nur erzählt, damit ihr Bescheid wisst. Aber nichts spricht dagegen, dass Wenderick Wort hält.", versuchte Sascha, die Diskussion zu beenden. Doch Holger war nicht mehr zu bremsen.

„Du hast gut reden! Das ganze Prozedere und ewige Warten macht mich langsam nervös. Und wenn die Sache doch noch herauskommt, wandere ich in den Knast!"

Ungehalten fragte Sascha: „Was soll denn rauskommen? Die Zeichnung ist perfekt gelungen, das Alter des Papiers ist stimmig und die Provenienz kann niemand widerlegen. Nein, wenn wir alle die Nerven behalten, kann überhaupt nichts schiefgehen."

Nach einem kurzen Schweigen fragte Norbert: „Wie sieht es eigentlich mit Abendbrot aus, Holle? Hast du was im Kühlschrank?"

So nach und nach kehrte ein wenig Gelassenheit zurück, und die Freunde versuchten, die angespannte Situation mit Humor zu ertragen. Erst nach einundzwanzig Uhr trennten sie sich. Sascha schwang sich wie immer auf sein Rad und Norbert schaute Estrella erwartungsvoll an.

„Gehen wir zu dir?"

Aber sie schüttelte den Kopf. „No, mi corazón. Heute möchte ich allein sein." Als sie seine enttäuschte Miene sah, erklärte sie: „Ich bin nicht in guter Stimmung. Ich brauche etwas Zeit für mich. No estés triste."

Mit einem bedauernden Lächeln verabschiedete sie sich. Dann lief sie zur U-Bahn-Station und Norbert trottete in Richtung seiner Wohnung, in der er eine einsame Nacht verbringen würde.

Mittlerweile war es schon spät und fast dunkel. Estrella schaute auf die Uhr: kurz vor um zehn. Heute an ihrem freien Tag hatte sie viel weniger geschafft, als sie sich vorgenommen hatte. Die ganze Aktion mit der Zeichnung und das Beisammensein mit Norbert und seinen Freunden nahmen einen Großteil ihrer Zeit in Anspruch. Aber der Tag, an dem sie Abschiednehmen und zurück nach Barcelona fliegen würde, kame ohnehin, genaugenommen in drei Monaten. Dann wäre ihre Studienzeit hier in Berlin zu Ende. Sie freute sich darauf, wieder nach Hause zu kommen. Trotzdem stimmte sie der bevorstehende Abschied von den Freunden, und insbesondere von Norbert, ein wenig traurig.

Estrella riss sich aus ihren Gedanken. Fast hätte sie ihre Station verpasst. Eilig stieg sie aus.

Ein paar Minuten später überquerte sie die Kreuzung und stand bald darauf wieder einmal vor der Entscheidung, die Abkürzung durch das dunkle Waldstück oder den längeren Weg an der Straße entlang zu nehmen. Hastig schaute sie sich um und wählte die kürzere aber einsame Strecke durch den verwilderten Park. Nach fünf endlos scheinenden Minuten würde sie wieder den beleuchteten Fußweg erreichen, der zu ihrer Straße führte. Estrella lief zügig und orientierte sich an dem schwächer werdenden Licht, das durch die Baumkronen fiel. Mehr als einmal musste sie herabgefallenem Geäst ausweichen. Das dichte Gebüsch zu beiden Seiten des Weges und die dunklen hohen Bäume kamen ihr bedrohlich vor. Sie bereute, die Abkürzung durch das kleine Waldstück, das ihr nun wie ein Geisterwald erschien, gewählt zu haben.

Dann vernahm sie Schritte hinter sich. Auf dem asphaltierten Weg waren sie deutlich zu hören. Der- oder diejenige war noch ein ganzes Stück entfernt, lief aber ebenso zügig wie sie. Estrella beschleunigte ihr Tempo. Und im gleichen Maß wurden auch die Schritte hinter ihr schneller. Das Blut rauschte in ihren Ohren, und bald schon konnte sie die Geräusche im Ohr nicht mehr von denen auf dem Asphalt unterscheiden. Sich umzudrehen wagte sie nicht. Sie lief schneller, ebenso derjenige hinter ihr. Jetzt vernahm sie eindeutig ein Keuchen. Estrella begann zu rennen, sie rannte um ihr Leben. Aber sie wurde eingeholt. Eine kräftige Hand packte sie an der Schulter.

„Diesmal entkommst du mir nicht, du Luder." Grob wurde sie um ihre eigene Achse gedreht und starrte gleich darauf in das wutverzerrte Gesicht von Kai Wenderick.

„Das könnte euch so passen! Bilde dir nicht ein, dass ich dir auf den Leim gegangen bin, dir und deinem sauberen Herrn Niermeyer. Ganz zu schweigen von Herrn Norbert Lange. Ihr wolltet mir eine Fälschung andrehen! Aber da seid ihr an die falsche Adresse geraten. So, nun zu dir. Wir beide haben noch ein ganz persönliches

Hühnchen zu rupfen. Erst machst du mich an und dann schüttest du mir einen Eimer Dreckwasser ins Gesicht! So ungeschoren kommst du mir nicht wieder davon!" Wenderick drückte Estrella mit dem Rücken an einen Baum. „Diesmal hast du keine Chance." Seinen linken Unterarm presste er gegen ihre Kehle, so dass ihr Schrei erstarb und nur ein Röcheln zu hören war. Mühsam rang sie nach Luft.

Mit der rechten Hand riss er ihre Bluse auf, dann stieß er sie zu Boden.

Nächtliche Aktion

In dem Moment, als er auflegen wollte, meldete Holger sich endlich. „Mensch Sascha, weißt du, wie spät es ist?"

„Das spielt jetzt keine Rolle. Zieh dich sofort an, pack alle Utensilien ein, die du für unsere Aktion je in den Händen hattest und steig in dein Auto. Du musst alles entsorgen. Alles! Hörst du, Holle? Es bleibt keine Zeit für Erklärungen. Und beeil dich!" Holgers müder Protest und seine Gegenfrage, ob das nicht bis zum nächsten Morgen Zeit hätte, gingen in Saschas scharfen Worten unter: „Fahr sofort los!"

Holger war jetzt hellwach. Die Sache schien dringlich genug, um den Befehl, denn es war ein Befehl und keine Empfehlung, umgehend auszuführen. Er wusste nicht, was zwischenzeitlich vorgefallen war, aber irgendetwas lief schief.

Hastig suchte er alles zusammen, was er in den letzten Wochen für die Picasso-Zeichnung verwendet hatte. Die beiden Bände über Picassos Werke zerrte er aus dem Regal, dann holte er die benutzten Aquarellfarben, die Tusche und die Federn, nahm alle Skizzen, die er im Vorfeld für die Zeichnung angefertigt hatte und suchte hektisch nach weiteren verräterischen Spuren. Nichts in der Wohnung durfte darauf hinweisen, dass er malte oder zeichnete. Glücklicherweise fiel ihm auch der lange nicht benutzte Karton ein, in dem weitere Malutensilien aus früheren Jahren lagen. Dann nahm er vom Schlafzimmerschrank den großen Reisekoffer herunter und packte alles hinein. Eilig lief er noch einmal durch die Räume und schaute sich um. Er fand nichts, was an sein Maltalent erinnerte. Aber eine Unsicherheit, doch etwas übersehen zu haben, blieb. Plötzlich kam ihm eine Idee: Er öffnete den Garderobenschrank und nahm sein altes Fernglas heraus. Dann riss er die Jacke vom Haken, griff nach dem Autoschlüssel und verließ mit dem Koffer die Wohnung. Im letzten Augenblick fiel ihm ein, dass er für seine Aktion etwas zum Graben brauchen würde. Deshalb eilte er mitsamt dem Reisekoffer hinunter in den Keller und suchte nach dem Spaten. In einer Ecke fand er ihn, angelehnt an die Wand. Durch den Kellerausgang, der direkt auf den Hof führte, verließ er das Haus.

Auf der Straße sah er sich nach allen Seiten um; außer ihm war keine Menschenseele unterwegs. Sein Auto stand in einer der Nebenstraßen. Als er eingestiegen war, blieb er ein paar Sekunden reglos sitzen und versuchte sich zu konzentrieren. Wohin jetzt in aller Eile? Wo wäre der richtige Ort, um den Koffer mit dem kompromittierenden Inhalt zu entsorgen? Holger ließ den Motor an und fuhr los. Auf dem Display sah er, dass es schon nach um eins war. Wenn er Sascha richtig verstanden hatte, waren sie in extremer Gefahr, und ihm blieb keine Zeit für lange Überlegungen. Holger entschied sich, in südwestliche Richtung zu fahren. Bald hatte er die Stadtgrenze erreicht. Die Tachonadel zeigte ihm an, dass er das vorgegebene Tempolimit bei weitem überschritt. Augenblicklich drosselte er die Geschwindigkeit. Es wäre ein Fiasko, wenn er wegen seiner Raserei geblitzt oder von der Polizei gar angehalten würde. Mit gemäßigtem Tempo fuhr er auf der nächtlichen Landstraße weiter.

Vor Augen hatte er ein großes Areal, auf dem früher ein Militärgelände lag. Das war Jahre her, und wahrscheinlich war das Gebiet mittlerweile verwildert und bewachsen. Holger hoffte, dass es nicht bebaut wurde.

Später kam er an einem Gewerbegebiet vorbei und verlangsamte das Tempo. Die Gegend hatte sich verändert. Wenn überhaupt, würde er nur Reste des ehemaligen Armeegeländes vorfinden. Als er auf schmalen Wegen weiter östlich fuhr, stieß er auf ein unübersichtliches, noch unerschlossenes Gelände. Der Baumbewuchs schien ihm dicht genug, um ihm ausreichend Sichtschutz zu bieten. Kurzentschlossen hielt er an, schaltete die Scheinwerfer aus und blieb noch für ein paar Sekunden im Auto sitzen. Die Scheibe an der Fahrerseite hatte er heruntergelassen und lauschte in die Nacht. Alles war still und stockfinster; das mit Sträuchern dichtbewachsene Gelände wirkte unüberschaubar und in der Dunkelheit bedrohlich. Für einen Augenblick verfluchte er Sascha, sich und die ganze Aktion, auf die sie sich eingelassen hatten. Aber jetzt blieb ihm keine andere Wahl, als alle Spuren zu beseitigen. Dieser unwirtliche Ort war für sein Vorhaben bestens geeignet. Holger stieg aus und holte den schweren Koffer heraus.

Hinter dem dichten Buschwerk fand er bald Deckung. Für den wenig wahrscheinlichen Fall, dass ihm jemand auf dem Gelände begegnete, hatte er sich eine Begründung zurechtgelegt. Aber diese wäre nur glaubhaft für die Zeit der Dämmerung und nur dann, wenn er sich des Koffers und Spatens entledigt hätte. Würde ihn jemand in der jetzigen Situation beobachten, wäre es fatal. Er hing sich das Fernglas um und griff zur Schaufel. Mühsam suchte er sich durch das Gestrüpp einen Weg. Aus der Ferne hörte er einen Hund heulen. Oder gab es hier Wölfe? Mit Unbehagen schleifte Holger den Koffer hinter sich her und griff fester um den Spaten. Fieberhaft suchte er nach einer geeigneten Stelle zum Graben. Plötzlich erstarrte er und hielt den Atem an. Dann brach es aus dem Unterholz heraus. Ein Wildschwein raste davon und suchte zum Glück das Weite. Holger spürte, wie ihm der Schweiß kalt auf der Stirne stand. Er musste schnell handeln. Mit dem Spaten tastete er den Boden ab und entschied, genau an dieser Stelle zu graben. Es wurde ein mühsames Unterfangen, das Erdreich war hart und mit Wurzeln durchzogen. Er hackte und grub, so tief es möglich war. Immer wieder hielt er kurz inne und lauschte. Außer den ihm kaum vertrauten Geräuschen der Nacht hörte er nichts Verdächtiges. Trotzdem beeilte er sich. Mehr als eine halbe Stunde brauchte er, bis er ein entsprechend großes Loch ausgehoben hatte. Aber noch immer passte der Koffer nicht hinein. Holger grub tiefer und war mittlerweile völlig außer Atem. Dann, nach weiteren zehn Minuten war der Aushub tief genug, um den Reisekoffer komplett darin zu versenken. Hastig schaufelte er die übriggebliebene Erde drüber. Mit dem Spaten klopfte er sie fest und versuchte, die Reste auf den umliegenden Stellen zu verteilen. Aber es blieb ein kleiner Erdhügel. Mit den Füßen scharrte er Blattwerk und Äste darüber. Er hoffte, dass dies alles in dem hügeligen Gelände nicht weiter auffiel. Wieder hörte er ein Heulen, diesmal deutlich näher. Fast panisch erreichte er sein

195

Auto und stieg hastig ein. Er spürte, wie ihm das Blut in den Ohren rauschte und ihn für jedes andere Geräusch taub werden ließ. Holger atmete tief durch und versuchte sich mit der Vorstellung zu beruhigen, dass der schwerste Part jetzt ausgestanden sei. Verstohlen schaute er auf die Uhr. Mittlerweile war es schon kurz nach um drei. Über den Wipfeln glaubte er, das erste Grau der Morgendämmerung zu erkennen, auch die Umrisse der Bäume und des Buschwerkes sah er deutlicher als zuvor. Bald würde die Zeit des Wildwechsels kommen.

Das derbe Klopfen auf sein Wagendach ließ ihn erstarren.

„Guten Morgen. Na, was machen wir denn hier zu so früher Stunde?" Ein Mann in Forstbekleidung beugte sich zum Seitenfenster herab. Eilig kurbelte Holger die Scheibe herunter und deutete auf das Fernglas, das an seinem Hals hing.

„Ach, es ist ein Hobby von mir. Ich wollte das Wild beobachten."

„Und?" Es klang misstrauisch.

„Bisher habe ich leider nicht viel gesehen, nur ein Wildschwein. Aber was mich mal interessieren würde: Gibt es hier Wölfe?"

Unterdessen war Holger aus dem Auto gestiegen und bemühte sich, völlig unbefangen aufzutreten. Seit wann hatte der Fremde ihn beobachtet? Doch hoffentlich nicht bei seinen Grabungsarbeiten und womöglich von einem Hochsitz aus? Aber nein, dessen Auto, das Holger erst jetzt entdeckte, stand vorher nicht da.

„Ausgeschlossen ist es nicht." Für zwei, drei Sekunden

überlegte er, was der andere damit meinte. Dann fiel ihm seine Frage nach den Wölfen wieder ein. Noch immer schaute ihn der Förster argwöhnisch an.

„Es kommt wohl nicht oft vor, dass sich hier jemand zu so früher Morgenstunde herumtreibt?", versuchte Holger, die Situation etwas zu entkrampfen.

„Das kann man wohl sagen."

„Na ja, dann werde ich mal …"

„Ich dachte, Sie sind gerade gekommen? Wollen Sie denn nicht das Wild beobachten?" Augenblicklich erkannte Holger die Bredouille, in der er steckte. Er musste schnellstens zurück, aber der andere erwartete, dass er auf die Pirsch ging. Zumindest aber schien seine Sorge, dass er schon längere Zeit beobachtet wurde, damit hinfällig zu sein.

„Wenn Sie möchten, kann ich Sie mit auf den Hochstand nehmen", bot der Förster an. Holgers Zögern deutete er fälschlicherweise als Verlegenheit, als könne der sein Glück kaum fassen, und wäre für einen Moment sprachlos. „Klar, normalerweise geht das nicht so ohne weiteres, aber wir können schon mal eine Ausnahme machen", schob er rasch nach.

Fieberhaft suchte Holger nach einem Ausweg. Aber wollte er glaubhaft erscheinen, müsste er das Angebot annehmen. Der andere hatte mit Sicherheit sein Autokennzeichen registriert und könnte ihn, sollte er Verdacht schöpfen, jederzeit anzeigen.

„Gerne, vielen Dank!", gab sich Holger geschlagen.

Es würde ihn Stunden kosten.

Als Erstes nahm Estrella eine heiße Dusche. Wie benommen stieg sie in die enge Duschkabine und stellte das Wasser an. Das Erlebte saß noch tief und ließ sie kaum einen klaren Gedanken fassen. Was genau war geschehen? Alles hatte sich so rasend schnell ereignet, dass ihr die Einzelheiten kaum bewusst waren. Aber sie *musste* sich erinnern; es war so wichtig. Nichts durfte sie vergessen oder verdrängen.

Als das heiße Wasser über ihren Körper rann, sah sie die nächsten Schritte klar vor Augen: Sie musste Sascha anrufen und ihn warnen. Sofort! Hastig schlang sie eine Badestola um und griff zum Handy. Nachdem sie ein paarmal das Rufzeichen gehört hatte, meldete sich die Sprachbox. Verzweifelt brach Estrella den Anruf ab und versuchte es gleich darauf erneut. Wieder der Anrufbeantworter. Aber im nächsten Moment hörte sie Saschas verschlafene Stimme. „Estrella? Was ist denn los?"

Das war nun Stunden her. Noch immer saß sie auf der Bettkante, an Schlaf war nicht zu denken. Estrella stand auf und lief ruhelos umher. Als sie aus dem Fenster schaute, sah sie die Morgendämmerung am Himmel. Dann fiel ihr Blick wieder auf die zerrissene Bluse.

Ja, sie hatte die verhängnisvolle Abkürzung durch das kleine Waldstück genommen. Und jetzt im Nachhinein wurde ihr die ganze Tragweite erst bewusst. Hätte sie den anderen Weg gewählt …

Bei der Erinnerung an die Schritte hinter ihr erschauderte sie. Was hatte er gebrüllt, bevor er sie zu Boden warf? „Ihr wolltet mir eine Fälschung andrehen!" Dann hatte er mit der Kripo gedroht, und dass sie nicht so ohne weiteres davonkämen. Auch der Name Norbert Lange war gefallen. Demnach kannte Wenderick die Zusammenhänge. Er wusste alles.

Estrella verstand bis jetzt nicht, wie dies geschehen konnte. Seine Wut war so heftig. Sie spürte noch immer die Wucht des Angriffs. Von dem harten Aufprall hatte sie Prellungen davongetragen. In Erinnerung war ihr auch, wie sie versuchte, ihren Kopf abzuwenden, um seinem Atem auszuweichen.

Was dann geschah, konnte sie noch immer nicht fassen, es war ein Wunder. Ein Zufall? Als er ihren Rock nach oben schob, hörte sie plötzlich dieses dumpfe Krachen, und gleich darauf sackte er über ihr zusammen. Sein schlaffer Körper lag schwer auf ihr. Aber ehe sie sich besann, zerrten sie zwei Hände unsanft unter Wenderick hervor. „Weg, schnell weg hier!", drängte eine weibliche Stimme. Eine Joggerin. Estrella wurde auf die Füße gezogen, und ein derber Stoß in den Rücken brachte sie in Trab. Ein Blick zurück zeigte, dass Wenderick zu sich kam und im Begriff war, sich aufzurichten. „Weiter! Fort von hier!", mahnte die Unbekannte jetzt mit Panik in der Stimme. Das Rennen fiel Estrella schwer, aber die Fremde stieß sie voran. Endlich erreichten sie den beleuchteten Fußweg. In der Nähe der Kreuzung erblickten sie ein Taxi. „Was ist denn passiert?", fragte der Fahrer besorgt. „Soll ich Sie zu einem Krankenhaus fahren?" „Nein, bitte zu einem Hotel in der Nähe", brachte Estrella mühsam hervor. Dann erst kam sie dazu, sich bei ihrer Retterin zu bedanken. Aber bevor sie eine Frage stellen konnte, erwiderte diese: „Nichts zu danken. Es ist meine übliche Joggingrunde durch den Park." Dann schloss sich die Beifahrertür und das Taxi fuhr los. Ein paar Minuten später hielt es vor einem kleinen Hotel. Die Rezeption war um diese Zeit unbesetzt, aber nach ein paar Augenblicken trat ein verschlafener Angestellter aus dem Büro. Misstrauisch starrte er die verwirrte und derangierte Fremde an und gab ihr dann einen Schlüssel. „Aber Sie müssen im Voraus bezahlen!"

Jetzt stand Estrella in dem unpersönlichen und spartanisch eingerichteten Hotelzimmer und sah aus dem Fenster. Zumindest war sie hier erst einmal in Sicherheit. Nicht zu Unrecht befürchtete sie, dass Wenderick ihre Adresse kannte. Nein, in die Wohnung konnte sie auf keinen Fall zurück. Aber wie sollte es jetzt weitergehen? In ein paar Stunden würde die Vorlesung beginnen. Wieder fiel ihr Blick auf die zerrissene Bluse. So konnte sie auf keinen Fall das Hotel verlassen. Sie würde eine Kommilitonin anrufen und bitten, ihr ein T-Shirt oder etwas Ähnliches vorbeizubringen. Aber sie hatte nicht deren Telefonnummer. Was also sollte sie tun?

Sie schaute auf die Uhr: Es war erst kurz nach um fünf.

Maßnahmen

Ein ums andere Mal schaute Sascha in dieser Nacht auf die Uhr. Alle möglichen Szenarien spielten sich in seinem Kopf ab. Norbert hatte er telefonisch nicht erreicht. Er hatte sein Handy ausgestellt. Kurz hatte Sascha erwogen, zu ihm hinzufahren. Doch das wäre zu riskant, denn es war nicht auszuschließen, dass er bereits unter Beobachtung stand. Für den Fall, dass die Kripo Norbert unvorbereitet erwischen würde, musste er sich auf dessen Geistesgegenwart und Reaktionsvermögen verlassen. Hellwach hatte Sascha sich wieder ins Bett gelegt. An Schlaf war nicht zu denken. Wie konnte die Sache nur so aus dem Ruder laufen; was war schiefgegangen? Noch immer hatte er Estrellas aufgeregte Stimme im Ohr: „Wenderick weiß alles! Er wird es der Polizei sagen oder er hat es schon getan! Du musst Holger anrufen!"

Sascha wälzte sich auf die andere Seite, fand aber auch da keine Ruhe. Wie Estrella zu dieser Erkenntnis kam, war ihm ein Rätsel. Doch ihre Warnung klang so dringlich, dass er sie ernst nehmen musste.

Offensichtlich hatte er Wenderick unterschätzt. Aber wodurch wurde dessen Verdacht geweckt? Als er Sascha mit der Übergabe des Kaufvertrages hinhielt, hatte er den Braten schon gerochen, etwas geahnt, wenn nicht gar gewusst. Klar, ihm selbst hatte diese Verzögerung nicht gefallen, aber Wenderick hatte sie glaubhaft begründet. Trotzdem hätte ihn, Sascha, die neue Situation sofort misstrauisch stimmen müssen. Stattdessen hatte er die Anzeichen einer Gefahr ignoriert und versucht, Holgers berechtigten Argwohn kleinzureden und die anderen zu beruhigen. Holger hatte mit allem Recht behalten; durch seine eigene Leichtgläubigkeit hatte er den Freund in Gefahr gebracht. Wieder überkam ihn ein mulmiges Gefühl. Ob und wie Holger die fatale Situation wohl bewältigen würde?

Sascha sah auf die Uhr. Mittlerweile war es kurz vor um fünf. Für einen Moment erwog er, aufzustehen; es hatte ohnehin keinen Sinn, länger im Bett liegen zu bleiben. Aber er zwang sich zur Ruhe. Wie sähe es denn aus, wenn die Kripo früh morgens bei ihm auftauchen und er sie munter und komplett bekleidet empfangen würde? So, als hätte er sie schon erwartet. Sascha starrte an die Zimmerdecke und lauschte.

Kurz nach fünf Uhr klingelte es. Er holte tief Luft, zog sich den Bademantel über und lief zur Tür. Er ließ es ein weiteres Mal läuten. Dann wartete er drei Sekunden und fragte durch die Gegensprechanlage mürrisch und mit müder Stimme: „Ja bitte?"

Nach einem kurzen Knacken hörte er: „Kriminalpolizei. Herr Dr. Niermeyer, bitte öffnen Sie." Kurz darauf standen die Beamten in der Wohnung. Insgesamt waren es vier Personen. Hauptkommissar Bernholm zeigte seinen Dienstausweis. Er kam vom LKA, Abteilung Kunstfahndungsdienststelle. Schweigend wartete Sascha auf eine Erklärung, und diese kam umgehend.

„Gegen Sie liegt ein dringender Tatverdacht wegen Fälschung von Kunstwerken und Handel mit diesen vor."

„Wer kommt auf so eine Idee?"

„Sie haben Herrn Kai Wenderick ein Buch zum Kauf angeboten, in dem sich eine vermeintliche Picasso-Zeichnung befindet." Bernholm legte ihm den Kaufvertrag vor, der von ihm, Estrella und Wenderick unterschrieben war.

„Ja, das stimmt, aber wieso eine *vermeintliche* Picasso-Zeichnung?", gab Sascha sich verwundert.

„Herr Wenderick hat allen Grund zu der Annahme, dass es sich hierbei um einen Betrug handelt."

Entgeistert starrte Sascha den Kommissar an. „Das verstehe ich nicht!"

„Sie werden es gleich verstehen. Herr Wenderick bekam, nachdem er den Vertrag bereits unterschrieben hatte, Kenntnis davon, dass an dem beabsichtigten Verkauf außer Ihnen und der ihm bis dahin nur dem Namen nach bekannten Eigentümerin noch eine weitere Person interessiert ist. Bemerkenswert an der ganzen Angelegenheit ist die Tatsache, dass ihm sowohl die Eigentümerin des Buches als auch besagte dritte Person in unangenehmer Erinnerung sind. Beide hätten nach Aussage von Herrn Wenderick Grund genug, ihm nicht gerade wohlgesonnen zu sein."

„Inwiefern?" Sascha ahnte, was jetzt kommen würde.

Bernholm räusperte sich und erklärte: „Im Grunde genommen tut das nichts zur Sache. Aber zu Ihrem Verständnis nur so viel dazu: Wie Ihnen bekannt sein dürfte, arbeitete Frau Cardona bis vor ein paar Wochen als Reinigungskraft in der SüdBank; Herr Wenderick war ihr Vorgesetzter. Wegen ungebührlichen Verhaltens und erheblichen Unzulänglichkeiten in ihrer Arbeitsweise legte ihr Herr Wenderick eine Aufhebung des Arbeitsvertrages nahe." Über diese Frechheit bei der Darstellung des Sachverhaltes war Sascha sprachlos. „Das war Ihnen also nicht bekannt?" Er schüttelte verständnislos den Kopf, und Bernholm fuhr mit seiner Erläuterung fort. „Bei Herrn Norbert Lange sieht die Angelegenheit schon schwieriger aus."

Gespannt wartete Sascha darauf, welche Erklärung Wenderick in diesem Fall gefunden hatte. Aber es folgte weitestgehend die Geschichte, die ihm schon bekannt war. Es sei demnach zu befürchten, dass Herr Lange sich mit der misslichen Situation keineswegs zufriedengeben würde, sondern sich an dem Leiter der SüdBank anderweitig schadlos halten wolle. Eben durch den Verkauf einer teuren Fälschung.

Für ein paar Augenblicke starrte Sascha den Kommissar an. Schließlich gelang ihm die Frage: „Und was hat das alles mit Frau Cardona zu tun?"

„Die Kündigung war sicher nicht in ihrem Sinn. Möglicherweise fühlte sie sich ungerecht behandelt. Kurz und gut, beide hätten allen Grund, an Herrn Wenderick Vergeltung ausüben bzw. sich schadlos halten zu wollen. Mehr noch, warum sollte dann Frau Cardona, wenn sie denn tatsächlich im Besitz einer echten Picasso-Zeichnung wäre, diese ausgerechnet ihrem früheren Arbeitgeber verkaufen wollen?"

„Wollte sie ja nicht!", entgegnete Sascha spontan. „Sie hat sich bis zuletzt nachweislich gesträubt, die Zeichnung an die Kunsthalle der SüdBank zu verkaufen."

„Warum entschied sie sich dann doch dafür?"

Sascha zuckte mit den Schultern. Uta Rulands Namen wollte er in dem Zusammenhang nicht ins Gespräch bringen, deshalb meinte er vage: „Im Prinzip habe ich sie dazu überredet. Die Verkaufsabwicklung wäre in diesem Fall wesentlich unkomplizierter als bei einer Auktion. Eine Menge Formalitäten würden entfallen. Ein weiterer Grund war wohl auch, dass die Zeichnung in der Kunsthalle einem breiten Publikum zugängig wäre." Während Sascha sprach, schrieb der Kommissar ein paar Notizen in sein Heft. Dann legte er ihm ein Schriftstück vor.

„Wir möchten uns noch kurz in Ihrer Wohnung umschauen." Es war ein Durchsuchungsbeschluss. Sascha blieb nichts anderes übrig, als tatenlos mit anzusehen, wie Bernholm und seine Mitarbeiter Schubladen aufzogen, Schranktüren öffneten und den Inhalt von Kartons und weiterer Aufbewahrungsmöglichkeiten sichteten. In Saschas Kopf wirbelten die Gedanken.

„Darf ich fragen, was genau Sie bei mir suchen?"

„Fragen dürfen Sie immer", erwiderte Bernholm knapp, ließ Saschas Einwurf aber unbeantwortet im Raum stehen. „Halten Sie sich bitte für weitere Fragen zur Verfügung."

Grübelnd blieb Sascha zurück. Bis vorgestern Abend schien alles in bester Ordnung: Uta Ruland hatte ihn darüber informiert, dass der Kaufvertrag unterschrieben sei. Aber danach musste etwas geschehen sein, das Wenderick den Betrug vor Augen führte. Genau: vor Augen!

Es konnte nur so gewesen sein, dass er sie zusammen gesehen hatte: Estrella, ihn und Norbert.

Plötzlich kam ihm ein beunruhigender Gedanke.

Hatte Wenderick sie abends im Restaurant entdeckt, als sie gemeinsam feierten? Doch so einen blöden Zufall gab es nicht im wahren Leben. Und sie selbst konnten ihn nicht übersehen haben. Sowohl Sascha als auch Estrella hatten sich beim Eintreten in dem Restaurantbereich genau umgeschaut. Trotzdem ärgerte er sich im Nachhinein über ihre Sorglosigkeit. Warum hatten sie den Abend nicht einfach wieder in Holgers Wohnung verbracht? Aber nein, die Herrschaften, er eingeschlossen, mussten ja unbedingt fein ausgehen! Welch ein Leichtsinn in ihrer Situation.

Uta Ruland kam ihm in den Sinn. Gestern Vormittag in ihrem Dienstzimmer und auch später in der Cafeteria sah sie nicht gerade glücklich aus. Doch zu diesem Zeitpunkt wusste sie garantiert noch nichts von Wendericks Verdacht. Ihre Verwunderung darüber, dass Kai ihn nicht angerufen hatte, schien echt. Ganz offensichtlich glaubte sie, er wolle Sascha den Vertrag persönlich aushändigen. Und wie blöd war er, dass er ihm die Ausrede, es sei etwas dazwischengekommen, so ohne weiteres abgenommen hatte. Aber Kai Wenderick klang so normal, so wie immer. Oder wusste er zu diesem Zeitpunkt noch nicht von dem Betrug?

Sascha riss sich aus seinen Grübeleien. Ihm blieb nichts anderes übrig als zu hoffen, dass es Holger gelungen war, alle verräterischen Spuren zu beseitigen. Und er fragte sich, ob die Beamten eine Verbindung zu ihm sahen. Bislang war nur von Estrella und Norbert die Rede. Plötzlich durchfuhr es ihn siedend heiß: Sein Smartphone! Während der Wohnungsdurchsuchung hatte er es nicht bemerkt – wohl eher im Unterbewusstsein wahrgenommen. Einer der Ermittler hatte das Gerät untersucht und mit Sicherheit alle Verbindungen herausgelesen! Er musste also den eingehenden Anruf von Estrella gesehen haben und auch, dass Sascha mitten in der Nacht Holger anrief und versucht hatte, Norbert zu erreichen.

Über das Ausmaß seiner Leichtfertigkeit war er schockiert. Warum nur hatte er nicht alles sofort gelöscht!

Das Auftauchen der Kripo in der frühen Morgenstunde traf Norbert völlig unvorbereitet. Entsprechend entgeistert starrte er die Beamten an, die zeitgleich zur Durchsuchung von Saschas Wohnung bei ihm auftauchten. Der Leiter stellte sich als Mitarbeiter des LKA, Abteilung Betrugsdelikte vor. In dem Fall war Norbert froh darüber, dass Christa auch diese Nacht nicht in der gemeinsamen Wohnung war.

Ihm wurden die gleichen Fragen wie Sascha gestellt. Und er konnte sich absolut nicht vorstellen, was konkret geschehen war, nur so viel, dass Wenderick von dem Betrug wusste. Im Gegensatz zu seinem Freund wurde er nicht über den Anlass der Durchsuchung und die näheren Umstände aufgeklärt. Norbert versuchte, gelassen zu wirken. Letztendlich hatte er nichts zu verbergen. Aber ständig musste er an Estrella denken und war voller Sorge. Hatte Wenderick herausgefunden, dass sie die vermeintliche Eigentümerin war? Und wie kam die Kripo jetzt auf ihn?

Gleich nachdem sie anhand der Telefonnummer zuerst seinen Namen und dann die Adresse herausgefunden hatten, fuhren sie zu Holger Grafes Wohnung. Bernholm drängte zur Eile, sie durften keine Zeit verlieren. Ob er auf der richtigen Spur war, wusste er nicht. Aber es war eine Möglichkeit. Einen Durchsuchungsbeschluss hatten sie nicht. Noch nicht.

Bernholm schaute auf die Uhr. Mittlerweile war es Viertel vor sechs. Es ärgerte ihn, dass sie Dr. Niermeyer nicht zeitiger überrascht hatten. Endlich kamen sie am Wohnhaus an, stiegen eilig aus dem Wagen und liefen zu viert auf die Haustür zu. Die Wohnung lag im Hochparterre. Prüfend schaute Bernholm zu den Fenstern hinauf. Keines stand offen oder wies anderweitig auf die Anwesenheit des Mieters hin. Entschlossen drückte er auf die Klingel. Nichts rührte sich. Er ließ ein paar Sekunden verstreichen und versuchte es dann wieder. Wenn Herr Grafe unterwegs wäre, gäbe es zusätzlichen Klärungsbedarf. Nur einmal noch würde er läuten und dann … Kaum hatte Bernholm seinen Finger von der Klingel genommen, vernahm er ein Knacken.

„Hallo?", meldete sich eine verärgerte Stimme.

„Kriminalpolizei. Bitte öffnen Sie!" Gleich darauf hörten sie den Summton und traten ins Treppenhaus. An der Wohnungstür stand Holger Grafe in Schlafanzug und Morgenmantel. Das graue Haar war ungekämmt. Mit müden Augen schaute er den Beamten entgegen und ließ sie eintreten.

„Jetzt bin ich aber gespannt", entfuhr es ihm. Bernholm zeigte seinen Dienstausweis und legte in wenigen

Worten den Grund des frühmorgendlichen Besuches dar. Dann erklärte er, dass er in diesem Fall keinen Durchsuchungsbefehl habe, ihm, Holger Grafe, aber nahelege, sein Einverständnis zu einer eingehenden Wohnungsdurchsuchung zu geben. Es wäre nur eine Formsache, ein entsprechendes Schriftstück nachzureichen. Holger blieb nichts anderes übrig als zuzustimmen. Bernholm hatte die Maßnahme damit begründet, dass dies ein Fall von Gefahr im Verzug sei.

„Welche Gefahr sehen Sie denn in mir?"

Statt einer Antwort stellte Bernholm eine Gegenfrage, es waren nur zwei Worte: „Sie malen?"

„Wie kommen Sie darauf?" Wortlos wies Bernholm auf die zahlreichen Bilder, die an den Wänden hingen.

Mist, verdammter! Daran hatte er nicht gedacht. In Holgers Kopf überschlugen sich die Gedanken, fieberhaft suchte er nach einer plausiblen Erklärung.

Und Bernholm stellte zufrieden fest: „Sie sind alle mit H. Grafe signiert. Ihr Vorname ist doch Holger, nicht wahr?" Er hatte das Gefühl, dass der Boden unter ihm schwand und er in ein tiefes Loch fiele. Ja, am liebsten würde er im Erdboden versinken. Bernholm beobachtete ihn, lauernd wie eine Raubkatze kurz vor dem Sprung. Da kam Holger der rettende Gedanke.

„Meine verstorbene Frau hieß Hannah. Die Bilder sind alle von ihr." Einen Augenblick zu lang hatte er für diese Erklärung gebraucht. Zudem sprach seine entsetzte Miene wohl Bände. Als er Bernholms zweifelnden Blick auffing, beeilte er sich mit einer Begründung.

„Es fällt mir noch immer sehr schwer, darüber zu

sprechen." Der Kommissar nickte und schrieb etwas in ein Notizheft.

„Es tut mir leid, aber ich muss Sie fragen, wann Ihre Frau verstorben ist."

„Vor fast genau fünf Jahren." Dann trat Bernholm etwas näher an die Bilder heran und prüfte die Jahreszahlen, die hinter der Signatur standen. Unmerklich atmete Holger auf. Seit Hannahs Tod hatte er nicht wieder gemalt.

Die Durchsuchung der Wohnung dauerte über eine Stunde. In jedem Schrank schauten sie nach, ließen sich von ihm auch den Keller und Boden zeigen. Ein Beamter öffnete sogar die gusseiserne Tür des Kachelofens, der im Wohnzimmer stand, und griff hinein. Holger hatte ihn ewig nicht mehr benutzt.

„Wo steht ihr Auto?" Für einen Moment spürte Holger, wie ihm das Blut in den Beinen versackte. Er hatte nicht ernsthaft damit gerechnet, dass es jemand sehen wollte. Inständig hoffte er jetzt, dass keine Erdklumpen vom Spaten abgefallen waren. Das Gartengerät selbst hatte er auf dem Rückweg, als er durch eine Siedlung mit Einfamilienhäusern fuhr, kurzerhand an einem der Zäune abgelegt.

In Begleitung von Bernholm und den anderen Beamten lief Holger zu seinem Wagen, den er wieder an gleicher Stelle in der Seitenstraße geparkt hatte. Nach eingehender Durchsuchung des Wageninneren und insbesondere des Kofferraums schaute ein Mitarbeiter die Karosserie näher an.

Mit den Fingern fuhr er prüfend über den Lack und

stellte fest: „Hier unten ist der Wagen ziemlich verdreckt. Wann haben Sie ihn das letzte Mal benutzt?"

So gleichgültig wie möglich erwiderte er: „Oh, das ist schon ein paar Tage her. Ich muss ihn mal wieder zur Autowäsche bringen." Er hoffte, dass der Fahrtwind die frischen Verschmutzungen getrocknet hatte.

Nach ein paar bangen Augenblicken, die ihm endlos lang erschienen, meinte Hauptkommissar Bernholm dann: „Das wär's erst einmal. Halten Sie sich aber für weitere Fragen zur Verfügung." Holger atmete tief durch. Doch unvermittelt drehte sich Bernholm noch einmal um

„Eine Frage habe ich doch noch, Herr Grafe. Aus welchem Grund rief Herr Dr. Niermeyer sie in der Nacht an?" Natürlich. Sie hatten Saschas Smartphone untersucht und alle Anrufe gesehen. Nur dadurch waren sie auf ihn gekommen.

„Wann? Gestern?" Er versuchte, etwas Zeit zu gewinnen, und mit Sicherheit durchschaute Bernholm seine Taktik. Er sah Holger nur schweigend an. Wieder glaubte er diesen aufmerksamen, lauernden Blick zu erkennen.

„Ach das. Ja, wie soll ich's sagen? Herr Dr. Niermeyer ist ein alter Schulfreund von mir. Er hatte wieder einmal Probleme in einer Liebesangelegenheit und wollte einfach mit jemandem darüber sprechen." Jetzt hoffte er, dass Sascha Ähnliches ausgesagt hatte, sollten ihn die Beamten danach befragt haben. Wieder notierte Hauptkommissar Bernholm etwas und sah dann kurz auf.

„Danke. Das wär's. Für heute."

Sorgenvoll lief Holger zu seiner Wohnung zurück und

dachte an das gerade Erlebte: Er war erst seit einer halben Stunde von dem nächtlichen Ausflug zurückgekehrt, als es an der Wohnungstür klingelte. Zum Glück hatte er es vorher noch geschafft, seine erdverkrusteten Schuhe zu säubern und die verschwitzten Sachen in die Waschmaschine zu stecken. Zum Duschen blieb ihm keine Zeit, das musste er jetzt dringend nachholen.

Nicht auszudenken, wenn die Kripobeamten ihn unvermutet aufgesucht und die vielen Skizzen, die er zu der Zeichnung angefertigt hatte, bei ihm gefunden hätten. Sascha lag mit seiner dringenden Warnung genau richtig, er hatte nicht übertrieben. Die Sache wurde immer unangenehmer und bedrohlicher. Und obwohl sie alle mit einem Misslingen ihres gewagten Vorhabens rechnen mussten, fühlte Holger sich jetzt bei dessen Eintreten überrumpelt. Offensichtlich unterstellte Bernholm, dass er es war, der die Zeichnung angefertigt hatte. Und ihn würde es am härtesten treffen, wenn der Betrug herauskäme. Als eine halbe Stunde später sein Handy klingelte, schrak er auf.

„Bist du allein?“

„Ja, unterdessen wieder.“

Sascha sprach nur einen Satz, es war der Gleiche, den er eine Minute zuvor zu Estrella und danach zu Norbert gesagt hatte: „Wir treffen uns um zehn im Kundenrestaurant vom Galeria-Kaufhof.“

Befürchtungen

Kurz vor neun Uhr saß Uta Ruland hinter ihrem Schreibtisch und versuchte, sich zu konzentrieren. Ein energisches Klopfen riss sie aus ihren Gedanken. Ohne auf ihr „Herein" zu warten, stürmte Sascha in ihr Dienstzimmer und nahm ohne Aufforderung Platz.

„Uta, ich bin fassungslos! Nicht genug, dass mich Kai mit dem Kaufvertrag belogen hat! Er will ihn gar nicht mit mir abschließen, sondern hat jetzt das LKA auf mich gehetzt. Heute Morgen um fünf Uhr bekam ich unerwünschten Besuch." In kurzen Worten schilderte er das Vorgefallene.

Uta Ruland schien ehrlich entsetzt. „Ich weiß wirklich nicht, was in ihm vorgeht. Seit vorgestern Abend habe ich ihn nicht mehr gesprochen." Sascha sah sie eindringlich an. Aber sie schien ebenso ratlos und beunruhigt wie er zu sein.

Mit einem Blick auf die Uhr meinte er dann: „Ich muss leider gleich wieder los. Sehen wir uns vielleicht heute Nachmittag? Kurz vor um fünf könnte ich bei dir vorbeischauen."

Nachdem Sascha gegangen war, blieb sie einen Moment gedankenverloren sitzen. Dann griff sie zum Telefon. Doch Kai meldete sich nicht, sein Handy war ausgeschaltet. Kurzentschlossen wählte sie die Dienstnummer, um nach ein paar Augenblicken von der Sekretärin zu erfahren, dass er nicht in seinem Büro sei. Mit der Dame verstand sie sich nicht besonders gut, und so erfuhr sie keine weiteren Details.

Kai Wenderick hatte sich für diesen Vormittag bei seiner Sekretärin abgemeldet und ihr nur knapp mitgeteilt, dass er heute freinähme. Rechenschaft musste er niemandem gegenüber ablegen, auch nicht vor seiner Frau. Sie hatte gestern, als er spätabends heimkam, nur lakonisch festgestellt: „Na, so richtig gut siehst du nicht aus. Habt ihr bei eurem Arbeitsessen wieder mal einen über den Durst getrunken?" Kai hatte mürrisch etwas erwidert und sich dann im Badespiegel betrachtet. Er sah blass aus und der Kopf schmerzte. „Bist du gestürzt?" Aber Kai winkte nur gereizt ab, duschte und ging zu Bett. Im Liegen fühlte er sich nicht besser, im Gegenteil: Vor seinen Augen drehte sich der Raum und im Kopf kreisten die Gedanken. Was war passiert?

Als er am Boden auf ihr lag, spürte er plötzlich diesen dumpfen Schmerz und hatte wohl kurzzeitig das Bewusstsein verloren. Jedenfalls wurde ihm schwarz vor Augen. Als er wieder zu sich kam, war sie weg, auf unerklärliche Weise entkommen. Mühsam hatte er versucht, wieder auf die Beine zu kommen. Verunsichert und mit weichen Knien lief er dann den dunklen Weg zurück bis zur Kreuzung. Aber für den Zeitraum davor fehlte ihm ein Stück Erinnerung.

Irgendwann in der Nacht war er eingeschlafen aber kurz darauf gleich wieder hochgeschreckt. Ein beunruhigender Gedanke schoss ihm durch den Kopf. Hatte ihn jemand von hinten niedergeschlagen? Gab es einen Zeugen? Völlig gerädert wachte er am Morgen auf. „Hast du eine Gehirnerschütterung?", fragte seine Frau besorgt. Und er erwiderte ungehalten: „Lass mich doch einfach mal in Ruhe!" Schulterzuckend räumte sie daraufhin das Frühstück weg, verabschiedete sich und fuhr zur Arbeit ins Büro.

Nachdem sie die Wohnung verlassen hatte, rief er seine Sekretärin an und meldete sich für heute ab. Dann schaltete er sein Handy aus und legte sich auf die Couch. Er hoffte, dass die Kopfschmerzen irgendwann nachließen und er den Termin um fünfzehn Uhr bei Hauptkommissar Bernholm wahrnehmen konnte. Vorsichtshalber nahm er eine weitere Schmerztablette. Er versuchte zu schlafen, doch es gelang ihm nicht. Stattdessen dachte er an den Abend bei Uta. So hatte alles begonnen und die ganze Sache ins Rollen gebracht. Ob sie etwas bemerkt hatte?

Es war schon spät, als sie ihn vorgestern fragte: „Was hast du deiner Frau diesmal erzählt?" Er hatte nur gegrinst. „Na was schon. Das übliche eben, ein Arbeitssessen mit wichtigen Geschäftspartnern. Das hat bisher immer geklappt." Uta hatte die Stirn gerunzelt. „Du lügst mir zu perfekt, Kai, und das macht mir Angst." Sein Grinsen wurde breiter, und er griff nach ihr: „Du hast Angst vor mir …?" Später, als sie aus dem Bad zurückkam, stand er vollständig angekleidet vor ihr und hatte ohne weitere Erklärungen gefordert: „Gib mir mal das zweite Exemplar des Kaufvertrages zurück." Verständnislos hatte sie ihn angeschaut. „Aber warum? Ich habe Sascha versprochen, dass er den unterschriebenen Vertrag morgen Vormittag bei mir abholen kann." Daraufhin hatte er ungehaltener als beabsichtigt reagiert. „Gib ihn mir einfach. Ist doch egal, von wem er ihn bekommt.

Ich rufe ihn morgen früh an und sage, dass ich ihm das Exemplar persönlich überreichen möchte."

Der Abend war für beide gelaufen. Übereilt und mit einem flüchtigen Kuss hatte er sich von ihr verabschiedet.

Jetzt im Nachhinein fragte er sich, ob er sich nicht hätte diplomatischer und feinfühliger ihr gegenüber verhalten sollen.

Mit einem leisen Stöhnen erhob sich Kai Wenderick von der Couch und goss sich in der Küche einen Tee auf. Vorsichtig betastete er den Hinterkopf und war sich nunmehr sicher, dass er einen Schlag abbekommen hatte. Zum Glück war es keine Platzwunde. Für einen Moment erwog er, vorsichtshalber seinen Hausarzt zu konsultieren. Aber dies würde nur unerwünschte Fragen nach dem wie und wann es passiert sei nach sich ziehen. Er versuchte, den Schmerz mit einem kühlen Umschlag zu lindern. Dann dachte er wieder an den gestrigen Tag.

Uta und er hatten nicht wie sonst miteinander telefoniert. Mit Sicherheit hatte sie ihm sein brüskes Benehmen in der Nacht zuvor übelgenommen. Doch er hatte ohnehin anderes im Sinn.

Gleich am Morgen hatte er zwei Dinge erledigt: Als erstes rief er beim LKA an. „Ja, es ist dringend. Ich möchte für heute Vormittag einen Termin bei dem zuständigen Kommissariat des Sachgebietes Kunstdelikte. Ja, elf Uhr ist mir recht." Sein nächster Gang führte ihn zum Chef der Personalabteilung. „Du musst mir helfen. Ich brauch mal die Adresse von der spanischen Reinigungskraft, die vor ein paar Wochen bei uns gekündigt hatte." Dieser murrte: „Privatadressen gebe ich ungern raus, Kai. Aber ist die Sache von damals denn nicht schon längst geklärt?" Ungehalten hatte er daraufhin erklärt: „Doch, aber diesmal geht es um ein Betrugsdelikt. Ich habe nachher einen Termin beim LKA." Der Personalchef wiegte nachdenklich den Kopf und schien dann zu einem Entschluss zu kommen. „Verstehe, aber ich muss jetzt gleich zu einer Besprechung. Ich überlasse dir meinen Rechner. Mit dem Programm zur Personalverwaltung kennst du dich ja aus. Cardona war ihr Name, nicht wahr? Estrella Cardona. Schließt du nachher bitte das Zimmer ab?" Den Namen hätte er nicht gewusst.

Kai trank von dem Tee und verzog das Gesicht. Er war noch zu heiß und ohnehin nicht sein Geschmack. Zumindest hatten seine Kopfschmerzen ein wenig nachgelassen. Trotzdem nahm er sich vor, heute kürzer zu treten. Er schaute auf die Uhr.

Gestern um diese Zeit hatte er sich im LKA in der Abteilung für Kunstdelikte gemeldet. Wenig später wurde er in ein Zimmer gebeten und saß gleich darauf einem Beamten mittleren Alters gegenüber, es war Hauptkommissar Bernholm. Selbstsicher und wortgewandt trug Kai Wenderick sein Anliegen vor. „Ich habe den begründeten Verdacht, dass ich bei dem beabsichtigten Kauf einer noch unbekannten Picasso-Zeichnung hereingelegt werden soll. Mit anderen Worten: Man will mir eine Fälschung verkaufen." Dann schilderte er den bisherigen Hergang des Geschehens und den Grund für seinen Verdacht. Als er mit dem Bericht geendet hatte, sah er den Kommissar mit offenem Blick und einem verlegenen Lächeln an. „Sie verstehen sicher, dass mein Verdacht vorerst sehr diskret behandelt werden soll. Immerhin ist eine gute Bekannte von mir, Frau Dr. Ruland, darin involviert. Sie weiß nichts von den Problemen, die die SüdBank mit Frau Cardona und Herrn Lange hatte und hat mir die Zeichnung nach bestem Wissen und Gewissen vermittelt." Während er aussagte, hatte Hauptkommissar Bernholm kurze Anmerkungen in sein Notizbuch geschrieben. „Durch wen wurde Frau Ruland auf die Zeichnung aufmerksam?", wollte er wissen. „Durch Herrn Dr. Alexander Niermeyer." Auch die nächste Frage, wo sich das Buch mit der Zeichnung jetzt befand, konnte er umgehend beantworten. „Es liegt noch bei Herrn Dr. Landner in dessen Tresor." Mit einem Handschlag und der Zusage, dass er sich um die Angelegenheit persönlich kümmern werde, hatte ihn der Kommissar daraufhin verabschiedet.

Kai Wenderick erhob sich schwerfällig von der Couch und brachte sein Geschirr in die Küche zurück. Er hätte es gestern bei der Anzeige belassen sollen. Abends der Überfall auf die Cardona war eindeutig ein Fehler, das erkannte er jetzt. Nicht zum ersten und wohl auch nicht zum letzten Mal musste er sich eingestehen, dass er mitunter zu impulsiv reagierte und es ihm schwerfiel, seinen Jähzorn in den Griff zu bekommen. Aber diesmal könnte es ihm zum Verhängnis werden. Was würde geschehen, wenn es einen Zeugen gäbe und die Katalanin ihn wegen versuchter Vergewaltigung anzeigte? Estrella Cardona war für ihn in jeder Hinsicht und vor allem auch sexuell die reinste Provokation.

Auf seinem Weg zum Kundenrestaurant hatte Sascha einige Umwege gewählt, um sicher zu sein, dass ihm niemand gefolgt war. Trotzdem schaute er sich vorsichtig um, bevor er auf den Tisch zuging, an dem Holger schon saß. Die Freunde begrüßten sich kurz, dann holte Sascha zwei Tassen Kaffee. Während er an der Kasse stand und zahlte, sah er Norbert das Restaurant betreten. Wenig später saßen sie zu dritt am Tisch, die Blicke auf den Eingangsbereich gerichtet.

„Wo nur Estrella bleibt?" Norbert zeigte sich sichtlich beunruhigt.

„Sie wird schon noch kommen. Ich habe sie heute Morgen auf dem Handy angerufen. Und was genau passiert ist, wird sie uns dann ja selbst erzählen."

„Aber ich verstehe trotzdem nicht, wieso Wenderick auf einmal Wind von der Sache bekommen hat."

Sascha äußerte seine Vermutung. „Es kann nur so gewesen sein, dass er uns gemeinsam vorgestern Abend im Restaurant gesehen und Nobbe und Estrella wiedererkannt hat."

„Aber dann hätten wir ihn doch auch bemerkt!", wandte Norbert ein. „Ich habe die ganze Zeit die Augen offengehalten und einen Blick auf die Gäste geworfen."

„Nun, ich nicht", gestand Sascha. „Der Wein, das exzellente Essen, die gute Stimmung, und außerdem saß ich mit dem Rücken zum Gastraum ..."

Holger unterbrach ihn: „Das hilft uns jetzt auch nicht weiter. Jedenfalls können wir uns den Verkauf der Zeichnung definitiv abschminken. Selbst wenn die Kripo nichts finden sollte, würde uns Wenderick die Zeichnung nie und nimmer abkaufen wollen. Im Augenblick geht es nur noch darum, unbeschadet aus der Sache rauszukommen. Und wann kommt endlich Estrella?"

Aber in diesem Augenblick eilte sie am Kassenbereich vorbei und auf die Freunde zu.

„Gott sei Dank!", seufzte Norbert erleichtert und schloss sie in die Arme.

Sascha ging noch einmal in den Selbstbedienungsbereich, um Getränke zu holen. Wieder glitt sein Blick in alle Richtungen, doch außer ein paar älteren Damen, die zwischen ihren Einkäufen pausierten, sah er keine weiteren Kunden.

„Jetzt erzähl aber mal, was genau passiert ist", forderte er Estrella auf, als er mit dem Kaffee zurückkam. Und sie begann stockend von dem Vorgefallenen zu berichten. Fassungslos hörten ihr die Freunde zu.

„Wenderick hat wahrscheinlich bei der U-Bahn-Station gewartet und ist dir von dort aus in den Park gefolgt. Ach, Estrella, hättest du doch den Weg an der belebten Straße genommen", klagte Norbert.

„Immerhin hatte es auch sein Gutes", unterbrach Sascha das Lamento seines Freundes.

„Und was, bitte schön, sollte das denn gewesen sein?"

„Hätte Wenderick sie nicht erwischt, wüssten wir nichts von seiner Anzeige. Er hat Estrella in seiner Wut unbeabsichtigt gewarnt. Und sie konnte *uns* warnen."

„Du willst doch nicht etwa behaupten, dass alles prima gelaufen ist?", regte Norbert sich auf.

Estrella beendete die Diskussion. „Sascha hat Recht. Und außerdem ist mir ja nichts passiert."

„Nur weil du riesiges Glück hattest und die Joggerin zufällig in der Nähe war. Aber der Kerl kennt jetzt bestimmt deine Adresse."

„Ja, ich habe mich nicht mehr in die Wohnung getraut. Deshalb habe ich in dem Hotel übernachtet."

„Mensch, hätte ich dich doch gestern Abend begleitet", fing Norbert wieder an und erntete von Sascha einen strengen Blick. Estrella saß mit dunklen Augenringen und fröstelnd am Tisch. So verletzlich hatten sie die temperamentvolle und meist gutgelaunte Katalanin nie zuvor gesehen. Sie trug eine Bluse, die ein wenig zu eng schien. Um die Schultern hatte sie eine Jacke gelegt. Wie ein Vogel mit hängenden Flügeln sitzt sie da, waren Saschas Gedanken.

„Du wirst ihn doch hoffentlich anzeigen, Estrella. Immerhin gibt es diesmal eine Zeugin. Hast du ihre Adresse?" Sie schüttelte den Kopf. Für ein paar Augenblicke hingen alle ihren Gedanken nach.

„Jetzt erzähl du mal, wie es bei dir gelaufen ist, Holle", unterbrach Sascha das bedrückende Schweigen.

Und Holger berichtete von seinem nächtlichen Ausflug. „Die Skizzen und Zeichenutensilien hätte ich gleich entsorgen müssen. Aber hinterher ist man bekanntlich immer schlauer", schloss er seine Schilderung.

Sascha fasste die wesentlichen Punkte der unheilvollen Situation zusammen: „Fakt Eins ist, Wenderick hat von dem Betrug Wind bekommen und uns das LKA auf den Hals gehetzt. Wir stehen also unter Verdacht und können jederzeit wieder vernommen werden. Fakt Zwei: Wir wissen nicht, wodurch er es gemerkt hat. Wir können nur vermuten, dass er uns im Restaurant gesehen hat. Und Fakt Drei: Er kennt Estrellas Adresse. Sie kann vorerst also nicht wieder in ihre Wohnung zurück. Zumindest nicht allein. Da fällt mir ein: Mit Sicherheit war die Kripo heute früh auch bei dir, Estrella, und hat dich natürlich nicht angetroffen. Gleich nach unserem Gespräch hier solltest du dich mit diesem Kommissar Bernholm in Verbindung setzen. Du brauchst eine Begründung, warum du nicht zu Hause übernachtet hast. Sag am besten die Wahrheit und erzähle, dass du im Park überfallen worden bist und nicht gewagt hast, nach Hause zu gehen. Natürlich nur, wenn du ausdrücklich danach gefragt wirst." Sascha sah, dass Estrella ihm gedanklich nicht folgte. Vorsichtig fragte er: „Traust du dir zu, alleine zum Kommissariat zu gehen, oder soll ich dich begleiten? Norbert muss sich da vorerst raushalten."

„Warum?", wollte er wissen.

„Frag nicht so blöd. Du bist verheiratet, das würde die Situation nur verkomplizieren. Rein theoretisch kennt ihr euch ja gar nicht. Und wenn, dann nur durch mich."

Norbert lachte laut auf. „Umgekehrt, mein Freund. Ohne mich hättest du Estrella nie kennengelernt!"

„Das spielt doch jetzt überhaupt keine Rolle! Noch einmal zu meiner Frage, Estrella: Soll ich mit ins Kommissariat kommen?"

Doch sie entgegnete entschieden: „Keiner geht mit, ich schaffe das alleine." Mit diesen Worten stand sie auf und verließ die Runde.

„Na hoffentlich versemmelt sie's nicht", war Saschas und auch Holgers Sorge. Norbert sagte nichts dazu.

Nachdem ihm der Beamte vom LKA den Dienstauswcis gezeigt hatte, führte Landner ihn ohne weitere Fragen in seine Archivräume und öffnete den Tresor.

„Das Buch ist vorläufig beschlagnahmt. Ich nehme es mit." Für Carsten Landner war diese neuerliche Entwicklung nur folgerichtig. Im Prinzip hatte er schon seit gestern mit der Kripo gerechnet.

Der Beamte quittierte den Empfang des Buches und ging. Für einen Augenblick erwog Landner, Uta Ruland anzurufen. Aber dann verwarf er die Idee. Mit Sicherheit würde sie sich bald von sich aus melden. Er dachte wieder an den merkwürdigen Zufall von vorgestern Abend im Restaurant.

Unbemerkt von Dr. Niermeyer und Frau Cardona hatte er an einem der Nachbartische gesessen, während sie und zwei weitere Personen offensichtlich die Unterzeichnung des Kaufvertrages feierten. Und irgendetwas an der Stimmung hatte sein Misstrauen bestätigt. Wahrscheinlich lag es daran, dass über der Fröhlichkeit der Runde etwas Konspiratives, ein kaum verhohlener Triumph lag. In einem günstigen Augenblick hatte er sie heimlich mit dem Smartphone fotografiert. Auf die konsternierte Frage seiner Begleitung „Macht man denn sowas?", hatte er nur grimmig „In diesem Fall schon" geantwortet, aber keine weitere Erklärung gegeben.

Von alledem hatten die vier am Nachbartisch nichts bemerkt; sie waren mit sich, ihrem vermeintlichen Erfolg und dem Hauptgang ihres Menüs beschäftigt.

Das Erscheinen des Kriminalbeamten war für Landner Beweis genug, dass mit der Zeichnung etwas nicht stimmte. Ungeachtet der Enttäuschung, die Uta Ruland ob der entgangenen Neuentdeckung erleben mochte, empfand Landner eine Art Genugtuung, genauer gesagt sogar Schadenfreude. Weder der eloquente Dr. Niermeyer noch die extrovertierte Spanierin waren ihm sonderlich sympathisch. Landner hoffte nun, dass die Beamten vom LKA den Fall bald aufklärten. Wieder eine Fälschung, die aufflog. Ihm konnte es nur recht sein.

Trotz des warmen Sommertages fröstelte Estrella, und das erst recht, seit sie das Gebäude des Landeskriminalamtes betreten hatte. Es dauerte eine Weile, bis ein Mitarbeiter sie zur zentralen Koordinierungsstelle für Betrugsdelikte führte und bei Hauptkriminalkommissar Bernholm anmeldete. Dort musste sie nicht lange warten. Offensichtlich hatte man mit ihrem Erscheinen gerechnet. Der Kommissar erhob sich und begrüßte sie höflich. Dabei entging ihm nicht, dass ihre Hand eiskalt war. Während er ihr einen Platz anbot, beobachtete er sie aufmerksam. Sie wirkte nervös und beunruhigt. Die dunklen Schatten unter ihren Augen waren nicht zu übersehen. Ebenso wie er selbst, hatte auch sie eine zu kurze Nacht hinter sich.

„Gut, dass Sie von sich aus gekommen sind", leitete er die Vernehmung in verbindlichem Ton ein. „Durch wen wurden Sie informiert, dass wir Sie heute in den Morgenstunden erfolglos zu Hause aufsuchten?"

Estrella nahm all ihre Energie zusammen und straffte die Schultern. „Darüber wurde ich nicht informiert. Aber

Herr Dr. Niermeyer, er sagte, dass die Polizei bei ihm zu Hause war wegen der Zeichnung von Picasso. Ich kann mir also denken, dass Sie auch mit mir sprechen wollen."
Den Grund ihrer Abwesenheit nannte sie nicht, und Bernholm fragte nicht danach. Stattdessen wollte er wissen, woher sie Kai Wenderick kannte.

„Ich hatte in der SüdBank gearbeitet. Er ist der Chef von der Bank."

„Aus welchem Grund hatten Sie ihre Stelle von sich aus gekündigt?"

Klar, darüber war er bereits informiert. Jetzt musste sie darauf achten, so nah wie möglich bei der Wahrheit zu bleiben, ohne konkrete Details preiszugeben. Sie suchte nach passenden Worten, um den Vorfall zu umschreiben. Letztendlich kam ihr der Umstand entgegen, dass Deutsch nicht ihre Muttersprache war und Bernholm somit keine spontanen Antworten erwarten konnte. Sie sprach absichtlich fehlerhafter als sonst und betonte ihren Akzent.

„Wie soll ich sagen: ich fühlte mich zum Schluss irgendwie ... belästigt." Das stimmte, und sicher war dieser Umstand in der Personalabteilung der SüdBank aktenkundig. Estrella wusste nicht, dass ihr Kündigungsgrund dort wesentlich nüchterner formuliert wurde: *In beiderseitigem Interesse* ... stand in ihren Unterlagen. Kommissar Bernholm überging diesen Punkt.

„Wann erfuhren Sie, dass ihre Großmutter im Besitz einer vermeintlichen Picasso-Zeichnung sei?"

„Das war vor ungefähr drei Jahren, als sie umgezogen ist in eine Seniorenresidenz. Sie erzählte die Geschichte von ihrer Mutter – meiner Urgroßmutter. Sie hat, als sie ein junges Mädchen war, einen Maler kennengelernt. Dann gab mir die Großmutter das Buch mit der Zeichnung von Picasso."

Hauptkommissar Bernholm kannte derlei Storys und Legenden. Trotzdem ließ er sich die familiären Verhältnisse detailliert schildern. „Sicher können sie die Geburtsdaten urkundlich belegen?"

„Ja, aber Urkunden sind in Barcelona."

„Nach Ihrer und Herrn Wendericks Aussage sind Sie damals nicht im besten Einvernehmen auseinandergegangen. Warum also haben Sie dann ausgerechnet ihm die Zeichnung zum Kauf angeboten?" Auf diese Frage war sie vorbereitet und nannte genau jene Umstände und Begründungen, die Sascha ihm geschildert hatte. Mit unergründlicher Miene schrieb Bernholm etwas in sein Notizbuch.

„Wie Sie sich denken können, werden wir das Buch mit der Zeichnung kriminaltechnisch untersuchen lassen." Sie nickte nur und schloss daraus, dass es demnach nicht mehr bei Landner im Tresor lag.

„Woher kennen Sie Herrn Lange?" Estrella überlegte einen Augenblick lang, wen er meinte. „Ich spreche von Herrn Norbert Lange", half er weiter.

„Ach so, er ist ein Schulfreund von Herrn Niermeyer. Er und noch ein anderer Freund, wir waren zusammen essen."

„Gab es hierfür einen besonderen Anlass?"

„Nein, Herr Niermeyer wollte sich mit den Freunden treffen und hat mich mit eingeladen zum Essen."

Dann wollte Bernholm wissen, woher sie und Herr Dr. Niermeyer sich kannten. Da sich ihre Aussage mit der von Sascha deckte, hatte er vorerst keine weiteren Fragen mehr.

Erleichtert verließ sie wenig später das Gebäude des Landeskriminalamtes. Nach ihrem Empfinden lief die Vernehmung besser als befürchtet, aber die Aussicht auf eine kriminaltechnische Untersuchung der Zeichnung beunruhigte sie.

Nachdem Estrella gegangen war, griff Bernholm zum Telefon. Ein paar Minuten später betrat ein jüngerer Kollege das Zimmer.

Der Hauptkommissar holte das Buch mit der Zeichnung hervor. „Ich brauche mal deinen fachmännischen Rat", bat er und schilderte in knappen Worten die Verdachtsmomente für einen möglichen Betrug. Während Bernholm sprach, betrachtete der andere aufmerksam das Bild. Dabei richtete er sein Augenmerk vor allem auf die Linienführungen.

„Auf die Schnelle kann ich mir natürlich kein Urteil bilden. Dass die Zeichnung gekonnt ausgeführt wurde, steht außer Frage. Aber ob sie wirklich von Picasso ist? Das Sujet spricht dafür. Auch das Alter des Papiers ist stimmig. Hinzu kommen die perfekte Linienführung und die plausible Provenienz, die aber, so wie ich dich verstanden habe, von dem potenziellen Käufer angezweifelt wird. Das generelle Problem bei Zeichnungen ist, dass man anders als bei Gemälden, nur schwer oder gar nicht nachweisen kann, ob es sich nicht doch um eine Fälschung handelt. Wie gesagt, für ein zuverlässiges Urteil müsste das Werk genauer untersucht werden."

Bernholm nickte und fügte ergänzend hinzu: „Meiner Ansicht nach kommt es in diesem speziellen Fall beim Nachweis der Provenienz auf die Glaubwürdigkeit der Urenkelin, Frau Cardona, an. Und diese wiederum erscheint bei Herrn Wendericks Schilderung in sehr zweifelhaftem Licht. Diese Tatsache und der Umstand, dass auch noch ein enttäuschter Kunde der SüdBank in Herrn Niermeyers und Frau Cardonas Gesellschaft gesehen wurde, sprechen meiner Ansicht nach für einen geplanten Betrug. Es fällt schwer, hierbei an einen Zufall zu glauben."

Kai Wenderick

Er hatte seinen Wagen in der Nähe des LKA-Gebäudes geparkt. Noch immer spürte er den Schmerz und die Schwellung am Hinterkopf. Aber jetzt musste er sich erst einmal auf das bevorstehende Gespräch mit dem Kommissar konzentrieren. Für Wenderick stand außer Zweifel, dass Estrella Cardona und Norbert Lange ihn hereinlegen, ihm schaden wollten. Und fast wäre er darauf hereingefallen. Wieder spürte er eine Welle dumpfen Hasses und blinder Wut in sich aufsteigen. Er zwang sich, ein paar Augenblicke reglos im Auto sitzenzubleiben. So aufgebracht konnte er nicht zum Gespräch bei Hauptkommissar Bernholm erscheinen. Kai Wenderick atmete ein paarmal tief durch. Als sein Pulsschlag sich wieder normalisiert hatte, stieg er aus dem Wagen.

Etwas schrotter als beabsichtigt fiel sein Ton bei der Anmeldung aus. Entsprechend rüde kam dann die Aufforderung „Nehmen Sie Platz!"

Kai Wenderick wartete. Er wartete zehn Minuten, fünfzehn, fast eine halbe Stunde. Dann platzte ihm der Kragen. In dem Moment, als er sich erhob, um seinem Ärger Luft zu machen, kam ein Beamter aus Bernholms Dienstzimmer. In den Händen trug er einen flachen Karton. Erst später kam Wenderick der Gedanke, dass darin womöglich das Buch mit der umstrittenen Zeichnung lag.

Hauptkommissar Bernholm bat ihn herein. „Nehmen Sie bitte Platz, Herr Wenderick. Die Zeichnung wird kriminaltechnisch untersucht. Die Ermittlungen laufen."

„Gut, dann kann ich also mit einem baldigen Ergebnis rechnen?"

Bernholm hielt sich bedeckt. „Ich kann nichts versprechen. Aber vorerst gibt es aus meiner Sicht noch weiteren Klärungsbedarf. Zwischen Ihrer Aussage und der von Frau Cardona gibt es eine Diskrepanz. Anders als Sie den Grund ihrer Kündigung geschildert haben, sprach sie davon …" er schaute auf seine Notizen: „… dass sie sich zum Schluss irgendwie belästigt fühlte."

„Ja, ja, das ist mir völlig klar, dass sie es so dreht", entgegnete Wenderick ungehalten. „Aber wenn Sie in ihre Personalakte schauen, finden Sie dort auch den Eintrag, dass die Kündigung in beiderseitigem Interesse und auf Grund mangelnder Sorgfalt der Arbeitnehmerin erfolgte."

„Ich habe es gelesen", gab Bernholm knapp zurück.

„Dann sehen Sie also, dass sie lügt. Bestenfalls kann ihre Falschaussage als Mangel an Sprachkenntnissen ausgelegt werden. Für mich ist diese Person einfach unglaubwürdig und ihre neuerliche Lüge Beweis genug, dass sie mir eine Fälschung unterjubeln will."

„Ich verstehe Ihre Bedenken, Herr Wenderick, aber letztendlich ist das Ergebnis der kriminaltechnischen Untersuchung ausschlaggebend und nicht Ihre persönliche Beziehung zu Frau Cardona und Herrn Lange. Auch wenn es sich zugegebenermaßen um einen merkwürdigen Zufall handelt, dass Sie mit beiden Personen Unannehmlichkeiten verbinden und zudem beide miteinander bekannt sind."

„Das kann kein Zufall sein. Oder glauben Sie an solch

wunderliche Fügungen?", erwiderte Wenderick scharf.

Bernholm überging die Impertinenz und fuhr betont sachlich fort: „Zu Ihrem Verständnis kann ich Ihnen erklären, wie es zu dieser Konstellation kam."

„Da bin ich aber gespannt."

„Herr Norbert Lange ist ein ehemaliger Schulfreund von Herrn Dr. Niermeyer. Er und Frau Cardona kannten sich vorher nicht."

Verständnislos starrte er den Kommissar an. „Und das glauben Sie?"

„Das alles muss ich Ihnen nicht erzählen. Ich dachte eigentlich, dass dieser Umstand Sie vielleicht etwas beruhigen würde. Aber ich sehe, das Gegenteil ist der Fall. Noch eine letzte Bemerkung: Frau Cardona war es nicht, die das Bild an die Kunsthalle der SüdBank verkaufen wollte."

„Ach? Was hat sie denn dazu bewogen, mir das Bild andrehen zu wollen?"

„Sie selbst hatten Herrn Niermeyer gegenüber Ihr Interesse an der Zeichnung bekundet, und er hatte daraufhin Frau Cardona überredet, Ihnen die Zeichnung zu verkaufen."

„Aus Mitgefühl und Verständnis hat sie sich also für mich entschieden? Mir kommen gleich die Tränen."

Bernholm unterdrückte ein Grinsen. „Ganz so ist es nicht. Eigentlich überhaupt nicht. Frau Cardona haben ganz andere Gründe dazu bewogen, sich letztendlich für die Kunsthalle, ich betone für die *Kunsthalle*, nicht für *Sie*, zu entscheiden." Er schob die Unterlagen zusammen, ein untrügliches Zeichen, dass die Unterredung beendet war.

Als er aufschaute, fing er Kai Wendericks Blick auf. „Ja? Sie haben noch eine Frage?"

„Allerdings. Was geschieht eigentlich, wenn durch die Expertenuntersuchung wider Erwarten keine Auffälligkeiten an der Zeichnung festgestellt werden?"

„Der Fall wird ad acta gelegt."

Mit dieser Aussicht schien Wenderick nicht zufrieden.

„Und was ist mit den Indizien, die auf eine vorsätzliche Täuschung hinweisen?"

„Ihre Aussage nehmen wir natürlich sehr ernst."

„Natürlich", kam es in sarkastischem Ton zurück.

„Bis zum Ergebnis der kriminaltechnischen Untersuchung beobachten wir die Aktivitäten besagter Personen. Aber wenn sich aus unserer Sicht kein dringender Verdacht auf einen wissentlichen Betrug ergeben sollte, ist der Fall für uns erledigt."

Bernholm hatte sich erhoben und begleitete Wenderick zur Tür. Und dieser verließ konsterniert das Polizeigebäude. Die ganze Angelegenheit lief nicht nach seinen Vorstellungen. Er glaubte keinen Augenblick daran, dass er sich so täuschte und es sich um eine echte Picasso-Zeichnung handelte. Nein, alle Anzeichen sprachen dagegen. Verärgert lief er zum Wagen und stieg ein. Dann sah er Utas entgangene Anrufe. Zweimal hatte sie versucht, ihn zu erreichen.

„Du wolltest mich sprechen?", meldete er sich kurzangebunden.

„Ja. Schaffst du es, kurz vor um fünf bei mir im Institut zu sein?"

„Das wird knapp. Aber okay, ich werde es versuchen."

Uta Ruland atmete tief durch. Genau zu dieser Zeit würde auch Sascha kommen.

Als es kurz vor siebzehn Uhr an der Tür klopfte, ging ihr Puls etwas schneller. Sascha betrat den Raum.

„Nimm bitte Platz. Ich hoffe, dass Kai auch gleich hier sein wird. Dann soll er uns mal erklären, wie es zu der Anzeige kam." Und wieder fiel Sascha auf, wie angespannt und besorgt sie war. Aber er hatte keine Gelegenheit, darüber nachzudenken, denn fast im gleichen Augenblick stürmte Kai Wenderick herein. Für einen winzigen Moment stutzte er, als er Sascha sah.

„Das trifft sich gut, mit dir wollte ich nämlich auch reden. Warum hast du mir nicht gleich gesagt, dass Frau Cardona die Besitzerin der Zeichnung ist?"

Sascha entgegnete knapp: „Der Name Cardona ist mehr als einmal gefallen. Also, wo ist das Problem?"

Ungerührt fuhr Wenderick fort: „Dann hätten wir uns das ganze Prozedere nämlich sparen können. Inwiefern bist du an dem Betrug beteiligt?!"

Sascha atmete tief durch und bemühte sich, die Fassung zu bewahren. Statt einer Antwort fragte er in eisigem Ton: „Was ist gestern zwischen dir und Frau Cardona vorgefallen? Ich will es nochmal aus deinem Munde hören."

Kai Wenderick hatte sich wieder unter Kontrolle, als er entgegnete: „Ich hatte dich zuerst gefragt. Inwiefern steckst du in der Sache mit drin?" Für einen Moment fehlten Sascha die Worte, denn ihm war bewusst, dass Kai Wenderick mit all seinen Vermutungen Recht hatte. Ihre Absicht war, ihn zu betrügen.

Aber Sekunden später hatte er sich wieder im Griff. „Du weißt, dass die Zeichnung geprüft wird, und dann wirst du selbst sehen, dass sich dein irrwitziger Verdacht als unbegründet herausstellt. Nun aber zu meiner Frage: Was hast du gestern Abend …"

„Was hat sie dir denn erzählt?", unterbrach ihn Kai ungehalten.

„Diesmal habe ich dich etwas gefragt, also antworte darauf."

„Ich habe sie abgefangen und zur Rede gestellt."

Jetzt verlor Sascha die Beherrschung und brüllte ihn an: „Du hast sie angegriffen und zu Boden geworfen! Und wahrscheinlich hat nur ein Schwächeanfall verhindert, dass du sie vergewaltigen konntest!"

Kai Wenderick hielt Saschas Blick stand. „Sie lügt", behauptete er eiskalt.

Die ganze Zeit hatte Uta geschwiegen, aber dann sagte sie mit fester Stimme: „Sie lügt nicht."

Verblüfft schaute Kai Wenderick sie an. Ihre Anwesenheit schien er fast vergessen zu haben.

„Woher willst *du* das wissen?"

„Sie rief mich heute Morgen an und fragte, warum du plötzlich die Polizei auf sie hetzen willst. Und dann hat sie geweint und mir von dem Vorfall erzählt."

„Und darauf bist du natürlich reingefallen", entgegnete er höhnisch

„Ich habe an ihrer Stimme gehört, dass sie die Wahrheit sagt. Eine Frau spürt, wenn eine andere in Not ist."

„Und diesen Schwachsinn glaubst du wirklich?" Er starrte sie verächtlich an.

„Kai, das alles hier und dein ganzes Benehmen macht dich nicht glaubwürdiger und liebenswerter."

„Auf wessen Seite stehst du eigentlich, Uta? Auf meiner oder auf seiner?!" Mit einer knappen Kopfbewegung deutete er in Saschas Richtung.

„Ich stehe auf Frau Cardonas Seite. Wenn du sie tatsächlich körperlich angegriffen hast, ist das deiner einfach unwürdig und niederträchtig. Unfassbar." Für zwei, drei Sekunden sah er sie mit unbewegter Miene an, dann drehte er sich abrupt um und verließ türknallend den Raum. Reglos sah ihm Uta nach. Erst Saschas Worte lösten sie aus ihrer Erstarrung.

„Danke, Uta." Und augenblicklich fiel ihm ein, woher ihm die Jacke und die Bluse, die Estrella heute Morgen trug, bekannt vorkamen. Er hatte sie Tage zuvor an Uta gesehen, in Barcelona. Aber sicher war er nicht. Dann dachte er daran, dass er sein Handy die ganze Zeit ausgeschaltet und Estrella womöglich vergebens versucht hatte, ihn zu erreichen.

„Entschuldige bitte, ich muss mal kurz telefonieren." Er verließ das Zimmer. Zwei entgangene Anrufe von ihr; seinen Rückruf nahm sie nicht entgegen, weil sie zur Arbeit im Einkaufscenter war.

In diesem Moment rief Norbert an. „Ich mache mir jetzt ernsthaft Sorgen um Estrella", klagte er.

„Was meinst du, ob ich zu ihrer Wohnung fahren sollte? Ich möchte sie auf keinen Fall heute Nacht allein lassen."

„Das lässt du bitte bleiben, Nobbe. Wir müssen davon ausgehen, dass wir unter Beobachtung stehen."

„Sie hat sich nicht gemeldet, als ich sie anrief!"

„Bei mir hatte sie zweimal angerufen, mich aber nicht erreicht. Jetzt geht sie nicht ran, weil sie arbeiten muss", versuchte Sascha, ihn zu beruhigen.

„Weshalb ruft sie eigentlich *dich* an und nicht mich?"

„Mensch Nobbe, für Eifersüchteleien ist jetzt wirklich der falsche Zeitpunkt. Estrella ist einfach klug genug und weiß, dass die Polizei die Anrufe verfolgen kann. Begreif doch endlich: Theoretisch kennt ihr beide euch erst seit vorgestern und nur durch mich."

Norbert schwieg für einen Augenblick, dann gestand er: „Ich habe bestimmt fünfmal versucht, sie zu erreichen. Was mach ich jetzt?"

„Das ist großer Mist, aber du unternimmst jetzt erst mal gar nichts mehr. Die nächsten Tage musst du ohne sie aushalten. Und unsere Treffen reduzieren wir auf Notfälle, nur wenn es nicht anders geht. Ich bleibe mit Estrella in Verbindung. Das ist unverdächtig, da wir uns nach eigener Aussage zum Deutsch- und Spanischlernen treffen. Wir beide, du und ich, können auch hin und wieder miteinander telefonieren, ebenso du mit Holle, da wir ja Schulfreunde sind."

Norbert sagte dazu erst einmal nichts, dann platzte er heraus: „Sascha, du willst jetzt nicht zufällig die Situation für dich ausnutzen?"

Sein Freund lachte: „Keine Sorge, Nobbe, meine Interessen liegen gerade auf einer ganz anderen Strecke." Diese Äußerung kam so spontan, dass Norbert geneigt war, ihm zu glauben.

Unterdessen hatte Uta ihre Sachen zusammengepackt

und schloss das Zimmer ab. Sie sah blass und verstört aus. Der unerfreuliche Disput mit Kai Wenderick hatte sie spürbar mitgenommen. Als Sascha und sie gemeinsam das Institut verließen, legte er flüchtig und wie nebenbei seinen Arm um ihre Schulter.

„Komm, jetzt machen wir uns keine Gedanken mehr und unternehmen was Schönes."

Zwanzig Minuten später saßen sie auf der Terrasse eines kleinen Cafés am Ufer der Spree. Sie hatten Kaffee und Torte bestellt. Uta pickte mit ihrer Kuchengabel an ihrem Stück herum.

„Warum isst du denn nichts? Auf deine schlanke Linie musst du doch nun wirklich nicht achten, so zart und zierlich wie du bist." Sie reagierte auf das Kompliment mit einem flüchtigen Lächeln. Und dann sprach er seine Vermutung aus.

„Du warst heute Morgen bei Estrella und hast ihr deine Jacke und die Bluse geliehen."

Erschrocken schaute sie auf: „Hat sie dir das so erzählt?"

„Nein, ich habe sie heute Vormittag gesehen, und beide Kleidungsstücke kamen mir irgendwie bekannt vor. Allerdings saßen sie bei ihr etwas eng." Er schmunzelte und fragte dann unvermittelt: „Was genau habt ihr beide eigentlich besprochen?"

Uta schob das halbaufgegessene Stück Torte beiseite. „Ach, Frau Cardona war völlig durch den Wind und wollte wohl vor allem auch mit jemandem reden. Jedenfalls rief sie mich kurz nach acht Uhr an und bat mich, etwas zum Anziehen vorbeizubringen. Und dann brach sie am Telefon in Tränen aus und erzählte mir die ganze Geschichte." Hier hielt Uta einen Moment lang inne. Ihre Enttäuschung über Kai würde sie nicht so schnell verkraften. „Später hatten wir noch zusammen im Hotel gefrühstückt. Ich wollte natürlich wissen, woher sie Kai kannte. Frau Cardona berichtete von dem Abend, als sie in der Chefetage der SüdBank putzte, und wie Kai plötzlich hinter ihr stand und sie bedrängte. Sie schilderte auch, wie sie ihm nur knapp entkam. Die Nacht hinter dem Kopierer, in ständiger Angst, von ihm entdeckt zu werden, muss für sie unerträglich gewesen sein. Und die Enttäuschung darüber, dass der Chef der Personalabteilung die Sache überhaupt nicht ernst nahm, gab ihr dann den Rest. Auf meine Frage, warum sie nicht zur Polizei gegangen sei, erklärte sie, dass sie keine weiteren Demütigungen verkraften könne. Es gehört eben auch Überwindung dazu, eine Anzeige zu erstatten. Außerdem befürchtete sie wohl, dass man nicht *ihr*, sondern Kai glauben würde. Ich fragte natürlich, warum sie dann ausgerechnet ihm die wertvolle Zeichnung verkaufen wolle, aber sie zuckte nur mit den Schultern und meinte, das Argument mit der öffentlichen Ausstellung habe sie letztendlich überzeugt. Natürlich sprach sie nicht genau in diesen Worten. Ich verstand sie kaum, so erregt war sie." Sascha hatte schweigend zugehört.

„Danke, dass du ihr die Sachen vorbeigebracht und mit ihr gesprochen hast."

„Das war doch selbstverständlich."

Dann wechselten sie das Thema und kamen auf den Besuch in Barcelona zu sprechen.

„Ich habe ein paar Bilder mitgebracht." Sascha holte sein Tablet heraus und setzte sich neben sie. Er nahm den leichten Hauch ihres Parfums wahr und hatte ein paarmal Gelegenheit, sie zu berühren, – so, als geschehe es versehentlich und völlig unbeabsichtigt.

Beim Abschied achtete er darauf, ihre Hand diesmal nicht zu lange in seiner zu halten. Und absichtlich fragte er nicht danach, wann sie sich wiedersehen würden.

Estrella hatte Mühe, sich zu konzentrieren, und so war sie einerseits froh, als der Feierabend nahte, andererseits graute ihr vor dem bevorstehenden Abend und einer weiteren Nacht in dem Hotel.

Gleich nach dem Dienstschluss schaltete sie ihr Handy ein und sah einen verpassten Anruf von Sascha und fünf von Norbert. Sie rief Sascha zurück.

„Gut, dass du dich meldest, Estrella!"

„Ist etwas passiert?"

„Nein, nein, ich wollte nur wissen, wie es dir geht und wie es im Kommissariat gelaufen ist."

Estrella erzählte von der Vernehmung und versicherte, dass es ihr weitestgehend gut gehe. „Aber ich bin wieder in dem Hotel von gestern. Morgen übernachte ich vielleicht bei einer Kommilitonin." Sascha versprach, sich gleich am nächsten Tag mit ihr zu treffen, und wünschte ihr eine erholsame Nacht.

Doch das blieb nur ein Wunsch. Estrella schlief spät ein und schreckte bei dem geringsten Geräusch wieder hoch. Sie hatte Angst und sorgte sich darum, wie alles weitergehen sollte. Zudem sehnte sie sich ein wenig nach Norbert und der Geborgenheit, die sie in seiner Gegenwart empfand. Mit offenen Augen lag sie da und starrte an die Zimmerdecke. Ihr war bewusst, dass die gemeinsame Zeit mit ihm bald zu Ende ginge. Anfang Oktober würde sie wieder nach Barcelona fliegen. So war der Plan. Im Grunde genommen war sie froh darüber, hier bald alles hinter sich zu lassen: die Furcht vor Wenderick und die ganze Aufregung der letzten Wochen. Nicht zum ersten Mal fragte sie sich, ob der Preis, den sie persönlich hierbei zahlte, nicht zu hoch sei. Rein finanziell hätte sie nichts von dem Coup, selbst wenn er glücklich ausginge. Ihr bliebe nur die ersehnte Revanche an Wenderick.

Neue Panik überkam sie. Was genau würde passieren, wenn durch die kriminaltechnische Untersuchung herauskäme, dass es sich um eine Fälschung handelte?

Erst in den frühen Morgenstunden fiel sie in einen unruhigen Schlaf.

Konsequenzen

Die kommenden Tage verbrachten die Freunde getrennt voneinander und voller Sorge. Vor allem Norbert erschien die Zeit trost- und freudlos. Er wusste nichts Rechtes mit sich anzufangen.

Sascha und Estrella trafen sich fast täglich. Der Form halber legten sie ein Spanisch-Deutsch-Buch vor sich auf den Tisch, nur für den Fall, dass sie beobachtet wurden. Sie hatte eine Kommilitonin angesprochen und verbrachte wie geplant die nächsten Nächte bei ihr in der WG. Nach einer Woche wagte sie sich wieder in ihre Wohnung. Auf dem Heimweg blieb sie wachsam und achtete darauf, dass ihr niemand folgte. Einmal glaubte sie, in einem der parkenden Autos Wenderick zu erkennen. Oder saß in dem Wagen ein Ermittler, der sie beobachtete? Sie versuchte, sich mit dem Gedanken zu beruhigen, dass ihr die Nerven einen Streich spielten.

Holger hielt sich meist zu Hause auf und war nicht allzu erfreut, wenn Norbert ihn besuchte.

„Es wäre mir sehr unangenehm, wenn man dich auf dem Weg hierher verfolgt hätte. Die Nacht damals und der Morgen darauf, als die Kripo vor meiner Tür stand, sitzen mir noch tief in den Knochen. Hat sich Christa eigentlich mal wieder gemeldet?" Norbert schüttelte den Kopf. „Hast du wenigstens versucht, sie zu erreichen?"

„Natürlich, mehrmals auf ihrem Handy und dann zwei- oder dreimal bei ihr im Büro. Aber sie sieht meine Nummer auf dem Display, hebt den Hörer ab und legt sofort wieder auf. Es ist zwecklos."

„Und du weißt wirklich nicht, wo sie jetzt ist?"

„Keine Ahnung."

Das Thema war Norbert unangenehm, aber Holger bohrte weiter. „Und wie soll es mit Estrella und dir weitergehen? Irgendwann fliegt sie zurück nach Barcelona. Du wirst sie doch nicht begleiten wollen?"

Norbert ignorierte die Fragen, stattdessen erkundigte er sich, wie Holger die Zeit verbrachte. „Deinem wiederentdeckten Talent kannst du ja jetzt schlecht nachgehen."

Doch er winkte ab. „Momentan hätte ich sowieso keine Lust dazu. Am besten hat es eigentlich Sascha. Er kann sich nun wieder häufiger seinen Doktorandinnen widmen, sich regelmäßig mit Estrella treffen oder sich hin und wieder mal bei uns melden. Wenn er denn überhaupt noch Zeit für uns hat."

Aber allzu glücklich war auch Sascha nicht. Außer der Sorge, mit der er das Ergebnis der Ermittlungen erwartete, ließ ihn ein weiterer Umstand nicht zur Ruhe kommen. Es war eher ein Gefühl. Für Uta Ruland empfand er mehr, als er sich anfangs eingestand. Nur ein Flirt sollte es sein, mehr nicht. Jetzt erkannte er aber, dass er hoffnungslos in sie verliebt war. Seit fast einer Woche hatte er nichts mehr von ihr gehört. Zeit genug, sich von Kai emotional zu lösen, hatte er ihr nach seinem Empfinden gelassen. So unwiderstehlich konnte der Kerl doch nun wirklich nicht sein. Sascha beschlich eine leise Sorge. Hatte Wenderick es letztendlich geschafft, sie von seiner Unschuld zu überzeugen, ihr einzureden, dass Estrella gelogen hätte? War es ihm wiedermal gelungen, Uta um den Finger zu wickeln und sich mit ihr zu versöhnen? Ein weiterer Gedanke beunruhigte Sascha. Hatte Kai sie möglicherweise davon überzeugt, dass es sich bei der Picasso-Zeichnung um einen Betrug handelte?

Generell hatte Sascha das Gefühl, dass er in eine Endlosschleife des Abwartens geraten war: warten auf eine Meldung vom LKA und auf einen Anruf von ihr. Er wünschte, dass sich Uta von sich aus bei ihm melden würde. Seine Stimmung hatte einen Tiefpunkt erreicht. Doch bevor er sich weiteren trüben Gedanken hingeben konnte, riss ihn das Klingeln des Handys heraus. Auf dem Display erkannte er ihre Nummer. Sascha holte tief Luft und ließ drei Sekunden verstreichen. Es gelang ihm nur mit Mühe, seine Freude zu verbergen.

„Hallo Sascha, gibt es etwas Neues zu den Ermittlungen?", wollte sie wissen.

„Nein, leider nicht." Er war ein wenig enttäuscht, weil der Grund ihres Anrufes rein sachlicher Natur schien. Nach einem kurzen Zögern fragte er vorsichtig: „Und wie steht es mit Kai? Hat er sich wieder eingekriegt?"

„Keine Ahnung. Zwischen uns herrscht Funkstille."

Das freute ihn, doch es stimmte nicht.

Keinesfalls würde Uta ihm gegenüber erwähnen, dass Kai Wenderick mehrmals versucht hatte, sie telefonisch zu erreichen. Und weil sie sich nie meldete, klingelte er abends bei ihr zuhause. Die letzte Woche hatte sie weitestgehend zurückgezogen verbracht. Zwei, dreimal traf sie sich nach der Arbeit mit Freundinnen, um dann spät am Abend durch den Hintereingang des Mietshauses zu ihrer Wohnung zu gelangen. Sie vermied nach wie vor, die Beleuchtung im Wohnzimmer einzuschalten, da die Fenster nach der Straße hinausgingen. Einmal, als es wieder bei ihr klingelte, schaute sie im Dunkeln nach unten und sah, wie er kurz darauf zum Auto zurückging. Als er zu ihrer Wohnung hochblickte, zog sie sich eilig zurück. Am darauffolgenden Vormittag stand er unvermittelt in ihrem Dienstzimmer. „Jetzt hast du mich erschreckt!", rief sie aus. „Das wollte ich nicht, Uta", entschuldigte er sich mit einem gewinnenden Lächeln und kam auf sie zu. „Warum versteckst du dich vor mir? Uta, du weißt, dass wir zusammengehören." Ausweichend entgegnete sie: „Tun wir das wirklich, Kai? Du bist verheiratet und ich brauch eine kleine Auszeit, etwas Abstand." Daraufhin hatte er „Wie du meinst" erwidert und grußlos das Zimmer verlassen.

Utas Schweigen am Telefon kam Sascha endlos vor.

„Bist du noch am Apparat, oder herrscht zwischen uns auch Funkstille?", fragte er verunsichert.

„Entschuldige, ich war in Gedanken gerade bei einer unschönen Begegnung mit ihm." Endlich schlug sie vor: „Wollen wir irgendwann mal wieder einen Kaffee trinken gehen?"

„Ich dachte schon, du fragst nie!"

Wie reagiert ein selbstgerechter, autoritärer Mann wie Kai Wenderick auf die Mitteilung seiner Frau, dass sie sich von ihm scheiden lassen will? Diese Eröffnung traf ihn beim Abendessen. Fassungslos starrte er sie an.

„Soll das jetzt ein schlechter Scherz sein?"

Nein, sie meinte es völlig ernst. „Eine Familie sind wir

schon lange nicht mehr, die Kinder sind aus dem Haus, und wir beide leben seit Jahren aneinander vorbei. Womit und mit wem du deine Abende verbringst, ist mir unterdessen schon fast egal. So viele Arbeitsessen und Überstunden kann es gar nicht geben! Nein, Kai, es ist das Beste, wenn wir uns trennen." Mit offenem Mund starrte er sie an. Fast hätte sie laut losgelacht, so blöd sah er aus. „Und deshalb bitte ich dich, aus der gemeinsamen Wohnung auszuziehen. Morgen schon."

Kai knallte die halbgelesene Zeitung auf den Tisch und verließ das Zimmer. Kurz darauf fiel die Wohnungstür ins Schloss. Erst am späten Abend kam er zurück. Sein Bettzeug lag im Wohnzimmer auf der Couch.

Am nächsten Morgen stand sie wie immer zeitiger auf als er. Erst als sie die Wohnung verlassen hatte, ging er in die Küche. Immerhin war sein Platz gedeckt, auch Kaffee hatte sie für ihn gekocht und in der Kanne warmgehalten. Lustlos biss er von seinem Toast ab und ließ den Rest liegen. In denkbar schlechtester Laune verließ er wenig später die Wohnung. Heute Abend würde er ein ernsthaftes Wörtchen mit ihr reden müssen. So nicht! Nicht mit ihm! Was nahm sie sich da eigentlich heraus?

Der Tag verlief zähflüssig und weitestgehend ereignislos. Die Mitarbeiter und nicht zuletzt seine Sekretärin litten unter seiner miesen Laune. Zeitiger als sonst verließ er schon vor sechzehn Uhr das Büro und fuhr direkt nach Hause.

Mit einer gehörigen Portion Wut im Bauch schloss er eine halbe Stunde später die Haustür auf. Diesmal nahm er den Fahrstuhl. Er wollte nicht abgekämpft und außer

Atem die Wohnung betreten. Mit Sicherheit war sie vor ihm zu Hause. Ungeduldig hantierte er mit seinem Wohnungsschlüssel an der Tür. Warum ließ er sich nicht ins Schloss einführen? Wenderick atmete tief durch und zwang sich zu innerer Ruhe. Er versuchte es noch einmal. Aber der Schlüssel passte nicht. Dann klingelte er Sturm. Nichts rührte sich. Aufgebracht ließ er seinen Finger ein paar Sekunden auf der Türklingel. Doch in der Wohnung blieb alles still. Erst dann sah er sich um und entdeckte in der Nische neben dem Treppenabsatz zwei Koffer. Es waren seine eigenen. Unter einem der Griffe klemmte ein an ihn adressierter Brief. Mit fiebrigen Händen riss er ihn auf. Er war vom Anwalt seiner Frau.

Nun war es keineswegs so, dass Kai Wenderick sich nicht zu helfen wusste. Er war flexibel, und für alles gab es eine Lösung. Gut, wenn sie schon mal für ihn gepackt hatte ... *Er* würde sie verlassen, nicht *sie ihn*! Und die Sache hätte ein Nachspiel! Entschlossen steckte er den Brief ein und ergriff die beiden Koffer. Sie waren schwerer, als er es sich vorgestellt hatte. Mit dem Fahrstuhl fuhr er hinunter und war froh, dass er keinem Hausbewohner begegnete. Eilig verstaute er das Gepäck in seinem Wagen und hoffte, dass ihn niemand dabei sah.

Die nächsten Schritte mussten wohlüberlegt sein. Als Erstes fuhr er zu einem Blumenladen und verließ ihn wenig später mit einem großen Strauß roter Rosen.

Mittlerweile war es nach achtzehn Uhr. Den Umstand, dass er gleich eine Parklücke gegenüber von Utas Mietshaus fand, deutete er als ein gutes Omen. Später dann, wenn er sie versöhnlich gestimmt hätte, würde er seine

Koffer nicht so weit tragen müssen.

Hoffnungsvoll klingelte er an der Haustür. Nichts rührte sich. Er versuchte es noch einmal und achtete darauf, dass sein Klingeln nicht zu stürmisch und keineswegs aggressiv klang. Als sich auch auf den neuerlichen Versuch hin niemand meldete, ging er zurück zu seinem Wagen. Mit dem Blick auf die Haustür gerichtet, stellte er sich auf eine längere Wartezeit ein.

Dass er vergebens auf sie warten würde, konnte er zu diesem Zeitpunkt noch nicht wissen.

Die Idee kam Sascha, als er von dem Open-Air-Konzert las. Er war keineswegs sicher, ob sie zusagen würde, aber nach einem kurzen Zögern willigte sie ein. Für neunzehn Uhr waren sie verabredet. Uta hatte Sandwiches und Sascha außer einer Decke noch eine Flasche Sekt und zwei Gläser eingepackt. Ihren Platz wählten sie am Rande der Festwiese, ziemlich weit hinten, dort, wo viele jüngere Leute mit ihren Picknickkörben auf Decken saßen. Es war ein milder Sommerabend, und Sascha fühlte sich so jung wie schon lange nicht mehr.

Eine reichliche Stunde hatten sie jetzt den klassischen Klängen gelauscht, nebenbei von den Sandwiches gegessen und die Flasche Sekt bis auf einen kleinen Rest geleert. Langsam brach die Dunkelheit herein. Das lange Sitzen empfand Sascha zunehmend als unbequem, deshalb lümmelte er sich seitlich auf die Decke und stützte den Kopf mit einer Hand ab. So war es ihm möglich, Uta unbemerkt von der Seite zu betrachten. Mit geschlossenen Augen gab sie sich den Klängen hin, und er stellte sich vor, er würde sie in seinen Armen halten.

Zu vorgerückter Stunde kam ein kühler Wind auf. Sascha bemerkte, wie Uta fröstelnd ihre Schultern hochzog. Weder sie noch er hatten an Jacken gedacht.

„Ist dir kalt?"

„Ach, es geht schon", erwiderte sie.

Sascha richtete sich auf, nahm dicht hinter ihr Platz und umfasste sie mit beiden Armen, um sie zu wärmen. Sie ließ es geschehen. Nach ein paar Augenblicken lehnte sie sich zaghaft zurück. Ihr Kopf lag jetzt an seiner Schulter. Als sie wenig später seine Lippen auf ihrem Haar spürte, wandte sie sich ihm zu. Der Konzertabend endete für beide mit einem langen Kuss.

Nachdem die letzten Takte und der Applaus verklungen waren, packten sie leicht verlegen ihre Sachen zusammen. Auf dem Weg zum Auto legte er seinen Arm um ihre Schulter.

„Nimmst du mich mit zu dir, wenn ich dich nach Hause bringe?"

Doch Uta schüttelte den Kopf. „Ich befürchte, dass er wieder irgendwann in der Nacht bei mir klingeln wird." Sascha wusste, dass sie von Kai Wenderick sprach. Ohne weitere Worte fuhren sie zu ihm.

Selbst Kai Wenderick hatte Freunde, zumindest einen, bei dem er in den folgenden Nächten unterkommen konnte. Nachdem er an jenem Abend endlose Stunden und vergebens vor Utas Wohnhaus gewartet hatte, rief er kurz nach Mitternacht seinen besten Kumpel an.

Dieser knurrte müde: „Hat deine Frau dich endlich

rausgeschmissen?" Aber er bot ihm an, vorübergehend bei ihm zu übernachten.

Die kommenden Tage brachten für Wenderick weitere Überraschungen. Die Erste war ein Anruf von Hauptkommissar Bernholm.

„Möchten Sie noch mal ins Kommissariat kommen oder kann ich Ihnen das Ergebnis unserer Ermittlungen gleich telefonisch mitteilen?"

„Telefonisch reicht mir." Jetzt war er gespannt darauf, was kommen würde.

„Die Untersuchungen an dem Buch und der Zeichnung haben keine Auffälligkeiten ergeben. Wir gehen also davon aus, dass es sich *nicht* um eine Fälschung handelt. Sind Sie noch am Apparat, Herr Wenderick?"

„Ja, ja, aber ich muss zugeben, dass es mir für einen Augenblick die Sprache verschlagen hat. Mit diesem Ergebnis hätte ich eigentlich nicht gerechnet. An der Echtheit der Zeichnung besteht also kein Zweifel?" Als Bernholm nicht sofort antwortete, fragte er ungeduldig: „Kann ich die Zeichnung nun bedenkenlos kaufen oder nicht?"

Etwas schroffer als beabsichtigt entgegnete Bernholm, dass dies kein Beratungsgespräch sei und Wenderick seine Kaufentscheidungen schon selber treffen müsse. In freundlicherem Ton erklärte er dann: „Anders als bei Ölgemälden können bei Zeichnungen keine Farbproben entnommen und die Pigmente somit auch nicht labortechnisch untersucht werden, das macht die Sache schwieriger. Im vorliegenden Fall wurde das Papier geprüft und die Linienführung stilistisch verglichen. Es ist davon auszugehen, dass es sich tatsächlich um einen frühen Picasso handelt."

Doch mit dieser Erklärung konnte Wenderick ebenso wenig anfangen. „Also ist der Kern Ihrer Aussage ein eindeutiges Jein?"

„Sie *müssen* das Bild ja nicht kaufen. Bei bestehenden Bedenken würde ich an Ihrer Stelle Abstand nehmen. Ganz offensichtlich misstrauen Sie der Besitzerin, und das ist keine gute Basis für ein Geschäft. Jedes Mal, wenn Sie die Zeichnung betrachten, würden Zweifel aufkommen." Nach einem kurzen Schweigen meinte Bernholm dann: „Ein Mitarbeiter vom LKA bringt das Buch heute zu Herrn Dr. Landner zurück. Dann können Sie ja nochmal in Ruhe darüber nachdenken, ob Sie es kaufen wollen oder nicht." Damit beendete er das Telefonat.

Wenderick überlegte, wie er jetzt vorgehen sollte. Wenn es sich tatsächlich um eine echte Picasso-Zeichnung handelte, wäre das für ihn und die Kunsthalle eine einmalige Chance, ein bis dahin unbekanntes Frühwerk dieses Malers zu erwerben. Die andere Frage wäre, ob die Katalanin nach allem was vorgefallen war, überhaupt noch bereit wäre, ihm die Zeichnung zu verkaufen. Der unterschriebene Vertrag war zwar in seinen Händen, aber eine Klausel sah vor, dass beide Parteien innerhalb der nächsten vierzehn Tage noch zurücktreten könnten. Kurzentschlossen griff er zum Telefon.

„Wir müssen miteinander reden, Sascha. Bei einem Bierchen und ohne Weiber. Also, wie wäre es heute Abend so gegen neunzehn Uhr?" Als Treffpunkt schlug er einen Biergarten vor.

Mit gemischten Gefühlen betrat Sascha den Biergarten und schaute sich suchend um. Warum wollte Wenderick ihn so dringend sprechen? Wusste oder ahnte er, dass Uta die Nächte bei ihm verbrachte? Seit fast einer Woche schon wohnte sie bei ihm, und er konnte sein Glück immer noch nicht fassen.

Ein „Hallo Sascha!" riss ihn aus seinen Gedanken. Kai Wenderick hatte ihn entdeckt und winkte ihn an seinen Tisch. Sascha bemühte sich um Gelassenheit und schlenderte herüber.

„Was gibt es zu besprechen", fragte er unwirsch.

„Nun setz dich erst mal."

Widerstrebend nahm er Platz. „Also?" Der joviale Ton des anderen ließ ihn ein wenig entspannen. Es klang nicht danach, als würde es um Uta und ihn gehen. Aber worum dann?

„Du kannst sicherlich verstehen, dass ich allen Grund hatte, misstrauisch zu sein?"

„Nein."

Kai Wenderick winkte der Bedienung und bestellte zwei Hefeweizen. Dann wandte er sich wieder Sascha zu.

Der saß mit verschränkten Armen da und schwieg. Er wartete auf eine Erklärung. Als diese nicht kam, fragte er ungehalten: „Und weiter?"

„Ich verstehe deinen Unmut, Sascha. Vielleicht hätte ich dich zuerst informieren müssen, bevor ich zur Polizei ging. Aber ich wusste nicht, ob ich dir trauen konnte." Er schaute Sascha mit einem gewinnenden Lächeln an, aber der widerstand dem Impuls, zurückzulächeln.

„Und jetzt traust du mir auf einmal? Wie kommt es zu

dieser plötzlichen Sinneswandlung?"

Wenderick sah ihn überrascht an. „Dann weißt du es also noch gar nicht?"

„Was sollte ich wissen?"

„Heute Vormittag bekam ich einen Anruf von Kommissar Bernholm. Er unterrichtete mich darüber, dass die Untersuchung der Zeichnung keine Auffälligkeiten ergab. Es handelt sich also tatsächlich mit großer Wahrscheinlichkeit um einen frühen, noch unbekannten Picasso. Die Ermittlungen werden eingestellt. Wenn Bernholm dich noch nicht darüber informiert hat, wird er es bestimmt demnächst nachholen." Augenblicklich fühlte sich Sascha unendlich erleichtert. Nur mit Mühe gelang es ihm, dies zu verbergen. Statt einer Antwort nickte er nur wortlos. Das war die beste Nachricht des Tages.

Kai Wenderick fuhr fort: „Nun aber zu meinem Problem. Ich bin mir noch nicht ganz sicher, ob ich die Zeichnung nicht doch kaufen sollte. Meine Frage an dich als Mittelsmann wäre nun: Würde Frau Cardona nach all dem Hickhack mit der Kripo überhaupt noch an mich verkaufen wollen?"

Sascha ließ sich ein paar Augenblicke mit seiner Antwort Zeit und trank einen Schluck von dem Hefeweizen. „Woher soll ich das wissen?", meinte er dann. „Außer dem Hickhack mit der Kripo, wie du es nennst, hatte sie ja noch ein ganz anderes Problem mit dir."

Jetzt sah Wenderick ihn erstaunt an und stellte fest: „Du glaubst es also immer noch. Hat Uta dich etwa mit ihrem Gefasel, dass eine Frau spüren würde, wenn eine andere in Not sei, überzeugen können? Wenn du die Katalanin wirklich näher kennst, dann müsstest du wissen, dass ihr Temperament und ihre Fantasie manchmal mit ihr durchgehen."

„Aha, und du kennst sie also näher?"

Wenderick ließ sich von dem sarkastischen Unterton nicht beeindrucken. „Sie hat ein paar Monate bei uns in der SüdBank gearbeitet. Ein- oder zweimal kam ich mit ihr ins Gespräch. Womöglich hatte sie meine Freundlichkeit falsch gedeutet. Zugegeben, sie ist sehr attraktiv. Aber es gibt Fälle, in denen ein Vorgesetzter völlig zu Unrecht eines sexuellen Übergriffs beschuldigt wird. Dann ist es immer sehr schwierig für den Mann, das Gegenteil zu beweisen. Zumal, wenn es keine Zeugen gibt. Ich rate dir also ebenfalls zur Vorsicht."

Die Verblüffung ob dieser Darstellung stand Sascha ins Gesicht geschrieben. Aber Wenderick deutete deren Grund ganz offensichtlich falsch, denn er schaute ihn an, als erwarte er jetzt Dankbarkeit für diesen vermeintlich wohlgemeinten Rat.

„Also meine konkrete Bitte an dich wäre: Könntest du nochmal nachfragen, ob sie ungeachtet aller Missverständnisse weiterhin an einem Verkauf an die Kunsthalle, ich betone *an die Kunsthalle* der SüdBank und *nicht an mich persönlich*, interessiert wäre? Von einer Verleumdungsklage würde ich absehen, die Sache wäre für mich damit erledigt."

Sascha war fassungslos. Angesichts dieser neuerlichen Unverfrorenheit fehlten ihm einfach die Worte. Erst ein paar Augenblicke später gelang es ihm, in einigermaßen sachlichem Ton zu äußern: „Ich werde sehen, was sich machen lässt."

Er trank zügig sein Glas aus, winkte der Bedienung und zahlte ungeachtet Wendericks Protestes die Rechnung. Eilig erhob er sich und verschwand im Getümmel des Freisitzes.

Neuerliche Ängste

Gleich nach dem Treffen mit Kai Wenderick fuhr er zu Holger, und wenig später waren sie zu dritt.

Nachdem Sascha seinen Bericht beendet hatte, rief Norbert empört: „Eine bodenlose Frechheit ist das! Eine Unverschämtheit! Ich kenne keine zurückhaltendere und diskretere Frau als Estrella!"

Holger unterdrückte ein Grinsen. „Schon klar, Nobbe. Aber der Hauptpunkt ist doch, dass die Ermittlungen eingestellt wurden und wir uns wieder frei bewegen können. Wir stehen nicht mehr unter Beobachtung! Und zu allem Übermaß unseres Glücks hat Wenderick offensichtlich weiterhin Interesse an der Zeichnung. Was wollen wir mehr?"

Aber Sascha wiegte nachdenklich den Kopf. „Ich möchte schon ganz gerne aus dem Mund von Hauptkommissar Bernholm erfahren, ob der Fall wirklich ad acta gelegt wird. Bisher habe ich von ihm noch nichts gehört. Außerdem werde ich ein Wörtchen mit Estrella reden müssen."

„Wie meinst du das? Hast du dich jetzt etwa von Wendericks unverschämter Argumentation beeinflussen lassen?!", fuhr Norbert ihn erbost an und verkündete gleich darauf: „Heute Abend fahre ich zu ihr. Sobald sie Dienstschluss hat, hole ich sie ab."

Sascha wehrte ab: „Heute unternimmst du bitte nichts, Nobbe."

„Aber Wenderick kann sich doch nun denken, dass Estrella nicht mehr unter Beobachtung steht! Und er kennt ihre Adresse, das dürfen wir nicht vergessen."

„Also gut, Nobbe, ruf sie an. Und ich kann dich auch nicht daran hindern, zu ihr zu fahren."

Es war schon nach einundzwanzig Uhr. Sein Anruf bestätigte die Hoffnung, dass sie längst wohlbehalten zu Hause war. Nach einem kurzen Bericht über den neuesten Stand der Dinge fragte Norbert zaghaft, ob er zu ihr kommen könne.

Ihre Antwort kam zögerlich. „Ich weiß nicht, ob es klug ist, Norbert. Vielleicht doch lieber ein anderes Mal." Enttäuscht beendete er das Telefonat.

Zwei Stunden später lag Estrella noch immer wach in ihrem Bett. Es war die gleiche Situation wie Tage zuvor in dem Hotelzimmer, nur dass sie diesmal ihre Einsamkeit selbst gewählt hatte.

Sie spürte die Nervosität, die wieder in ihr aufkam. Einerseits war sie erleichtert, dass die Ermittlungen eingestellt wurden, andererseits blieb die Angst, dass Wenderick ihr nochmals auflauern könnte. Die letzten Tage, als sie davon ausging, dass sie unter Beobachtung stand, hatte sie sich vor ihm sicher gefühlt. Jetzt bedauerte sie zutiefst, dass sie Norbert abgewiesen hatte.

Sie fand keinen Schlaf und achtete auf jedes Geräusch. Wenderick würde nicht unten bei ihr an der Haustür klingeln, sondern anderweitig Einlass in das Mietshaus finden. Sie versuchte, die Vorstellung zu verdrängen, dass er sich gerade vor ihrer Wohnungstür aufhielt. Leise stand sie auf und schlich auf den Flur. Durch den Spion linste sie in das dunkle Treppenhaus. Nichts war zu hören oder zu sehen. Einigermaßen beruhigt legte sie sich wieder ins Bett.

Irgendwann in der Nacht musste sie dann doch eingeschlafen sein, denn kurz nach vier Uhr erwachte sie aus einem bösen Traum. Oder war es ein Geräusch, das sie aufschrecken ließ? Minutenlang wagte sie nicht, sich zu rühren. Dann schlich sie wieder zur Wohnungstür, nur um festzustellen, dass sich niemand im finsteren Treppenhaus aufhielt.

Völlig unausgeschlafen stand sie um sieben Uhr auf. Aber die Nacht war überstanden. Trotzdem konnte es so nicht weitergehen. Als sie frühstückte, klingelte ihr Handy. Sascha war dran und schlug vor, sich direkt nach ihrer Vorlesung wieder zu viert an dem bekannten Ort im Kundenrestaurant zu treffen.

Sie freute sich, die anderen wiederzusehen, und gab Norbert einen flüchtigen Kuss. In seinen Augen sah sie Enttäuschung. Ihre Ablehnung gestern Abend schien ihn getroffen und verletzt zu haben. Und noch etwas anderes glaubte sie aus seiner Miene zu lesen: die Erkenntnis darüber, dass sie die erzwungene Trennung genutzt hatte, um sich von ihm zu lösen.

Estrella sprach nicht von ihren neuerlichen Ängsten. Sie würde Norbert damit nur Hoffnung machen, die kommenden Nächte wieder gemeinsam mit ihm zu verbringen. Deshalb hörte sie Sascha schweigend zu.

Heute Morgen wurde er von Hauptkommissar Bernholm offiziell darüber informiert, dass die Ermittlungen eingestellt wurden und das Buch wieder bei Dr. Landner im Tresor läge. Dann schilderte er das gestrige Treffen mit Kai Wenderick und dessen Ansinnen, die Zeichnung nun doch zu kaufen. Die Äußerungen Estrella betreffend, ließ Sascha wohlweislich aus.

„Wir haben somit eine zweite Chance, ihm die Zeichnung nun doch noch unterzujubeln." Er schaute in die Runde und sah, dass alle zustimmend nickten. „Also gebe ich ihm zu verstehen, dass Frau Cardona ungeachtet aller unerfreulichen Vorfälle und nach reiflicher Überlegung bereit sei, die Zeichnung nach Überweisung der vereinbarten Summe der Kunsthalle zu überlassen."

„Gestelzter kann man's nicht ausdrücken", war Holgers Kommentar. „Aber sag ihm nicht sofort zu. Ein, zwei Tage können wir ihn ruhig noch zappeln lassen."

Am darauffolgenden Vormittag klingelte Utas Telefon. Auf dem Display erkannte sie Carsten Landners Nummer.

Ohne Gruß und Einleitung wetterte er los: „Was ist denn nun? Das ewige hin und her nervt einfach. Wann und von wem wird nun endlich dieses verdammte Buch abgeholt?!"

Bei der Vorstellung, wie er mürrisch und vermutlich, wie immer, nachlässig gekleidet in seinem Sessel hing, schmunzelte Uta. „Eigentlich müsste ich dir böse sein, Carsten. Warum hattest du mich nicht darüber informiert, dass das LKA das Buch bei dir abgeholt und gestern wiedergebracht hatte?"

„Ich dachte, dass dir dein Galan alles brühwarm erzählt hat."

„Von wem sprichst du?", erwiderte sie kühl.

„Von wem wohl. Jedenfalls war er heute hier."

„Redest du von Kai?"

„Ja, von wem denn sonst? Er wollte sich die Zeichnung nochmal anschauen. Der Kerl geht mir gewaltig auf die Nerven."

„Es tut mir leid, Carsten, dass du in der Angelegenheit ständig belästigt wirst. Ich nehme an, dass er sich nach dieser unerfreulichen Affäre nochmal ein abschließendes Urteil bilden wollte, bevor er sich endgültig zum Kauf entscheidet. Aber ich bin auch nicht mehr genau über seine Absichten informiert. Wir haben uns getrennt."

Für einen Moment war es still, dann meinte Landner lakonisch: „Glückwunsch. Aber er spricht immer noch so von dir, als wäre alles bestens zwischen euch. Er erwähnte, dass du die nächste Ausstellung, bei der dann auch der Picasso gezeigt werden soll, wieder kuratieren wirst."

Das stimmte, so sah es der Vertrag zwischen ihr und der Kunsthalle vor. Zudem brachte ihr diese Tätigkeit einen willkommenen Nebenverdienst ein. Und der spektakuläre Neuzugang wäre auch zu ihrem Nutzen, da die Vermittlung einer bis dahin unbekannten Picasso-Zeichnung ihren Ruf als Kunsthistorikerin erheblich stärken würde. Doch nicht zuletzt hing der Fortbestand ihres Vertrages von Kai Wendericks Wohlwollen ab. Sie musste sich also in irgendeiner Weise mit ihm arrangieren.

Uta seufzte und meinte dann: „Auf jeden Fall möchte ich mich für die Mühe, die du mit dem Buch hattest, bei dir bedanken."

„Na ja, Mühe ist wohl der falsche Ausdruck; Unannehmlichkeiten träfe da schon eher zu", brummte Carsten Landner nun in etwas versöhnlicherem Ton.

Uta wagte die Frage: „Hast du in der Zwischenzeit deine Meinung zu der Zeichnung geändert?"

„Scheint ja wider Erwarten soweit in Ordnung zu sein, wenn die Kripo nichts gefunden hat", gab er unwillig zu.

„Ich meinte eigentlich deine persönliche Meinung."

„Die kennst du bereits."

„Aber die Qualität der Zeichnung?"

„Na ja, stilistisch haut das schon irgendwie hin. Wenn ich ein Fälscher wäre, würde ich mir allerdings auch alle erdenkliche Mühe geben. Aber irgendwas stört mich am Gesamteindruck. Die Zeichnung berührt mich nicht. Sie spricht mich nicht an, wenn du verstehst, was ich meine." Uta verstand ihn genau.

Nach Beendigung des Telefonates dachte sie ein paar Augenblicke über das eben Gesagte nach. Sie überlegte, was sie beim Betrachten des Bildes empfand. Bisher hatte sie ihr Augenmerk vor allem auf die fachlichen Aspekte gerichtet. Die Frage, ob die Zeichnung sie berühre oder direkt anspreche, hatte sie bis dahin nicht gestellt. Wieder seufzte sie tief. Auf Carsten Landners Rat hatte sie immer Wert gelegt, aber letztendlich musste sie selbst entscheiden.

Die Zeugin

Wieder einmal saß Kai Wenderick in seinem Wagen und wartete, die Augen auf die Haustür gerichtet. Mehrmals wanderte sein Blick hinauf zu ihren Fenstern. Nichts deutete darauf hin, dass sie zu Hause war. Aber irgendwann würde sie schon kommen. Für einen Moment erwog er, bei einem anderen Mitbewohner zu klingeln, eine entsprechende Erklärung hätte er parat. Doch dann verwarf er die Idee. Wie blöd käme er sich vor, wenn er auf dem Treppenabsatz vor ihrer Tür ausharrte. Wie ein ausgesperrter Liebhaber. Zudem wäre der Überraschungseffekt dahin. Nein, sobald sie ins Haus ginge, würde er ein paar Minuten verstreichen lassen und erst dann bei einem Nachbarn klingeln. Wenn sie auf sein Klopfen hin die Wohnungstür öffnete, könnte er sich ganz auf seine Intuition verlassen. Der gleiche Fehler wie beim letzten Mal durfte ihm nicht noch einmal passieren. Er wusste um seine Impulsivität und die Neigung zum Jähzorn. Aber es gab Augenblicke, da hatte er sich einfach nicht im Griff. Diesmal war sein Plan, ihr zu einer schnelleren Entscheidungsfindung zu verhelfen.

Wenderick schaute auf die Uhr, dann stieg er entschlossen aus dem Wagen und ging auf die Haustür zu.

Erst spät am Abend betrat er die Wohnung seines Freundes, der ihm eine Unterkunft geboten hatte.

„Ich sehe, du hast bereits wieder ein Eisen im Feuer?", merkte dieser anerkennend an.

Kai Wenderick ließ die Bemerkung im Raum stehen

und zuckte nur gleichgültig mit den Schultern. Gemeinsam tranken sie noch ein Bier, dann ging jeder zu Bett.

Der nächste Tag brachte eine Überraschung.

Am Morgen, kurz vor der Dienstberatung, klingelte Kai Wendericks Telefon. Sascha war am Apparat.

„Also, wenn du noch Interesse an der Zeichnung haben solltest, müsstest du dich bald entscheiden. Die Bankverbindung kennst du ja. Sobald das Geld auf dem Konto ist, kannst du das Buch bei Landner abholen."

„Bis wann?"

„Möglichst sofort."

„Sonst?"

„Geht die Zeichnung in eine Auktion."

„Wer sagt das?"

„Ich habe es dir soeben mitgeteilt." Sascha beendete das Gespräch und lehnte sich gelassen zurück.

„Das war deutlich!", kommentierte Holger. In seinem Blick lag eine Spur Bewunderung.

Noch während der Dienstberatung hatte sich Kai Wenderick entschieden. Er beendete sie zeitiger als sonst und verschwand gleich darauf. Umgehend setzte er sich mit dem Kassenwart und dem Stellvertreter der Geschäftsleitung in Verbindung. Zwei Stunden später erfolgte die Überweisung der 250.000 Euro. Die Mitteilung „Betrag ist angewiesen, wird spätestens morgen auf dem Konto sein. Gruß K. W.", schickte er auf Saschas Smartphone.

Sascha hatte ihn unter Druck gesetzt. Trotzdem gratulierte sich Kai Wenderick im Stillen zu seiner Entscheidung. Er hatte wieder mal den richtigen Riecher und zum rechten Zeitpunkt zugeschlagen. Wer weiß, zu welch hohem Preis der Picasso bei einer Auktion wegginge. Er freute sich auf die nächste Ausstellung, bei der er das Buch mit der Zeichnung dann präsentieren könnte. Und wenn Uta sich weiterhin so abweisend verhielt, würde er auch hier eine Entscheidung treffen. Schließlich gab es noch andere Kunstwissenschaftler, die nur darauf warteten, eine solch außergewöhnliche Veranstaltungen zu kuratieren.

In seinem Schrank stand eine Flasche Cognac für auserwählte Gäste oder besondere Anlässe. Alleine hatte er bisher nie getrunken. Aber jetzt holte er den Hennessy heraus und goss sich ein. Für ihn war es ein entscheidender Tag und keineswegs vorhersehbar, dass sich Estrella Cardona letztendlich doch für die Kunsthalle entschied. Nach allem, was vorgefallen war. Kai Wenderick war voller Zuversicht, dass das Glück ihm weiterhin wohlgesonnen wäre. Heute Nachmittag würde er sich mit einem Makler treffen und zwei Wohnungen besichtigen, und dann am Abend vielleicht …

Er lehnte sich zufrieden zurück und goss sich noch einmal nach. Der Cognac zeigte seine Wirkung. Nach ein paar Minuten stand Wenderick auf und öffnete das Fenster, um den Alkoholgeruch gegen frische Luft zu tauschen. Über Mittag blieb er im Büro und ließ sich von seiner Sekretärin Kaffee und ein Sandwich bringen.

Der Nachmittag verlief entspannt und ereignislos. Er erledigte überfällige Korrespondenzen, alles Routine, und schaute nochmal in die Expertisen, die ihm der Makler zugeschickt hatte. Und morgen Vormittag würde er bei Landner das Buch mit der Zeichnung abholen.

Wenderick schaute auf die Uhr, es war erst kurz nach fünfzehn Uhr. Aber er hatte sich ohnehin vorgenommen, heute etwas zeitiger zu gehen.

Gerade, als er dabei war, den Schreibtisch aufzuräumen, klopfte es. Gleich darauf betrat seine Sekretärin etwas verlegen den Raum.

„Es tut mir leid, Sie zu stören, aber zwei Herren wollen Sie dringend sprechen."

Unwillig hob Wenderick die Brauen. Er hatte keine Zeit für unangekündigte Besucher; in einer Stunde würde er sich mit dem Makler treffen.

„Herr Wenderick?" Der ältere der beiden Herren trat auf ihn zu.

Wenderick reagierte ungehalten: „Mein Name steht meines Erachtens gut lesbar an der Tür." Aber im gleichen Augenblick hatte er das beunruhigende Gefühl, dass nicht *er* in diesem Gespräch tonangebend sein würde, sondern der resolute Fremde, der ihm jetzt seinen Dienstausweis zeigte.

„Hauptkommissar Schmittloff ist mein Name." Ohne weitere Umschweife kam er zur Sache: „Gegen Sie liegt eine Anzeige wegen sexueller Belästigung und versuchter Vergewaltigung vor. Wenn Sie uns bitte zur Klärung des Sachverhaltes begleiten würden."

Wie vor den Kopf geschlagen stand Wenderick für ein paar Sekunden reglos im Raum, dann brachte er mühsam hervor: „Es kann sich nur um einen Irrtum handeln, ein bedauerliches Missverständnis."

„Wenn Sie uns jetzt bitte folgen würden", wiederholte

der Beamte mit Nachdruck.

Man ließ ihn warten. Seit mindestens einer Viertelstunde saß Wenderick in dem nüchternen Raum. Und im grotesken Gegensatz zu der Situation vor zwei Wochen, als er den Verdacht auf einen Betrug meldete, würde man ihn in diesem Fall als mutmaßlichen *Täter* vernehmen. Es war ihm unbegreiflich, dass Estrella Cardona gewagt hatte, ihn anzuzeigen.

Mittlerweile wartete er schon über zwanzig Minuten und glaubte, vor Wut gleich zu explodieren. Er versuchte, sich zu beruhigen, und atmete tief durch. Nur mühsam gelang es ihm, seine Selbstbeherrschung zurückzugewinnen. Jetzt war entscheidend, welchen Eindruck er bei den Beamten hinterließ. Sie sollten ihn als souveräne, gestandene Persönlichkeit wahrnehmen, die über jeden Verdacht erhaben war. Deshalb bereitete er sich gedanklich auf das kommende Gespräch vor. Die Bezeichnung *Vernehmung* ließ er gar nicht erst an sich heran.

Nicht umsonst hatte er an zahlreichen Seminaren für Führungskräfte teilgenommen und dort unter anderem Konfliktbewältigung trainiert. Zudem hatte er in der langjährigen Tätigkeit als Leiter der SüdBank gelernt, unter komplizierten Umständen zu agieren und anfallende Probleme letztendlich zu seinen Gunsten zu lösen. Die Hilfsmittel hierfür waren ein verbindlicher Umgangston, Eloquenz, analytisches Denken und nicht zuletzt sein ausgeprägtes Selbstbewusstsein.

Die bevorstehende *Unterredung* betrachtete er jetzt als eine Art Gedankenaustausch, als einen Dialog, um Missverständnisse aus dem Weg zu räumen. Nichts würde man ihm nachweisen können. Selbst wenn es hart auf hart käme, stünde Aussage gegen Aussage. Doch ihm fehlte ein Stück Erinnerung von jenem Augenblick an, als er sie gepackt hatte und sie beide am Boden lagen. Gleich darauf hatte er den dumpfen Schmerz am Hinterkopf gespürt und das Bewusstsein verloren. Diese Tatsache beunruhigte ihn. Aber dann sagte er sich, dass das Geschehen viele Tage zurücklag und Estrella Cardona, wenn es denn Beweise oder gar einen Zeugen gäbe, ihn längst angezeigt hätte.

In diesem Augenblick betraten der Kommissar und ein weiterer Beamter den Raum. Beide nahmen ihm gegenüber Platz.

Wenderick hatte sich für eine kooperative Verhaltensweise entschieden, verbunden mit einem erkennbaren Befremden angesichts der langen Wartezeit und der Anzeige generell. So schaute er den Ermittler also mit leicht erhobenen Augenbrauen an.

„Wie ich Ihnen bereits sagte, liegt gegen Sie eine Anzeige wegen sexueller Belästigung und versuchter Vergewaltigung vor. Ich weise Sie darauf hin, dass Sie einen Anwalt hinzunehmen können. Jede Aussage Ihrerseits kann gegen Sie verwendet werden."

„Ich komme da ehrlichgesagt nicht ganz mit." Wenderick sah den Kommissar mit offenem Blick und selbstbewusster Haltung an. Nicht überheblich, nein, auch nicht entrüstet. So gelassen wie möglich forderte er eine Erklärung für diese Anschuldigung.

Schon bei der ersten Begegnung in der SüdBank war Kommissar Schmittloff das dominante Auftreten seines

Gegenübers aufgefallen. Um nicht voreingenommen zu erscheinen, bemühte er sich um einen sachlichen Ton. „Frau Estrella Cardona hat heute Morgen folgende Aussage gemacht." Die Fakten, die nun folgten, waren Kai Wenderick alle bestens bekannt, trotzdem gelang ihm ein überraschter und schockierter Gesichtsausdruck.

„Jetzt bin ich einigermaßen fassungslos! Sehe ich aus wie jemand, der es nötig hätte, eine Frau auf diese Weise zu *erobern*?!" Er sah nicht danach aus, das wusste er genau. Aber Schmittloff überging den Einwurf. Seine nächste Frage klang beiläufig.

„Übrigens, aus welchem Grund hielten Sie sich gestern Abend vor ihrer Haustüre auf?"

Wenderick stutzte für einen Moment. Sie hatte ihn demnach gesehen! „Hat sie das behauptet?"

„Bitte keine Gegenfragen, antworten Sie einfach."

„Im Prinzip wollte ich mich bei ihr entschuldigen."

„Aha, und wofür?"

„Ich hatte sie wohl zu Unrecht vor ein paar Tagen wegen einer vermeintlichen Picasso-Fälschung angezeigt." Wenderick selbst fand die Begründung durchaus plausibel, konnte aber aus Schmittloffs Gesichtsausdruck nicht ersehen, inwieweit er über den Betrugsfall unterrichtet war und ob er ihm diese Behauptung abnahm. Er notierte etwas und kam nochmal auf die Ereignisse damals in der SüdBank zurück.

Wenderick argumentierte: „Wenn ich sie denn tatsächlich belästigt hätte: Warum hat Frau Cardona mich dann nicht sofort angezeigt?"

Schmittloff blätterte in seinen Unterlagen. „Das hat sie

versucht. Gleich am nächsten Morgen ging sie zum Leiter der Personalabteilung und meldete den Vorfall."

„Das behauptet sie?"

„Nein, das sagt der Leiter, Herr Wolfgang Möller." An Kai Wendericks Schläfe schwoll eine Ader an. „Wir haben Herrn Möller hierzu befragt. Es ist seine Pflicht, als Zeuge auszusagen. Wenn er die Aussage verweigert, macht er sich strafbar."

In Sekundenschnelle hatte Wenderick sich wieder im Griff. „Ich hoffe, dass Herr Möller den Grund für Frau Cardonas unhaltbare Anschuldigung genauso dargestellt hat, wie ich ihn selbst sehe: Sie hatte meine Freundlichkeit wohl falsch verstanden und gab ihrer Enttäuschung nach, in dem sie sich nun an mir rächen will." Dann kam ihm eine weitere Idee. „Und als sie merkte, dass sie mit ihrer Anschuldigung beim Personalleiter nicht ankam, versuchte sie es mit einem raffinierten Betrug. Sie wollte mir eine Fälschung andrehen!"

Schmittloff sah ihn mit ausdrucksloser Miene an. „Jetzt widersprechen Sie sich. Vorhin haben Sie selbst gesagt, dass Sie Frau Cardona zu Unrecht angezeigt hätten und sich deshalb bei ihr entschuldigen wollten. Und letztendlich haben Sie die Picasso-Zeichnung dann doch gekauft. Weshalb?"

Wenderick zwang sich innerlich zur Ruhe, bevor er antwortete. „Stimmt, wie sich später herausstellte war die Anzeige unberechtigt. Ich nehme also meine Vermutung, dass sie mir eine Fälschung andrehen wollte, wieder zurück. Sicher konnten Sie aus den Unterlagen ersehen, dass die Zeichnung gründlich untersucht wurde und sich entgegen meines Verdachtes als ein echter Picasso herausstellte. Ich hatte mich also geirrt. Daraufhin habe ich mich entschlossen, sie für die Sammlung der Kunsthalle nun doch zu erwerben. Das Geld habe ich übrigens überwiesen. Morgen werde ich die Zeichnung abholen."

Unerbittlich ging Schmittloff zum nächsten, dem entscheidenden Punkt der Anzeige über. „Wie Sie wissen, werden Sie ebenfalls beschuldigt, Frau Cardona am Abend des elften Augusts so gegen zweiundzwanzig Uhr in einer Parkanlage unweit ihrer Wohnung überfallen zu haben. Nur aufgrund eines Blackouts Ihrerseits gelang Frau Cardona die Flucht."

„Auch das ist eine Lüge", entgegnete Wenderick so gelassen, wie es ihm im Augenblick möglich war. Einen weiteren Gefühlsausbruch konnte er sich nicht erlauben. „Sehen Sie, die Sachlage ist meiner Ansicht nach folgendermaßen: Frau Cardona erfuhr, dass ich eine Anzeige wegen Betrugs beim LKA erstattet hatte, und aus Wut darüber …"

Kommissar Schmittloff unterbrach ihn: „Auch in diesem Punkt widersprechen Sie sich. Zu der Zeit des Überfalls konnte Frau Cardona noch gar nichts davon gewusst haben. Die Vernehmungen begannen erst am darauffolgenden Morgen."

Für einen Moment war Wenderick sprachlos. Er erkannte seinen Fehler. Mit einem entschuldigenden Lächeln meinte er: „Da haben Sie natürlich Recht. Aber trotzdem ist Frau Cardonas Behauptung, ich hätte ihn an jenem Abend aufgelauert, völlig unhaltbar. Und woher sollte ich wissen, dass sie gerade um diese Zeit durch diesen Park, wo auch immer er sich befinden mag, kommen sollte?"

„Sie kennen ihre Adresse. Zumindest hatten Sie am Morgen des gleichen Tages Gelegenheit, Einsicht in das Personalprogramm der SüdBank zu nehmen. Herr Möller musste zu einer Besprechung, und Sie konnten in Ruhe seinen Rechner nutzen."

Also hatte er auch das zu Protokoll gegeben! Nur mit Mühe gelang es Wenderick, die aufkommende Wut unter Kontrolle zu halten. „Selbst, wenn mir ihre Adresse bekannt wäre: Frau Cardona hat keinerlei Beweise für ihre unerhörte Behauptung."

„Doch, die hat sie." Kommissar Schmittloff ließ diesen Satz einen Moment lang nachklingen und beobachtete sein Gegenüber. Dessen Gesichtsausdruck zeigte zuerst Verblüffung, dann Beunruhigung und schließlich Protest.

„Und die wären?"

„Nachdem sie Ihrem Übergriff entkommen war, nahm Frau Cardona ein Taxi. Heute Vormittag gelang es uns, den Fahrer ausfindig zu machen. Er sagte aus, dass sie völlig erschöpft und derangiert bei ihm zustieg. Ihre Bluse war zerrissen. Auf ihre Bitte hin setzte er sie im nächstgelegenen Hotel ab. Dort sprachen wir mit dem Angestellten, der an dem Abend Dienst hatte. Er bestätigte, dass Frau Cardona mit zerrissenem Kleidungsstück ankam und ein Zimmer nahm."

Wenderick sah den Kommissar mit ausdrucksloser Miene an. „Ich verstehe trotzdem nicht, was dieser für Frau Cardona sicherlich sehr bedauernswerte Umstand mit mir zu tun haben sollte. Ich selber befand mich zu diesem Zeitpunkt bei einer engen Freundin von mir, Frau Dr. Uta Ruland."

„Genau dort hielten Sie sich nicht auf", entgegnete Schmittloff und erklärte gleich darauf: „Frau Ruland haben wir nämlich ebenfalls dazu befragt."

Wieso das? In Wendericks Kopf wirbelten die Gedanken. „Ja, dann habe ich mich eben geirrt. Sie entschuldigen bitte mein Versehen, aber das alles stürzt auf mich völlig unvorbereitet ein. Die genauen Daten, wann ich mich wo aufhielt, habe ich natürlich nicht im Kopf." Wieder glitt dieses gewinnende Lächeln über sein Gesicht, mit dem er diesmal um Verständnis bat. „Möglicherweise war ich an jenem Abend aber einfach bei mir zu Hause." Und nach einem kurzen Zögern fügte er hinzu: „Sicher sind Sie auch bereits darüber informiert, dass meine Frau die Scheidung eingereicht hat." Diesmal lächelte er mit einem Anflug von Verbitterung.

Schmittloff räusperte sich und erklärte: „Wir wissen unterdessen, dass Sie an dem besagten Abend erst sehr spät und einigermaßen verstört in Ihrer Wohnung ankamen." Als Wenderick ihn erschrocken ansah, ergänzte er: „Ein Kollege hat Ihre Frau befragt. Jedenfalls hielten Sie sich zur Tatzeit weder bei Frau Ruland noch zu Hause auf. Wo also waren Sie um zweiundzwanzig Uhr?"

Er überlegte fieberhaft und meinte dann resigniert: „Da muss ich wirklich erst einmal genau nachdenken."

„Tun Sie das."

„Möglicherweise war ich noch in der SüdBank, um liegengebliebene Vorgänge aufzuarbeiten."

Nach ein paar Augenblicken unterbrach der Kommissar Kai Wendericks erfolglose Grübelei und holte zum entscheidenden Schlag aus.

„Überlegen Sie nicht länger. Es hätte ohnehin keinen Sinn. Die Hauptzeugin hat heute Vormittag ebenfalls ausgesagt. Mit Sicherheit war Ihnen entgangen, dass genau zum Zeitpunkt des Tathergangs eine Joggerin vor Ort war und Sie gesehen hat. Ihr ist es übrigens zu verdanken, dass Frau Cardona entkommen konnte."

Entgeistert starrte Wenderick den Kommissar an. Seine schlimmsten Befürchtungen waren nun eingetreten. „Wieso sollte denn zufällig gerade jemand vorbeigekommen sein, und wie haben Sie diejenige überhaupt aufgetrieben und zu dieser Aussage gebracht?!" Entgegen seiner Strategie hatte er nun doch die Beherrschung verloren. Aber Schmittloff blieb gelassen und betrachtete sein Gegenüber wie ein seltenes Insekt. Wenderick war sichtlich erregt. „Das ist ein Komplott gegen mich! Wie kann die Zeugin denn wissen, dass ich der Täter war? Sie konnte mich doch gar nicht kennen!"

Fast mitleidig schüttelte Schmittloff den Kopf. „Es ist aussichtslos, Herr Wenderick. Zum einen hat Frau Cardona Sie natürlich erkannt, und des Weiteren haben wir auch hier unsere Möglichkeiten. Die Zeugin hat sie zweifelsfrei als Täter identifiziert. Natürlich wird es im Rahmen der Ermittlung auch zu einer Gegenüberstellung kommen."

Wenderick schwieg betroffen. Schließlich äußerte er entnervt: „Ich möchte jetzt meinen Anwalt sprechen."

Entscheidungen

Diesmal hatten sie allen Grund zum Feiern. Wie von Wenderick angekündigt, wurde das Geld überwiesen und war jetzt auf dem eigens dafür eingerichteten Konto. Sascha hatte zwei Flaschen Champagner mitgebracht.

„Ich kann es immer noch nicht fassen! Wenderick hat das Ding tatsächlich gekauft!", meinte Holger kopfschüttelnd.

Norbert wirkte eher nachdenklich. „Ich weiß gar nicht, wie ich Euch danken soll. Ihr habt beide viel riskiert. Vor allem Estrella. Wo bleibt sie eigentlich?" Aber in diesem Moment klingelte es, und kurz darauf betrat sie Holgers Küche.

„Nimm Platz, Estrella, jetzt trinken wir auf unseren Erfolg!" Sascha goss ein, und sie prosteten sich zu.

„Auf den glücklichen Ausgang unseres Coups!"

„Und auf Wendericks Entscheidung!" Doch augenblicklich wurde Sascha ernst. „Im Prinzip haben wir auch Uta getäuscht."

„Tja, das liegt nun leider mal in der Natur der Sache. Und sie persönlich trägt doch keinen Schaden davon. Letzten Endes profitiert sie sogar noch von dem unbekannten Picasso!", versuchten die Freunde, seine Bedenken zu zerstreuen. „Komm, Sascha, von Anfang an war doch klar, dass wir nur über sie an Wenderick herankommen. Dass sich die Angelegenheit dann für euch beide so entwickeln würde, konntest du doch nicht wissen."

Sascha seufzte tief. „Ihr habt ja Recht. Es ist nicht zu ändern. Also noch einmal auf den gelungenen Coup."

Erst jetzt bemerkten sie, dass Estrella ungewöhnlich still war. Besorgt fragte Norbert: „Ist etwas nicht in Ordnung? Du siehst so nachdenklich aus.

Sie schluckte und erwiderte dann: „Am kommenden Samstag fliege ich zurück nach Barcelona."

Die drei waren wie vor den Kopf geschlagen. „Aber wieso denn jetzt schon? Dein Deutsch-Kurs geht doch noch bis Ende September. Ist etwas mit deiner Großmutter passiert?"

„Nein, es geht ihr gut. Aber heute früh habe ich Wenderick angezeigt. Ich muss weg, ich kann nicht länger hierbleiben."

Sascha und die anderen glaubten, sich verhört zu haben. „Du hast ihn angezeigt? Wie kommt es, dass du dich jetzt doch dazu entschlossen hast?"

Ungläubig hörten die Freunde zu, wie Estrella ihnen den neuerlichen Vorfall schilderte: Als sie gestern Abend in ihre Straße einbog, sah sie von weitem, wie Wenderick aus dem Auto stieg und auf ihre Haustür zuging. Sie blieb wie angewurzelt stehen und kehrte nach einer Schrecksekunde augenblicklich um. Er hatte sie nicht bemerkt, und so gelang es ihr, ungesehen zu entkommen. Voller Panik lief sie die Hauptstraße entlang bis zur nächstgelegenen Haltestelle.

„Aber wo bist du dann hin, Estrella?"

„Wieder zu einer Kommilitonin. Dort habe ich auch übernachtet. Und gleich heute Morgen bin ich dann zur Polizei gegangen."

„Wenderick hat also tatsächlich noch einmal gewagt, dir aufzulauern? Das ist unfassbar! Dieser Mensch ist ja noch gefährlicher, als wir dachten! Aber bei der erdrückenden Beweislast sitzt er garantiert erst einmal in Untersuchungshaft, und du bist vor ihm sicher", meinte Holger zuversichtlich.

Doch Estrella schüttelte zweifelnd den Kopf. „Er hat bestimmt einen guten Anwalt und fällt wieder auf seine Füße, wie eine Katze."

„Da ist was dran. Ein Glück, dass er vorher noch das Geld überwiesen hat. Und jetzt feiern wir unseren Erfolg! Überleg es dir doch nochmal, Estrella, storniere den Flug und bleib noch einen Monat hier bei uns. Wenn du möchtest, kannst du solange bei mir wohnen", bot Holger spontan an.

Aber sie lehnte entschieden ab. „Nein, ich bin entschlossen. Und Großmutter freut sich auch, wenn ich wieder zurück bin in Barcelona."

Die Aussicht auf Estrellas baldigen Abschied drückte die Stimmung. Schon nach einer halben Stunde erhob sie sich.

„Ich muss jetzt gehen."

„Diesmal komme ich aber mit, Estrella. Ich lass dich nicht allein in deiner Wohnung übernachten."

„Das ist lieb, Norbert, aber heute und die nächsten Nächte schlafe ich wieder bei der Kommilitonin in der WG."

Unterdessen hatten sich Sascha und Holger ebenfalls erhoben. Norbert unternahm einen letzten Versuch, den endgültigen Abschied ein wenig hinauszuschieben und schlug vor, sich am Freitag noch einmal in Holgers Wohnung zu treffen. Die anderen stimmten sofort zu, und schließlich willigte auch Estrella ein.

Norbert begleitete sie zur Tür. „Versprichst du mir, dass du am Freitagabend kommen wirst?" Sie nickte nur. Dann nahm er sie schweigend in die Arme. Nachdem sie sich getrennt hatten, schaute er ihr nach, wie sie eilig die Stufen hinunterlief. Unten an der Haustür drehte sie sich noch einmal nach ihm um. Im nächsten Augenblick war sie verschwunden.

Die drei Freunde blieben in gedrückter Stimmung zurück. Nach einer Viertelstunde verabschiedete sich auch Sascha.

„Das war's ja dann wohl. Aber wir sollten uns freuen, dass alles so gut gelaufen ist", meinte Holger nachdenklich, als er mit Norbert alleine in der Küche saß. Die zweite Flasche Champagner stand ungeöffnet im Kühlschrank. Nach Estrellas Ankündigung war ihnen die Feierlaune vergangen. Norberts Stimmung war ohnehin am Boden, und nach weiteren zehn Minuten ging auch er.

Holger blieb allein zurück und gab sich seinen melancholischen Betrachtungen hin. Im Prinzip hatten die drei Schulfreunde erst durch Norberts unglückliche finanzielle Lage wieder engeren Kontakt gefunden. Ihr gemeinsamer Plan und dessen Ausführung hatte sie miteinander verbunden.

Er holte sich ein Bier aus dem Kühlschrank und setzte sich auf die Terrasse. Vermutlich würde es einer der letzten milden Sommerabende sein. Die Luft roch bereits nach Herbst. Er streckte die Beine aus und dachte an die Ereignisse der vergangenen Wochen. Wie leichtsinnig er doch war, dass er nicht alles im Vorfeld entsorgt hatte.

Ihm kam wieder die Nacht auf dem verlassenen Gelände in den Sinn. Die Vernunft gebot ihm, nicht noch einmal an den Ort zurückzukehren. Er konnte nur hoffen, dass seine nächtliche Aktion ohne Konsequenzen blieb und der Förster sein Autokennzeichen nicht notiert hatte. Zwei Stunden hatten sie gemeinsam auf dem Hochstand verbracht. Selbstredend gelang es Holger keinen Augenblick, sich auf die Beobachtung des Wildes zu konzentrieren. In Gedanken hatte er ausgerechnet, um welche Zeit er sich spätestens verabschieden musste. Zudem suchte er nach einer glaubhaften Erklärung für seinen voreiligen Aufbruch. Der andere hatte sie schweigend und scheinbar ohne Argwohn zur Kenntnis genommen. Doch einen Funken Misstrauen, zumindest aber Verwunderung, glaubte Holger in dessen Blick gesehen zu haben. Eine Unsicherheit blieb immer. Er kam gerade noch rechtzeitig zur Wohnung zurück. Nicht auszudenken, wenn die Beamten schon vor seiner Tür gestanden hätten. Und dann die Angst bei der Durchsuchung und der Schock, als Kommissar Bernholm die Gemälde an der Wand betrachtete. Es war ein Glücksumstand, dass der Vorname seiner verstorbenen Frau ebenso wie sein eigener mit einem *H* begann und diese Tatsache ihm im richtigen Augenblick einfiel. Im Nachhinein bezweifelte Holger, dass Bernholm ihm die Lüge so ohne weiteres abnahm. Jetzt, wo alles ausgestanden schien und die Anspannung der letzten Wochen langsam von ihm abfiel, verspürte er ein Unbehagen. Durch die gefälschte Signatur hatte er sich strafbar gemacht. Wenn die ganze Sache aus einem unvorhersehbaren Anlass aufflöge, würden sie ihn wegen Urkundenfälschung belangen. Wiederum, was sollte jetzt noch schiefgehen? Die Zeichnung wurde kriminaltechnisch untersucht und keine Auffälligkeiten festgestellt. Im Prinzip war er stolz auf seine Leistung.

Dann dachte er an Norbert. Trotz des gelungenen Coups sah er nicht glücklich aus. Wie würde es jetzt für ihn weitergehen? Er hatte sich in Estrella verliebt, und Christa hatte ihn verlassen. Sicher war die Katalanin nicht der Grund dafür. Beide hatten sich auseinandergelebt und Norbert unternahm nichts, um Christa zurückzugewinnen. Aber Estrella würde am Samstag nach Barcelona fliegen, ohne Norbert. Er wäre dann allein.

Holger seufzte und trank sein Bier aus. Der einzige Glückspilz in ihrer Runde schien wieder einmal Sascha zu sein. Die ganze Zeit über hielt er die Fäden in der Hand, und es war ihm zu verdanken, dass ihr Plan letztendlich aufging. Er hatte sogar sein persönliches Glück gefunden. Holger erinnerte sich daran, wie sein Freund damals bei der Ausstellungseröffnung vom ersten Augenblick an von der smarten, etwas distanziert wirkenden Kunsthistorikerin fasziniert war. Und tatsächlich war es ihm gelungen, Uta Ruland zu erobern. Anders als bei seinen früheren Beziehungen schien es ihm diesmal ernst zu sein. Mit anderen Worten, es hatte ihn schwer erwischt. Aber diese Liebe hatte einen bitteren Beigeschmack: Sie basierte auf einer Lüge. Ja, Sascha hatte Uta Ruland von Anfang an belogen. Und es war nicht zu übersehen, dass er darunter litt. Aber der Sinn ihrer ganzen Unternehmung war ja, Norbert zu einer ordentlichen Entschädigung zu verhelfen, und das alles auf Wendericks Kosten.

Insofern hatte Sascha recht, als er auf der Signatur bestand. Ohne diese wäre der Preis für die Zeichnung wesentlich niedriger ausgefallen. Sie hatten Wenderick reingelegt, und Estrellas Anzeige gegen ihn rundete die ganze Sache ab. Aber vermutlich würde sie recht behalten: Ein Mensch wie er fällt immer wieder auf die Füße. Mit Sicherheit hatte er nützliche Beziehungen und einen Freund, der Anwalt war und ihm aus der Patsche helfen würde.

Und so war es denn auch. Noch am gleichen Abend verließ Kai Wenderick mit seinem Anwalt das Polizeigebäude, allerdings unter Auflagen. Es war ihm untersagt, sich in der Nähe von Frau Cardona aufzuhalten.

Mit dem Anwaltsfreund saß er nun in einer Bar und besprach mit ihm die Strategie zu seiner Verteidigung.

„Mensch, Kai, was hat dich denn so an der Katalanin gereizt, dass du dich dermaßen vergessen hast?"

„Alles! Sie ist die Verführung in Person! Erst flirtet sie auf Teufel komm raus und dann spielt sie die Unschuld? Nee, die wollte doch auch mehr."

Der Anwalt schüttelte den Kopf. „Ganz offensichtlich nicht. Und außerdem hast du das überhaupt nicht nötig. Du bist verheiratet und hast auch noch eine Geliebte."

Kai Wenderick winkte ab. „Du weißt es noch nicht: Ich bin so gut wie geschieden. Und was Uta betrifft: Sie und die Cardona, das ist ein Unterschied wie Tag und Nacht! Uta ist eher kühl und zurückhaltend. Die Katalanin dagegen ist die reine Provokation, sie fordert mich geradezu heraus!"

Die darauffolgende Ermahnung klang ernst und eindringlich. „Du musst dich in den Griff bekommen, Kai, den übersteigerten Sexualtrieb und auch deinen Jähzorn. In der Verteidigung sehe ich nur eine Chance: Ich werde auf verminderte Schuldfähigkeit wegen Trunkenheit plädieren. Im Park, als du sie überwältigt hattest, warst du betrunken und damit unzurechnungsfähig.“

„Aber ich hatte doch keinen Tropfen Alkohol getrunken! Nicht mal ein Bier!“

„Verstehst du denn nicht? Wir müssen diese Strategie wählen, sonst sieht es ganz schlecht für dich aus. Für den Vorfall im Park gibt es eine Zeugin, und die hat heute Morgen gegen dich ausgesagt.“

„Und was konkret schlägst du jetzt vor?“

„Du bleibst bei deiner Aussage, dass dich Frau Cardona an jenem Abend in der SüdBank missverstanden hätte. Der Grund hierfür könnten vielleicht ihre mangelnden Deutschkenntnisse sein. Jedenfalls seid ihr in Zwietracht auseinandergegangen und sie hat daraufhin gekündigt. Wochen später, als du erfahren hast, dass sie die Besitzerin der Picasso-Zeichnung ist, musstest du natürlich annehmen, dass sie dich betrügen, dir einen falschen Picasso andrehen will. Und da ist bei dir die Sicherung durchgebrannt. Du hast dich betrunken. An alles andere, an den Vorfall abends im Park, kannst du dich einfach nicht erinnern; du hattest ein Blackout. Stimmt doch auch, wenigstens teilweise. Prophylaktisch solltest du dich entschuldigen; das macht immer einen vorteilhaften Eindruck. Dummerweise hast du dich dann gestern Abend vor ihrem Wohnhaus aufgehalten, und sie hat dich dabei gesehen. Auch hier bleibst du bei deiner Version, dass du dich bei ihr entschuldigen wolltest. Natürlich nicht für den Überfall im Park, an den du dich ja wegen Trunkenheit gar nicht erinnern kannst, sondern für deine ungerechtfertigte Anzeige beim LKA. Glaubwürdiger wäre es natürlich gewesen, wenn du einen Blumenstrauß dabeigehabt hättest", ergänzte er mit einem schiefen Lächeln. „Als dein Anwalt sehe ich momentan wirklich nur diese eine Möglichkeit, einigermaßen unbeschadet aus der ganzen Misere herauszukommen. Und als dein Freund rate ich dir dringend zu einer Therapie, um deine Probleme in den Griff zu bekommen."

Beide tranken schweigend aus, und bald darauf verabschiedeten sie sich. Der Tag hatte eine ganz andere, für Wenderick äußerst unerfreuliche Wendung genommen. Für heute war das Maß erst einmal voll.

Spät am Abend traf er in der Wohnung seines Freundes ein. Dessen fragendem Blick wich er aus. Gleich morgen früh würde er den Makler anrufen und um einen neuen Termin bitten.

Niedergeschlagen lief Norbert an diesem Abend zu seiner Wohnung. Der baldige Abschied von Estrella setzte ihm mehr zu, als er sich eingestehen mochte. Aber was hatte er sich von der Beziehung eigentlich erhofft? Nahm er ernsthaft an, dass sie für ihn hierbleiben, eines Tages mit ihm zusammenziehen würde? Und Christa? Mit Sicherheit hatte sie etwas von seinen Kapriolen geahnt. Würde sie zu ihm zurückkehren, wenn er sie darum bat, oder ihn irgendwann endgültig verlassen? Er wusste nicht, wo sie sich momentan aufhielt, und hatte nur halbherzig versucht, sie telefonisch zu erreichen. Nichts zwischen ihnen war geklärt.

Eine halbe Stunde später betrat er die Wohnung. Wie ein Fremder schlich er durch die Räume.

Dann blieb er abrupt stehen. Irgendetwas war anders. Das Wohnzimmer sah aufgeräumter aus als sonst, sichtbar leerer. Er vermisste Gegenstände, kleine Erinnerungsstücke, die er normalerweise kaum beachtete. Eilig lief Norbert ins Bad und sah, dass sämtliche Cremedosen und weitere Kosmetikartikel fehlten. Im Schlafzimmer öffnete er ihren Kleiderschrank. Die Stange war sichtlich gelichtet, ebenso waren die Fächer größtenteils geleert. Ganz offensichtlich hatte sie gepackt. Aber wann war das geschehen? Wahrscheinlich am heutigen Nachmittag. Und mit Sicherheit hatte ihr jemand beim Transport geholfen, denn das alles hier sah nach einem Auszug aus. Auf dem Küchentisch fand er einen Zettel mit den dürftigen Worten: *Ich melde mich demnächst, Christa.*

So war also der Stand der Dinge; sie hatte ihn endgültig verlassen. Für einen Augenblick kam ihm der Gedanke, dass womöglich alles anders gelaufen wäre, wenn er am Nachmittag oder am frühen Abend hier gewesen wäre. Aber nein, ihr Entschluss, aus der gemeinsamen Wohnung auszuziehen, stand offensichtlich schon lange fest. Sie hatte alles geplant, und er hätte ihren Auszug nicht verhindern können. War es eigentlich sein Wunsch, dass sie bliebe? Wäre er bereit, auf sie zuzugehen? Auch in den Jahren zuvor gab es hin und wieder Streit, doch jedes Mal beendeten sie ihn; meist mit einem Lachen.

Diesmal herrschte Sprachlosigkeit. Er fragte sich, wo sich Christa die ganze Zeit aufhielt. Hatte sie mittlerweile eine eigene Wohnung oder jemanden kennengelernt, sich ebenfalls neu verliebt? Trotz allen Ärgers, den sie in den letzten Wochen miteinander hatten, schmerzte ihn der Gedanke. Plötzlich fiel ihm ein, dass sie vor nicht allzu langer Zeit zu einem Klassentreffen ging. Ja, so war es wohl: Sie hatte ihre Jugendliebe wiedergetroffen! Norbert war jetzt überzeugt, dass sie zu ihm gezogen war.

Die Trennung hatte etwas Endgültiges; sie war der Abschluss einer langen Lebensphase. Verloren stand er in der Wohnung, die ihm fremd geworden war.

Courage

Uta räumte die Reste des Abendbrotes weg und eröffnete Sascha nebenbei, dass sie unbedingt mal wieder in ihrer Wohnung nach dem Rechten schauen müsse.

„Wie wäre es, wenn du für ein paar Tage mit zu mir kämst?"

„Gerne. Aber was machen wir, wenn Kai wieder bei dir auftauchen sollte …?"

„Von welchem Kai redest du?" Es sollte eine witzige Bemerkung sein, aber ihr Lachen klang ein wenig bemüht.

Sascha entging ihre Anspannung nicht, trotzdem begann er: „Apropos Kai: Da muss ich dir was erzählen. Estrella war heute Morgen bei der Polizei und hat ihn wegen sexueller Belästigung und versuchter Vergewaltigung angezeigt."

Uta schien wenig überrascht. „Das hat sie richtig gemacht", war ihr einziger Kommentar dazu.

In kurzen Worten gab Sascha Estrellas Bericht wieder und meinte dann: „Ich hoffe jetzt nur, dass die Beweismittel ausreichen, um den Kerl für längere Zeit aus dem Verkehr zu ziehen. Es ist wirklich ein großer Zufall, dass die Joggerin zur rechten Zeit am rechten Ort war und man sie so schnell als Zeugin gefunden hat."

Uta setzte sich wieder an den Tisch, bevor sie erklärte: „Es war kein Zufall, Sascha. Die Zeugin bin ich."

„Was?!" Ungläubig starrte er sie an. „Uta, du kannst nicht aus Mitleid eine Falschaussage machen! Das ist strafbar!"

„Es ist keine Falschaussage. Ich war in dem Waldstück, als es passierte."

Als Sascha sie daraufhin sprachlos anschaute, erzählte sie zögerlich von jenem letzten Abend mit Kai, als sie zusammen in ihrer Wohnung waren. Details ließ sie natürlich aus, aber im Wesentlichen schilderte sie die Situation, die der Auslöser für alles Folgende war: „Ist etwas nicht in Ordnung?", hatte sie erschrocken gefragt, als sie aus dem Bad kam und Kai distanziert und verschlossen vor ihr stand. Er wirkte plötzlich wie verändert. Dann hatte sie ihm auf sein Drängen hin das zweite Exemplar des bereits unterschriebenen Kaufvertrages ausgehändigt. Kurz darauf war er gegangen. Instinktiv hatte sie damals gespürt, dass er Geheimnisse vor ihr hatte. In der Zeit, die sie im Bad verbrachte, musste irgendetwas vorgefallen sein, das er ihr verschwieg. Zuerst nahm sie an, dass er zwischenzeitlich eine unangenehme Nachricht erhalten hätte. Erst später, als sie längst wieder allein war, schaute sie beiläufig auf ihr Smartphone und sah zu ihrer Verblüffung eine geöffnete Mitteilung. Sie kam von Carsten Landner. Uta sah ein Foto, auf dem Estrella Cardona, Sascha Niermeyer und zwei weitere, ihr unbekannte Personen in fröhlicher Runde saßen und las darunter die Worte: „Offensichtlich gibt es da was zu feiern."

Schlagartig wurde Sascha bewusst, wie alles zusammenhing. Die beiden anderen waren Norbert und Holger, und sie alle hatten arglos und unvorsichtigerweise den Abschluss des Kaufvertrages im Restaurant gefeiert. Demnach wurden sie an jenem Abend nicht von Kai Wenderick gesehen – sondern von Carsten Landner. Er saß an einem der Nachbartische, hatte sie unbemerkt fotografiert und die Aufnahme auf Utas Smartphone geschickt.

Sascha riss sich aus seinen Überlegungen und hörte sie sagen: „Kai musste wohl in meiner Abwesenheit den Eingang der Mitteilung gehört haben. Was ihn aber dazu veranlasste, sich an meinem Smartphone zu vergreifen, kann ich mir nicht vorstellen. Ich fand das reichlich unverschämt. Mein erster Impuls war, ihn sofort anzurufen und zur Rede zu stellen, egal ob er zu Hause bei seiner Frau war oder allein. Doch im gleichen Moment kam mir ein neuer, sehr beunruhigender Gedanke." Angespannt wartete er darauf, was jetzt folgen würde. „Nachdem Kai also ohne mein Wissen die Nachricht und das Foto gesehen hatte, musste ihn etwas dermaßen irritiert haben, dass er sogar vergaß, die Mitteilung wieder zu schließen. Der Umstand, dass ihr den Kaufabschluss gefeiert habt, konnte nicht der Grund dafür sein. Nein, es musste an den Personen liegen, die er auf dem Foto sah. Und dann wurde mir bewusst, dass Kai die Besitzerin der Picasso-Zeichnung, Frau Cardona, rein theoretisch noch gar nicht kannte, jedenfalls nicht persönlich. Aber plötzlich war ich überzeugt davon, dass er sie schon einmal gesehen hatte und auf dem Foto wiedererkannte. So war es ja auch, aber damals dachte ich in eine ganz andere Richtung."

Von dem Misstrauen und der Eifersucht, die sie aus vormals gemachten Erfahrungen befielen, erzählte sie Sascha nichts. Alles passte ihrer Meinung nach perfekt zusammen. Kais plötzlich so distanziertes Verhalten und das untrügliche Gefühl, dass er ihr etwas verheimlichte, ließen sie glauben, dass er früher mit Estrella Cardona eine Affaire hatte, sie sich dann aus den Augen verloren hatten und er sie nun unbedingt wiedersehen wolle.

Estrella Cardona … Was wusste sie schon über die attraktive Katalanin, außer dass sie eine Bekannte von Sascha und im Besitz einer wertvollen Zeichnung war?

„Du warst eifersüchtig auf sie", vermutete Sascha ganz richtig. Mit einem Schulterzucken gab Uta es zu.

„Anstatt ihn zur Rede zu stellen nahm ich mir vor, ihn zu beobachten. Am nächsten Tag beendete ich meine Arbeit etwas zeitiger als sonst und zog mich um. Mit meinem Jogging-Outfit, so dachte ich zumindest, würde ich bei meinem Vorhaben weniger auffallen. Ich fuhr mit dem Auto direkt zur SüdBank. Von dort aus wollte ich ihm unbemerkt folgen." Als Sascha sie ungläubig anschaute, senkte sie verlegen den Blick. „Ich hatte Kai geliebt und Angst, ihn zu verlieren." Sie brauchte ein paar Augenblicke, bevor sie weitersprach. „Auf dem Kundenparkplatz wartete ich im Auto, bis er aus dem Gebäude kommen würde. Endlich sah ich ihn. Zu meiner Überraschung war er aber nicht mit seinem Wagen unterwegs, sondern verließ das Gelände der SüdBank zu Fuß. Ich stieg also aus und lief in einigem Abstand hinterher. Du kannst dir sicher vorstellen, wie peinlich mir die Situation war. Aber ich wollte unbedingt wissen, was er vorhat und Klarheit über unsere Beziehung. Kai steuerte auf die nächstgelegene U-Bahn-Station zu. Als seine Bahn kam, konnte ich ihm ungesehen folgen. Nach einer halben Stunde stieg er aus, nahm die Rolltreppe noch oben und gelangte wenig später ins Freie. Dort lief er eine Weile an einer verkehrsreichen Chaussee entlang und bog schließlich in eine ruhigere Nebenstraße ein. Aus einiger Entfernung sah ich, wie er vor einem Wohnhaus stehenblieb und es kurz darauf hinter einem der Anwohner betrat. Typisch Kai. Er war schon immer wortgewandt und sein Auftreten offenbar so vertrauenerweckend, dass er als Fremder ohne weiteres ins Haus gelassen wurde. Im Vorbeigehen las ich auf einem der Namensschilder ihren Namen. Frau Cardona wohnte hier. Mein Verdacht hatte sich also bestätig: Er kannte sie aus früheren Zeiten. Mit eigenen Augen sah ich nun, was ich die ganze Zeit befürchtet hatte und lief völlig niedergeschlagen weiter. Dabei hatte ich das Gefühl, dass mir der Boden unter den Füßen weggezogen wurde. Als ich nochmal zurückschaute, verließ Kai gerade das Haus … allein. Augenscheinlich war sie nicht da. Aus einer Toreinfahrt heraus beobachtete ich, wie er einen Moment lang unschlüssig auf der anderen Straßenseite stehenblieb. Dann ging er den gleichen Weg, den er gekommen war, wieder zurück, ich in einigem Abstand hinterher. Gegenüber der U-Bahn-Station befand sich ein Bistro mit einem kleinen Freisitz. Dort nahm er Platz, die Augen immer auf den Ausgang der U-Bahn-Station gerichtet. Sein Getränk hatte er sofort bezahlt, so dass er ohne weitere Umstände aufbrechen konnte."

Sascha hatte ihr bis dahin schweigend zugehört. „Wo hast du dich die ganze Zeit aufgehalten?"

„Ständig in seiner Nähe und immer darauf bedacht, dass er mich nicht sah. Zum Glück war die Gegend sehr belebt, und ich fiel nicht weiter auf. Unterdessen wurde es dämmrig. Die Zeit, während der ich wartete und Kai beobachtete, kam mir endlos lang vor." Sie hielt kurz inne und sah Sascha an. „Bestimmt findest du mein Verhalten indiskret und unverständlich."

„Selbstquälerisch wäre wohl der richtige Ausdruck dafür. Aber du hattest ja deine Gründe. Und letztendlich hattest du mit allem Recht. Deine Hartnäckigkeit war gerechtfertigt."

„Zu diesem Zeitpunkt gab es für mich kein Zurück mehr. Ich wollte unbedingt wissen, ob ich mit meinem Verdacht richtig lag. Eine kleine Hoffnung blieb mir ja noch. Immerhin hielt ich es für möglich, dass ihre Beziehung von damals beendet war und er sich mit ihr nochmal aussprechen wollte. Bis dahin wusste ich auch noch nicht, ob sie verabredet waren, oder ob er sie überraschen wollte. Zumindest schien er gut informiert, wie er am schnellsten und bequemsten zu ihr kommen könnte: nicht mit dem Auto durch den Berufsverkehr, sondern mit den öffentlichen Verkehrsmitteln. Die U-Bahn-Station lag nicht weit von Frau Cardonas Wohnung entfernt, und er wusste offensichtlich, dass er sie auf ihrem Heimweg nicht verfehlen konnte. Dann kam sie endlich. Ich hatte damit gerechnet, dass er auf sie zugehen und sie begrüßen würde. Doch Kai verließ seinen Platz vor dem Bistro und folgte ihr in einigem Abstand. Das kam mir zwar merkwürdig vor, aber ich hielt es auch für möglich, dass er sie einfach überraschen wollte. So ergab sich die groteske Situation, dass Kai ihr unbemerkt folgte – und ich ihm. Ich sah, wie Frau Cardona nach kurzem Zögern die Abkürzung durch das Waldstück wählte und er, immer noch auf Abstand bedacht, hinter ihr herging. Nun wurde mir klar, dass Kai nichts Gutes im Schilde führte. Ich begann zu laufen. Im dunklen Park verlangsamte ich das Tempo wieder, behielt aber beide im Auge. Plötzlich begann Frau Cardona zu rennen, sie musste wohl seine Schritte gehört haben. Er hechtete ihr nach und hatte sie schnell eingeholt." Uta stockte kurz mit ihrer Schilderung. Das nun Folgende hatte sie bildhaft vor Augen. „Und dann sah ich das Unfassbare: Er packte sie an den Schultern und presste sie gegen einen Baum, kurz darauf stieß er sie zu Boden. In diesem Moment rannte ich los und erreichte die beiden wenige Sekunden später." Wieder hielt sie inne und suchte nach Worten. Sascha drängte sie nicht. „Als er plötzlich bewusstlos über ihr lag, zerrte ich sie hervor und half ihr auf die Beine. Noch während wir wegrannten drehte ich mich nach ihm um. Offensichtlich hatte er das Bewusstsein wiedererlangt, denn er versuchte, sich aufzurichten. Ich stieß Frau Cardona vorwärts. Wir mussten so schnell wie möglich die belebte Hauptstraße erreichen." Uta schwieg einen Augenblick, so als wolle sie zu dem Geschehnis Abstand gewinnen. „Der Rest dürfte dir bekannt sein. Ich winkte ein Taxi heran und setzte Frau Cardona hinein. Ich selber fuhr mit der U-Bahn zurück zur SüdBank, da mein Auto ja noch auf dem Kundenparkplatz stand. Am nächsten Morgen rief mich Frau Cardona an und bat darum, ihr eine Bluse vorbeizubringen. Das habe ich getan."

Sascha hatte die ganze Zeit geschwiegen, dann fragte er: „Und Estrella wollte keine Anzeige erstatten?"

„Nein. An dem Morgen, als ich ihr die Sachen ins Hotel brachte, habe ich sie danach gefragt. Aber sie meinte, es hätte sowieso keinen Sinn. Ich bot ihr an, gegebenenfalls als Zeugin auszusagen. Aber sie lehnte ab."

„Seit wann weißt du, dass sie ihn nun doch angezeigt hat?"

„Seit gestern Abend. Nachdem sie ihn an ihrer Haustür gesehen hatte, rief sie mich an. Die Nacht wollte sie bei einer Kommilitonin in einer WG verbringen. Heute Morgen trafen wir uns vor dem Polizeirevier."

Sascha verstand. Die beiden Frauen hatten sich also abgesprochen und Estrella ihm die ganze Zeit über verschwiegen, dass Uta die vermeintliche Joggerin war. Sie wollte es ihr überlassen, ihm alles zu erzählen.

„Hast du mitbekommen, warum Wenderick bei seiner Attacke plötzlich einen Schwächeanfall erlitt?"

Wieder zögerte Uta einen Moment, bis sie mit der ganzen Wahrheit herausrückte. „Das war kein Schwächeanfall. Ich hatte nachgeholfen." Sascha glaubte, sich verhört zu haben. „Als er sie auf den Boden geworfen hatte und über ihr lag, habe ich nach dem nächstbesten Ast gegriffen und ihm von hinten auf den Kopf geschlagen. Was blieb mir anderes übrig?"

„Mann-o-mann, das hätte ich dir nie zugetraut!" Als sie ihn erschrocken ansah, ergriff er schnell ihre Hand und beteuerte: „Du hast alles richtig gemacht, Uta, es war Notwehr." Dann fragte er, was sie der Polizei gegenüber als Grund für ihr plötzliches Erscheinen am Tatort angegeben habe.

„Die Wahrheit. Früher oder später hätten sie sowieso

herausgefunden, dass Kai und ich ein Paar waren."

Voller Sorge gab er zu bedenken: „Dann wird Wenderick bald wissen, dass du ihn schwer belastet hast."

Aber Uta schüttelte den Kopf. „Kai wird nicht erfahren, dass ich die Zeugin bin. Mit dem Beamten vom LKA wurde vereinbart, dass ich meine Aussage im Prozess nicht in seiner Gegenwart machen muss. Der Richter wird sie vorher schriftlich aufnehmen."

„Aber sein Anwalt wird deinen Namen lesen, wenn er Einsicht in die Anklageschrift nimmt!"

„Er unterliegt der Verschwiegenheitsverpflichtung."

„Ich sorge mich ja nur um dich, Uta."

„Das musst du nicht", versicherte sie.

Fatale Erkenntnis

Nachdem sie am nächsten Morgen ihre beiden Reisetaschen in Utas Wohnung abgestellt und kurz nach der
Post geschaut hatten, fuhren sie weiter zu ihrem Institut.
Dort setzte Sascha sie ab. Kaum dass Uta ihr Dienstzimmer betreten hatte, klingelte das Telefon. Die Nummer
war ihr unbekannt.

„Guten Tag, mein Name ist Christa Lange. Sie werden
sich vielleicht nicht sofort an mich erinnern. Wir hatten
uns vor ein paar Wochen kennengelernt, als ich mit Frau
Cardona im Kundenrestaurant saß und Sie einen Termin
mit ihr hatten."

Augenblicklich fiel es Uta wieder ein. „Ja, ich entsinne
mich. Wir hatten zusammen einen Kaffee getrunken.
Kann ich irgendetwas für Sie tun?"

Verlegen bat Christa: „Ich würde Sie gerne persönlich
und unter vier Augen sprechen. Wäre es möglich, dass
ich mal bei Ihnen vorbeikäme?" Mit einem Blick auf die
Uhr und in ihren Kalender schlug Uta vor, sich gleich
heute Vormittag zu treffen.

Eine Stunde später saßen die beiden Frauen an dem
kleinen Besuchertisch.

Etwas umständlich begann Christa zu erklären: „Ich
weiß nicht so recht, wie ich anfangen soll. Aber möglicherweise war Ihnen nicht entgangen, dass ich damals gerade in einer persönlichen Krise steckte." Uta Ruland
runzelte die Stirn. So genau hatte sie das nicht bemerkt,
und die andere war ihr bis dahin völlig unbekannt. Klar,
sie hatten sich unterhalten, aber im Prinzip wusste sie

293

nichts über die Frau, die ihr jetzt gegenübersaß.

„Ich war schwer enttäuscht und musste eine Entscheidung treffen. Nur so kann ich mir erklären, dass ich es nicht gleich bemerkt hatte." Christa lächelte betreten. Ebenso verlegen schaute Uta Ruland ihr Gegenüber an. Wollte sie ihr Herz ausschütten? Aber warum gerade ihr? Sie kannten sich doch kaum. Vage entsann sie sich an Estrella Cardonas Worte. Etwas von Liebeskummer hatte sie gesagt, kaum dass sich die andere verabschiedet hatte. Im Nachhinein glaubte Uta, eine Spannung zwischen den beiden Frauen gespürt zu haben. Die Katalanin schien nervös. Irgendetwas stimmte nicht. Aber über die Ursache hatte sie sich zu dem Zeitpunkt keine Gedanken gemacht. Warum auch? Was immer zwischen den beiden Frauen vorgefallen sein mochte: Sie hatte damit nichts zu schaffen.

„Ich war damals gerade im Begriff, mich von meinem Mann zu trennen. Und gestern bin ich aus der gemeinsamen Wohnung ausgezogen."

Uta wurde die Situation zunehmend unangenehm und war jetzt sicher, dass dies alles mit Estrella Cardona zusammenhing. Aber warum kam Frau Lange mit ihrem Problem ausgerechnet zu ihr? Christa spürte das Unverständnis der anderen und kam endlich zur Sache.

Zwanzig Minuten später, nachdem sie sich verabschiedet hatten, blieb Uta ein paar Augenblicke lang reglos im Raum stehen, sie musste eine Entscheidung treffen.

Dann ging sie entschlossen zu ihrem Schreibtisch und griff nach dem Telefon. Hoffentlich war es nicht zu spät.

Den Zweitschlüssel zu ihrer Wohnung hatte sie Sascha überlassen. Er war sich dieses Vertrauensbeweises bewusst und überglücklich. Nie zuvor war er so fest entschlossen, sein bisheriges ungebundenes Leben zu ändern und seine Unabhängigkeit aufzugeben. Für Uta wäre er dazu bereit.

Tagsüber hatte er noch ein paar Dinge erledigt, dann kehrte er in Utas Wohnung zurück. Zufrieden schaute er sich um. Ihre Zimmer waren geräumiger als sein eigenes Appartement. Wenn sie zusammenzögen, könnten sie hier ohne weiteres bleiben. Ein geeigneter Platz für seinen Schreibtisch ließe sich finden. Aber eins nach dem anderen. Auf keinen Fall würde er sie mit dem Ansinnen, bei ihr einzuziehen, überrumpeln. Doch dann beim Auspacken der Reisetasche kam ihm der unangenehme Gedanke, dass Kai ungezählte Abende hier verbracht hatte. Diese Vorstellung störte Sascha. Aber so war es nun einmal, daran konnte er nichts ändern. Doch, das würde er sogar. Jetzt hatte er die feste Absicht, sich mit Uta demnächst eine Wohnung zu suchen. Es hätte zudem den Vorteil, dass Kai ihre neue Adresse nicht kennen würde.

Utas Schilderung gestern Abend hatte Sascha noch lange beschäftigt. Er hatte sie unterschätzt. Diese Leidenschaft hätte er ihr nicht zugetraut. Nur ihrer Eifersucht und Courage war es zu verdanken, dass Estrella den Angriff unbeschadet überstand. Er bewunderte auch Utas Entschlossenheit, gegen Kai auszusagen. Aber ebenso sorgte er sich nun um sie. Sollte Kai je erfahren, dass es sich bei der unbekannten Zeugin um Uta handelte, würde er ihr nachstellen und sie bedrohen.

Sascha riss sich aus seinen Gedanken und schaute auf die Uhr. Es war höchste Zeit, zum Institut zu fahren. In einer Stunde wollte er dort sein, um sie abzuholen.

Als er kurz nach siebzehn Uhr ihr Dienstzimmer betrat, spürte er sofort, dass etwas nicht stimmte. Mit einer resignierten Geste bat sie ihn an den Besuchertisch. Dort lag der goldbedruckte Ledereinband, die erotischen Erzählungen von Giacomo Casanova.

„Dann hat Kai ihn also nicht bei Landner abgeholt. Sitzt er jetzt in Untersuchungshaft?" Als Uta nichts darauf erwiderte, sprach er die Befürchtung aus: „Die Sache ist geplatzt. Er macht von seinem Rücktrittsrecht Gebrauch, weil Estrella ihn angezeigt hat. Stimmt's?"

Statt einer Antwort fragte sie: „Fällt dir irgendetwas auf?"

Beunruhigt griff Sascha nach dem Buch und schlug die entsprechende Seite auf. Sekundenlang betrachtete er die Zeichnung und hob dann ratlos die Schultern. „Ich kann nichts Auffälliges entdecken. Was ist damit?"

Schließlich sagte sie es ihm. „Wenn du den weiblichen Akt genau studierst, siehst du einen Fleck unterhalb der Wölbung des Oberschenkels. Wahrscheinlich war dem Maler hier beim Zeichnen der durchgehenden Linie die Feder abgeglitten. Mit einer Rasierklinge hatte er den Strich weggekratzt und dann versucht, die angeraute Stelle wieder zu glätten. Sicher hatte er gehofft, sie später mit der Aquarelltönung kaschieren zu können. Aber ganz offensichtlich ist ihm das nicht gelungen, denn durch die Schattierung wird der Fleck noch deutlicher sichtbar.

Diese Zeichnung ist eindeutig missraten", schloss Uta in sarkastischem Ton.

Sascha murmelte: „Ich verstehe das nicht. Wieso hatte ich das vorher noch nie bemerkt? Oder ist zwischenzeitlich etwas mit der Zeichnung passiert? Vielleicht hat Herr Dr. Landner versehentlich etwas verschüttet und dann versucht, den Fleck zu entfernen?"

Jetzt lachte Uta, aber es klang freudlos. „Ganz bestimmt nicht, Sascha." Sie klappte das Buch wieder zu und legte das Foto, auf dem Estrellas Großmutter den goldbedruckten Lederband in ihren Händen hält, daneben. Fragend sah er sie an und glaubte in ihren Augen eine Spur Mitleid oder Zweifel zu erkennen. Er sah so ahnungslos aus, dass sie für einen Augenblick geneigt war, ihm seine Unkenntnis der Sachlage abzunehmen.

Dann deutete sie auf den Buchdeckel. „Bemerkenswerterweise handelt es sich hier um den Band I einer zweibändigen Ausgabe."

Hastig griff Sascha nach dem Foto mit Estrellas Großmutter. Sicher nicht auf den ersten Blick, aber doch deutlich lesbar, war hier ebenso eine römische I zu erkennen. Unmerklich atmete er auf. Genau diesen Band, so wie er auf dem Foto zu sehen war, hatten sie damals im Antiquariat gekauft.

„Ja und? Was soll daran so bemerkenswert sein? Es ist der gleiche Band, der hier vor uns liegt."

„Stimmt." Uta hielt kurz inne und fuhr dann in beiläufigem Ton fort. „Heute Vormittag war eine Bekannte von Frau Cardona bei mir. Ihr Name ist Lange, Christa Lange."

Sascha wusste nicht, was genau dies bedeutete, aber instinktiv spürte er, dass sich eine Katastrophe anbahnte.

Forschend schaute Uta ihn an und stellte fest: „Ich sehe, du kennst sie auch."

Sascha nickte. „Sie ist die Frau eines Schulfreundes. Soviel ich weiß, haben sie sich getrennt."

„Ja, das hat sie mir heute auch erzählt. Gestern ist sie endgültig aus der gemeinsamen Wohnung ausgezogen."

Das wusste nicht einmal Sascha, diese Entwicklung war ihm neu. Für einen Augenblick schwieg er betroffen, dann fragte er verständnislos: „Aber wieso hat sie das *dir* gesagt? Ich wusste nicht, dass ihr euch überhaupt kennt."

In knappen Worten schilderte Uta die Begegnung mit Estrella und Christa Lange im Kundenrestaurant. „Doch das ist nicht der springende Punkt. Diesen Band hier, der vor uns auf dem Tisch liegt, hat sie mitgebracht."

Sascha stockte der Atem, er spürte, wie ihm das Blut in den Kopf stieg. Sekundenlang schaute er auf das Buch, dann schlug er nochmal die Seite mit der Zeichnung auf.

Uta beobachtete ihn dabei und dachte für einen kurzen Augenblick an das Gespräch mit Christa Lange und wie sie heute Morgen nach vielen umständlichen Erklärungen endlich zur Sache kam: „Unter anderem habe ich auch ein paar Bücher eingepackt, und dabei fiel mir dieser Band hier wieder in die Hände." Während sie sprach, hatte sie das schwere Buch aus ihrer Tasche geholt und die Seite mit der Zeichnung aufgeschlagen. „Wie gesagt, ich verstehe selbst nicht, wieso ich sie bisher übersehen hatte." Sprachlos hatte Uta auf die vermeintliche Picasso-Zeichnung gestarrt. Nach einem langen Schweigen wagte

Christa die Frage: „Nun, was sagen Sie als Fachfrau dazu? Ist sie wirklich von Picasso?" Nur mühsam war es Uta gelungen, sich aus ihrer Erstarrung zu lösen und zu behaupten, dass es sich möglicherweise um einen üblen Scherz handeln könnte. Dann hatte sie Christa gebeten, ihr den Band für ein paar Tage zu überlassen.

Das alles war erst ein paar Stunden her. Unerbittlich fuhr Uta mit ihren Erklärungen fort. „Nun kann ich dir aber versichern, dass es sich bei dem Buch, das Kai von euch gekauft hat, um den *zweiten* Band handelt. Den Widerspruch zu dem Foto, auf dem Frau Cardonas Großmutter den Band *I* in ihren Handen hält, habe ich leider erst im Nachhinein bemerkt. Ich hatte mich die ganze Zeit zu sehr auf die Zeichnung konzentriert."

Entgeistert starrte Sascha wieder auf das vor ihm liegende Buch. In seinem Kopf wirbelten die Gedanken. Endlich hob er den Blick. „Ja, aber wie …"

„… die Sache gelaufen ist? Ganz einfach. Ihr seid gemeinsam in Barcelona gewesen, das weiß ich von Frau Lange. Dort habt ihr absichtsvoll in einem Antiquariat nach einem geeigneten Buch gesucht, in welches das Bild dann später gezeichnet werden sollte. Ihr habt diesen Band hier gekauft, der jetzt vor uns liegt. Wieder zu Hause angekommen, hat sich der Fälscher ans Werk gemacht. Doch er hat sich verzeichnet." Zum ersten Mal hatte sie die Bezeichnung *Fälscher* gewählt. „Nun wusste aber Herr Lange, dass seine Frau ein ebensolches Buch, den Band II, gekauft hatte und tauschte die beiden Bände einfach aus. In dem zweiten Band gelang die Zeichnung dann perfekt." Das darauffolgende Schweigen beendete

Uta mit den Worten: „Ihr habt euch schlecht abgestimmt. Der fotografische *Beweis* zu der gebastelten Provenienz hat also letzten Endes das Gegenteil bewirkt. War es deine oder Frau Cardonas Idee?" Sascha schwieg. „Und ganz offensichtlich ist Frau Lange an dem Betrug unbeteiligt. Sie hofft nun natürlich, dass sie einen echten Picasso hat und bittet mich um eine Expertise."

Ihm fiel nichts dazu ein, weder eine Ausrede, noch ein Gegenargument und auch keine Rechtfertigung. Seine beiden Freunde hatten ihm verschwiegen, dass Holger die erste Zeichnung misslungen war und er daraufhin ein neues Bild, diesmal in Christas Buch, gezeichnet hatte. Aber ebenso war es ein Fehler, dass er die beiden anderen nicht über das Foto mit Estrellas Großmutter informiert hatte.

Uta riss ihn aus seinen bedrückenden Gedanken. Sie sagte nur ein Wort: „Warum?" Als er nicht antwortete, wiederholte sie: „Warum, Sascha?" Und dann: „Wie konnte ich nur glauben, dass du mehr für mich empfindest, …dass du mich liebst!" Er sah, dass sie mit den Tränen kämpfte.

„Aber Uta! Natürlich liebe ich dich!"

„Dann sag mir, warum du mich so hintergangen hast."

„Nicht *dich* wollte ich hintergehen, sondern Wenderick sollte zahlen. Er ist ein Schwein."

„Das weiß ich jetzt. Aber das ist keine Begründung für den Betrug."

Nun versuchte er es doch mit einer Rechtfertigung. „Mein Schulfreund, Norbert Lange, hat alle Ersparnisse für seine Altersvorsorge bei der SüdBank verloren und wurde von Wenderick im Stich gelassen. Er hat Norbert eiskalt abserviert und sich nicht einmal die Mühe gemacht, ihm weiterzuhelfen. Daraufhin kam uns die Idee mit dem Picasso. Das Geld aus dem Verkauf sollte Norbert als eine Art Entschädigung bekommen."

„Habt ihr mal an die vielen Kunstinteressierten gedacht, die ihr ebenfalls mit der Fälschung betrügen würdet?"

Sofort warf Sascha ein: „Die Zeichnung ist doch gut gelungen, und die Story um die Provenienz ist schlüssig!"

Uta Ruland schüttelte resigniert den Kopf. „Die übliche Diskussion um Fälschung und Original. Es ist eben nicht das Gleiche. Eine technisch perfekte Stilnachahmung und eine ausgedachte Geschichte zum Bild können nicht das Original und dessen Provenienz ersetzen." Und dann fügte sie leise hinzu: „Von dem Schaden einmal abgesehen, hast du damit auch in Kauf genommen, dass ich mich unsäglich blamiere." Als er etwas erwidern wollte, schnitt sie ihm das Wort ab. „Ich habe einen Ruf und einen Job zu verlieren. Nicht auszudenken, wenn der falsche Picasso in der Öffentlichkeit gezeigt würde und die Sache nachträglich ans Licht käme."

Dieser Gedanke war ihm natürlich auch schon gekommen. „Die Idee entstand, bevor ich dich kennengelernt hatte, Uta. Und dann gab es kein Zurück mehr." Das stimmte nicht. Sie hätten ihren Plan noch rechtzeitig abblasen können. Aber dann hatte er an Norbert und Estrella gedacht und den Verkauf durchgezogen.

Vorsichtig fragte er. „Wie wird es jetzt weitergehen?"

„Meinst du mit uns oder mit der Fälschung?"

„Mit beidem, aber vor allem mit uns", gestand er.

„War das Ganze deine Idee?", fragte sie noch einmal.

„Gewissermaßen ja, auch."

„Hast *du* die Zeichnung angefertigt?"

„Nein, ich kann weder malen noch zeichnen."

„Wie und wann kamst du auf den Einfall?"

„Als ich mit einem Freund auf eurer Vernissage in der Kunsthalle war."

„Dann hat er also die Fälschung gezeichnet?" Sascha nickte nur und hoffte, dass Uta nicht weiter fragen würde. „Was Frau Lange betrifft, so habe ich sie bereits darauf vorbereitet, dass es sich bei der Zeichnung unmöglich um einen echten Picasso handeln kann. Ich habe ihr die beschädigte Stelle auf dem Papier gezeigt und erklärt, dass sich der Maler hier verzeichnet hätte, eine solch misslungene Korrektur aber untypisch für Picasso sei."

Besorgt fragte Sascha: „Was wird jetzt mit Christas Buch geschehen. Gibst du es ihr zurück?"

„Nein, ich werde es mit der Begründung abkaufen, dass die Zeichnung zu Lehrzwecken verwendet werden kann." Unmerklich atmete Sascha auf. „Die andere Sache ist aber wesentlich komplizierter", fuhr sie fort. „Da Kai den Betrag ja bereits überwiesen hat, sehe ich jetzt nur eine Möglichkeit: Ihr müsst von eurem Rücktrittsrecht Gebrauch machen. Ein plausibler Grund dafür wird dir schon einfallen", ergänzte sie voller Sarkasmus.

„Und wenn Wenderick das Buch bei Landner schon abgeholt hat und darauf besteht, es zu behalten?"

„Er hat es noch nicht."

Wieder atmete Sascha auf, diesmal zeigte er sichtbare Erleichterung. „Dann werde ich sofort zu Landner fahren und es zurücknehmen."

„Das Buch liegt nicht mehr bei ihm im Tresor."

Er hatte es befürchtet. „Landner hat es also dem LKA übergeben …"

Ein paar Sekunden lang schaute sie ihn nachdenklich an, dann stand sie wortlos auf und öffnete einen Schrank. Mit dem Band II, in dem Holger die Zeichnung gelungen war, kam sie zurück und legte ihn vor Sascha auf den Tisch. „Ich weiß nicht, warum ich das mitmache, aber so ist es nun mal."

Sascha strahlte: „Weil du mich trotz allem noch immer liebst!" Er griff nach ihrer Hand, aber Uta zog sie zurück.

„Jetzt sage ich dir, wie es mit uns beiden weitergehen wird, Sascha." Die Traurigkeit in ihrer Stimme ließ keinen Zweifel daran, was nun kommen würde.

„Ein ganz wichtiger Punkt in einer Beziehung ist für mich das Vertrauen. Und das habe ich verloren. Sowohl in Kai als auch in dich. Nein, Sascha, für uns beide kann es keine gemeinsame Zukunft geben. Du und Frau Cardona, ihr habt mich maßlos enttäuscht. Ihr habt mich getäuscht, und um ein Haar wäre ich darauf hereingefallen. Nur durch den Zufall, weil Frau Lange heute mit dem Buch zu mir kam, habe ich den Betrug überhaupt bemerkt. Es ist und bleibt ein Betrug, ein Verbrechen." Saschas Einwand wehrte sie mit einer Handbewegung ab. „Nein, Sascha, es ist unwiederbringlich aus."

„Was muss ich tun, damit du mir verzeihst?", bat er fast flehentlich. Aber Uta schüttelte traurig den Kopf.

„Es gibt Dinge, die kann man nicht wiedergutmachen. Aber ebenso enttäuscht bin ich von Frau Cardona."

Eilig versicherte er: „Ich habe sie zu allem überredet. Sie hat am wenigsten mit der Sache zu tun."

Uta lächelte müde. „Du brauchst sie nicht in Schutz zu nehmen. Und keine Sorge: Wenn es zu dem Prozess gegen Kai kommen sollte, werde ich gegen ihn aussagen. Ich halte mein Wort."

„Danke, Uta. Gib mir doch bitte noch eine Chance."

„Es hat keinen Sinn mehr." Mit bewegter Stimme bat sie: „Wenn du deine Reisetasche aus meiner Wohnung geholt hast, dann wirf den Wohnungsschlüssel bitte einfach in den Briefkasten." Sie erhob sich und ging, ohne ihn noch einmal anzusehen, zum Schreibtisch rüber.

Unschlüssig blieb Sascha einen Moment stehen, dann verließ er niedergeschlagen den Raum.

Nachdem er gegangen war, blieb sie reglos sitzen und ließ ihren bis dahin mühsam zurückgehaltenen Tränen freien Lauf.

Eingeständnisse

Wohin mit sich an diesem herrlichen Spätsommerabend? Sascha stand wie gelähmt vor dem Institutsgebäude. Die laue Abendluft und die fröhlichen Stimmen um ihn herum nahm er nicht wahr. Wie zum Hohn warf die tiefstehende Sonne ein warmes, purpurfarbenes Licht auf alle umstehenden Gebäude und Bäume und zauberte damit eine fast kitschig romantische Stimmung herbei. Von alledem bemerkte Sascha nichts. Er lief zum Parkplatz hinüber und setzte sich in sein Auto. Das unselige Buch hatte er bei sich.

Es war aus, alles war aus. Aber härter als das Scheitern ihres Coups traf ihn die endgültige Trennung. Nur eine kurze Zeit hatten sie miteinander verbracht, und doch war Uta ihm so vertraut geworden wie kaum ein anderer Mensch zuvor. Sascha fuhr sich mit der Hand über die Augen, so als wolle er einen bösen Traum abstreifen. Mit allem hatte sie Recht. Und letzten Endes verdankten sie nur ihr, dass sie aus der ganzen Angelegenheit ungeschoren davonkamen.

Erst Minuten später fühlte er sich in der Lage loszufahren. Aber wohin? Er musste seine Sachen aus ihrer Wohnung holen und den Schlüssel einwerfen. So hatte sie es bestimmt. Und er würde Holger und die anderen über die neue Situation informieren müssen.

Doch wie er jetzt vorgehen sollte, wusste er nicht. Momentan war sein Kopf wie leergefegt.

Um diese Zeit erwartete er eigentlich niemanden mehr. Misstrauisch meldete sich Holger durch die Gegensprechanlage mit „Ja bitte?"

Es war Sascha. Diesmal hatte er kein Rennrad dabei, sondern stand niedergeschlagen in der Wohnungstür.

„Was ist denn los? Komm erst mal rein." Und mit Blick in dessen blasses, trauriges Gesicht schlug Holger vor: „Kann ich dir einen Single Malt anbieten?"

Aber Sascha lehnte ab. „Ich bin mit dem Auto da." Ungewöhnlich wortkarg und entmutigt saß er Holger gegenüber.

„Wenn du willst, kannst du heute bei mir übernachten", bot er spontan an.

Mit einem bitteren Lächeln meinte Sascha: „Danke, Holle, das würde sogar passen. Ich komme gerade von Utas Wohnung. Im Auto habe ich meine Reisetasche mit Schlafanzug, Rasierapparat und allem anderen Zeugs."

„Ich sprach nicht von Einziehen, sondern nur von einmal übernachten. Hat sie dich rausgeschmissen? Du hast sie doch nicht etwa nach so kurzer Zeit schon betrogen!"

„Es ist aus, alles ist aus." Sascha hielt kurz inne und fuhr dann fort: „Uta hat alles rausbekommen, mit der Zeichnung und wie alles gelaufen ist. Unser Coup ist geplatzt, Holle."

Jetzt wurde Holger aschfahl. „Verdammte Schei …!"

„Scheinbar war unser Plan doch nicht so genial. Auf jeden Fall hätten wir uns besser abstimmen sollen." Holger schwieg betroffen, und Sascha erzählte in allen Details von dem Gespräch mit Uta, der Begebenheit mit Christa und dem Band I mit der missratenen Zeichnung.

„Damit, dass Christa sich das Buch nochmal genauer anschauen würde, hättet ihr wohl nicht gerechnet?", meinte er zum Schluss.

Holger reagierte bestürzt und zutiefst besorgt. „Müssen wir jetzt wieder mit einer Anzeige rechnen?", war dessen berechtigte Befürchtung.

Wortlos griff Sascha in seine Tasche und legte den Band II mit der gelungenen Zeichnung auf den Tisch. „Uta hat ihn mir vorhin gegeben. Das Geld werde ich morgen an Wenderick zurücküberweisen. Damit scheint die Sache erledigt zu sein."

Die Erleichterung war Holger anzusehen. Er stand auf und holte nun doch die Flasche Single Malt und zwei Gläser heraus. „Jetzt brauch ich einen."

„Warum hast du mir nicht gleich gesagt, dass du die erste Zeichnung verpfuscht hast, Holle? Na ja, nicht richtig versaut, aber immerhin für den Experten erkennbar. Uta fiel es jedenfalls auf. Du und Nobbe, ihr hättet mich über das zweite Buch informieren müssen!"

Holger goss die Gläser voll und meinte dann beiläufig: „Weißt du, Sascha, du kannst mitunter sehr ironisch, fast schon zynisch sein. Vielleicht wollte ich dir damals einfach keine Angriffsfläche bieten."

Betroffen schaute Sascha seinen Freund an: „Du kennst mich doch, Holle, und müsstest nun langsam wissen, dass ich es nicht so meine!"

„Das weiß ich eben manchmal nicht so genau. Aber wie es aussieht, scheint es ja nun Nobbes und meine Schuld zu sein, dass die ganze Sache aufgeflogen ist." Schweigend tranken beide ihre Gläser aus.

Als Holger nachgegossen hatte, holte Sascha tief Luft; er ließ sich Zeit mit seiner Antwort. „Da muss ich dir wohl auch was gestehen", meinte er betreten. Und dann schilderte er in kurzen Worten die Idee mit der Fotografie. „Es sollte sozusagen das i-Tüpfelchen bei dem Nachweis der Provenienz werden. Dass die Sache so nach hinten losgeht, habe ich nicht geahnt."

Nach Saschas Eingeständnis fühlte sich Holger irgendwie erleichtert. Er seufzte und meinte dann: „Wir drei sind eben doch kein perfektes Team, zumindest nicht, was den Betrug betrifft."

„Nur ein fast perfektes", ergänzte Sascha lakonisch.

Beide schwiegen ein paar Augenblicke, dann resümierte Holger: „Letzten Endes können wir froh darüber sein, wenn die Sache nochmal glimpflich für uns ausgeht. Das hätten wir dann nur deiner Uta zu verdanken. Aber wie wollen wir denn Wenderick gegenüber begründen, dass wir von unserem Rücktrittsrecht Gebrauch machen?"

„Ich werde es ihm schon irgendwie plausibel rüberbringen", versprach Sascha.

„Und was sagen wir Norbert?"

„Die Wahrheit. Aber erst am Freitag. Momentan ist er sowieso mit sich, dem Abschied von Estrella und Christas Auszug beschäftigt. Wir müssen ihm vor allem klarmachen, dass es nicht Christas Schuld ist, wenn nun alles den Bach runter geht. Sie darf sowieso nichts von der Fälschung erfahren. Und wann sagen wir's Estrella?"

„Ebenfalls am Freitag. Für eine schlechte Nachricht ist das zeitig genug. Außerdem dürfte sie gerade andere

Sorgen haben", meinte Holger im Hinblick auf die Anzeige gegen Wenderick und ihre baldige Abreise. Dann wies er mit einer Kopfbewegung auf den vor ihnen liegende Band. „Was wird jetzt aus dem guten Stück? Zum Entsorgen finde ich es eigentlich zu schade."

„Ich würde sagen, das Buch gehört dir, Holle. Du hast schließlich die Zeichnung gemacht."

Aber der erwiderte entschieden: „Auf keinen Fall! Wenn die Kripo aus irgendeinem Grund die Sache nochmal aufrollen sollte … Nein, das Ding darf nicht bei mir gefunden werden."

Sascha zuckte ratlos mit den Schultern. „Wahrscheinlich hast du Recht."

Gleich am nächsten Morgen, nachdem sie zusammen gefrühstückt hatten, kümmerte Sascha sich um die Rücküberweisung der 250.000 Euro. Danach würde er ein letztes Gespräch mit Kai Wenderick führen. Es ergab keinen Sinn, dies hinauszuzögern. Deshalb griff er zum Handy und wählte die eingespeicherte Nummer.

Wenderick nahm den Anruf sofort entgegen, und Sascha war nicht im Geringsten überrascht, ihn auf freiem Fuß zu wissen.

„Was gibt's?", meldete er sich kurzangebunden.

„Wir müssen miteinander reden, Kai. Es gibt eine unvorhergesehene Änderung bezüglich des Verkaufs."

„Ach ja?"

„Wann und wo können wir uns treffen?"

„Bei mir im Dienstzimmer. Vierzehn Uhr."

Nie zuvor hatte Sascha die SüdBank betreten. Mit dem Fahrstuhl fuhr er hinauf in die Chefetage und schaute sich interessiert um. Das also war der Flur, auf dem Estrella seinem Übergriff nur knapp entkam. Bald darauf stand er vor dem Zimmer, in dem Norbert ohne Erfolg versucht hatte, eine mögliche Schadensregulierung auszuhandeln.

Nach seinem Klopfen hörte Sascha ein barsches „Herein". Kai Wenderick machte sich nicht die Mühe, ihn zu begrüßen. Mit einer knappen Geste wies er auf den Besucherstuhl. Seine Miene drückte Unmut und ein unverhohlenes Misstrauen aus. Von alledem ließ sich Sascha nicht beeindrucken. Betont gelassen nahm er Platz und kam direkt zur Sache.

„Wir machen von unserem Rücktrittsrecht Gebrauch und behalten das Buch. Frag nicht warum, es ist eine sehr persönliche Entscheidung. Das Geld habe ich heute Morgen zurücküberwiesen."

Eiskalt starrte Wenderick ihn an. Seine Kiefermuskeln arbeiteten und an der Schläfe trat wieder die Ader hervor. „Warum auf einmal dieser Sinneswandel? Was läuft da wieder für ein linkes Ding ab?" Als Sascha schwieg, stellte er klar: „Die Zeichnung gehört mir."

„Jetzt nicht mehr", konterte Sascha.

Nur mühsam gelang es Wenderick, sich zu beherrschen. „Hat dieser plötzliche Rückzieher etwas mit der unsäglichen Anschuldigung gegen mich zu tun?"

Unwissentlich hatte er Sascha damit eine Begründung geliefert. „Im Prinzip schon", erwiderte er.

„Dann glaubst du also diesem Weibergeschwätz von

Uta und der Katalanin?", regte Wenderick sich auf.

„Im Prinzip schon."

„Du wiederholst dich. Fällt dir noch was anderes als *Im Prinzip schon* ein?"

„Im Prinzip schon."

Wider seinen Willen musste Kai Wenderick jetzt grinsen; es war ein jungenhaftes, durchaus sympathisches Lächeln und erinnerte Sascha an den Kai, den er damals in Barcelona kennengelernt hatte.

Dieser stellte bedauernd fest: „Schade, Sascha, aus unserer Bekanntschaft hätte eine echte Freundschaft werden können."

„Unter anderen Umständen: *Ja.*"

Mit einem Handschlag verabschiedeten sich die beiden Männer, und Sascha verließ nachdenklich den Raum.

Abschied

Die Stimmung an diesem frühen Freitagabend war bedrückend. Norbert hatte die Nachricht, dass der Betrug entdeckt wurde und letztendlich Christa der Auslöser dafür war, zutiefst erschüttert. Zudem warf er sich selbst vor, dass er das Blatt mit der misslungenen Zeichnung nicht herausgetrennt hatte, bevor er den ausgetauschten Band zu Hause ins Regal stellte. Christa hätte es nicht bemerkt.

„Das bringt nun alles nichts mehr", meinte Holger und betonte, dass die Schuld nicht bei Christa läge.

Norbert seufzte tief. „Wir hätten uns besser untereinander abstimmen müssen, dann wären solche Fehler nicht passiert. Schade um das Geld, schade um die gelungene Zeichnung und das schöne Buch." Sascha erinnerte daran, dass sie trotz alledem Glück im Unglück hätten und es zu keiner Anzeige kommen würde.

„Im Nachhinein ist es ein Wunder, dass wir die Hausdurchsuchung und die kriminaltechnische Prüfung der Zeichnung so unbeschadet überstanden haben." Dann meinte er resigniert: „Wir sind wieder bei null angelangt. Und mit Uta hab ich's ein für alle Mal verdorben. Nicht einmal zwei Wochen hielt unsere Beziehung."

Holger reagierte gereizt. „Hör auf mit deinem Selbstmitleid was Uta Ruland betrifft! Ich kann's nicht mehr hören. Was hast du eigentlich erwartet, Sascha? Es war doch klar, dass du dich an sie ranmachen musstest, um unseren Köder auszuwerfen. Und dass ihr euch dann ernsthaft ineinander verliebt habt, ist so gesehen Pech, eine unglückliche Fügung des Schicksals. Hättest du denn mit dieser Lüge ewig an ihrer Seite weiterleben wollen? Na also. Früher oder später hättest du dich wahrscheinlich mal verplaudert oder es ihr in einem schwachen Moment gestanden. Und dann hätte sie dich sowieso verlassen. Wir wären in der gleichen Situation wie jetzt, nur eben etwas später."

Um das darauffolgende Schweigen zu beenden, meinte Norbert: „Jetzt können wir nur hoffen, dass Wenderick wenigstens verklagt wird."

Als es klingelte, fuhr Holger instinktiv zusammen. Aber es war Estrella. Da sie von dem Fiasko nichts ahnte, klärte Sascha sie in kurzen Worten auf.

„Dann ist alles umsonst gewesen!", rief sie bestürzt. „Und du und Uta … es tut mir so leid. Ob ich mich entschuldigen sollte bei ihr?"

Aber Sascha schüttelte den Kopf. „Es hätte wenig Sinn. Sie würde die Entschuldigung nicht annehmen."

Estrella schwieg betroffen, dann fragte sie: „Und was wird jetzt mit dem schönen Buch?"

„Wir müssen alles vernichten."

„Aber …"

„Es gibt kein *Aber*. Die Frage wäre jetzt nur: *wie*."

„Am besten wäre es, wir zerreißen die Zeichnung und werfen sie zusammen mit dem Buch in den Papiercontainer", schlug Norbert vor.

„Aber nicht in meinen!", entgegnete Holger scharf.

„Holle hat Recht. Das Buch darf nicht bei ihm gefunden werden."

Außerdem gab Sascha zu bedenken, dass sie zwar mit

Utas Schweigen rechnen könnten, aber nicht wüssten, wie Carsten Landner reagieren würde. Die Gefahr wäre noch längst nicht ausgestanden. Von Anfang an war er skeptisch und misstrauisch. Und garantiert hatte er sich unterdessen darüber Gedanken gemacht, warum nicht Kai Wenderick, sondern Uta das Buch abgeholt hatte, überstürzt und ohne weitere Erklärungen. Ein Hinweis an das Landeskriminalamt würde reichen, um den Fall wieder aufzurollen. Hauptkommissar Bernholm wäre Landner mit Sicherheit dankbar dafür. Nein, sie durften kein Risiko eingehen. Nach einigem Hin und Her kamen sie darauf, dass Holger in seinem Wohnzimmer ja noch den alten Kachelofen hatte.

„Ich habe ihn ewig nicht benutzt. Wer weiß, ob er überhaupt noch zieht."

„Das werden wir ja gleich herausfinden."

Estrella blieb allein in der Küche zurück. Sie goss sich ein Glas Rosé ein und schlug die Seite mit der Zeichnung auf. Sie war enttäuscht und traurig. Traurig darüber, dass es heute ihr letzter gemeinsamer Abend sein würde, und enttäuscht, dass der ganze Coup fehlgeschlagen war. Und es tat ihr leid um das Buch und die Zeichnung. Fast glaubte sie schon selbst daran, dass beides zu ihrer Familiengeschichte gehöre. Doch Sascha hatte Recht; sie durften kein weiteres Risiko eingehen. Beim Betrachten des falschen Picasso rief sie sich in Erinnerung, dass letzten Endes weder die Aktzeichnung noch das Buch etwas mit ihrer Urgroßmutter Teresa zu tun hätten. Nicht das Geringste. Und ebenso wenig mit ihrer Großmutter Valentina. Es war ja nicht einmal dieser Band, sondern der andere, den sie und Sascha ihr damals in die Hände gedrückt und sie damit fotografiert hatten. Der Gedanke war ihr in gewisser Weise tröstlich. Trotzdem war sie bedrückt. In der Hoffnung, dass der Wein ihre Stimmung ein wenig aufhellen würde, trank sie ihr Glas zügig aus.

In der Zwischenzeit bemühten sich Holger und die beiden anderen, im Kachelofen ein Feuer in Gang zu bringen. Als es endlich brannte, stand Estrella mit dem Buch plötzlich neben ihnen. Entschlossen versuchte sie, es durch die gusseiserne Öffnung in den Ofen zu schieben. Aber das Format war ein wenig zu groß, das Buch passte nicht durch. Für einen Augenblick waren alle ratlos. Sollte dies ein Zeichen sein, den kostbaren Band aufzubewahren?

Doch Estrella gab den anderen keine Gelegenheit für sentimentale Gefühle. Mit einem zweiten Glas Rosé hatte sie ihre eigenen ertränkt. Ohne zu zögern begann sie, die Seiten aus der Bindung herauszureißen. Sie fetzte sie regelrecht aus dem Buch, zerknüllte sie und warf sie in das nun hell lodernde Feuer. Es erforderte Kraft und Überwindung.

Mit „Das dürfte wohl reichen", versuchte Holger, der makabren Aktion ein Ende zu bereiten. Im Prinzip kam es ja nur auf die eine Seite mit der Zeichnung an.

Estrella starrte auf das nunmehr zerstörte Buch, dessen Reste sie in ihren Händen hielt. „Irgendwie fühle ich mich jetzt schlecht", gestand sie und erklärte dann entschuldigend: „Aber jemand musste es doch tun."

„Und dafür hast du dir wohl extra Mut angetrunken? Doch du hast schon Recht: Wenn wir noch lange darüber nachgedacht hätten, wäre es uns nur umso schwerer gefallen. Und was machen wir jetzt mit dem zerfledderten Buch? Die Hülle sieht ja noch intakt aus. Aber wer weiß, ob der Ledereinband überhaupt verbrennen würde."

„Also doch in den Container damit."

„Aber nicht in meinen!", stellte Holger noch einmal klar.

„Holle, du denkst doch nicht im Ernst, dass heute Nacht jemand bei dir im Hinterhof wühlt und das Buch sucht? Außerdem ist das Beweisstück herausgerissen und verbrannt."

Aber Holger beharrte darauf. „Die eine Hausdurchsuchung hat mir gereicht. Stellt euch vor, wenn dieser Landner tatsächlich hellhörig geworden ist und der Kripo einen Tipp gegeben hat. Nee, Leute, nicht noch einmal und nicht mit mir."

Norbert bot halbherzig an: „Meinetwegen kann ich es nachher auf dem Heimweg irgendwo reinwerfen. Im Grunde genommen wird das Buch ja nicht gesucht. Und es ist auch nicht kriminell, wenn es irgendwo im Papierabfall landet."

Mit dieser Lösung war auch Holger einverstanden.

Als Abschiedsessen hatte er ein katalanisches Gericht vorbereitet.

„Ich wusste gar nicht, dass du so gut kochen kannst", lobte Sascha. Holger sah ihn misstrauisch an, aber in dessen Gesichtsausdruck fand er nicht die geringste Spur von Ironie. Ihm war nicht nach Spott zumute, und auch bei den anderen blieb die Stimmung getrübt. Das Scheitern des geplanten Coups, Saschas persönlicher Kummer und Estrellas bevorstehende Abreise überschatteten das Beisammensein.

Nach einer reichlichen Stunde verkündete sie: „Ich muss jetzt gehen, leider."

Unentschlossen, so als versuchten sie, das nun unweigerlich Kommende noch ein wenig hinauszuzögern, erhoben sich nun auch die anderen.

Der Abschied von Estrella fiel schwer. Keiner sprach ein Wort; nicht einmal Sascha versuchte, seine eigenen Emotionen durch eine witzige Bemerkung zu überspielen. Er und Holger umarmten sie schweigend und ließen sie dann mit Norbert allein.

Leise bat sie ihn: „Komm mit zu mir."

Sie würde Norbert auf jeden Fall vermissen, das schon, aber ebenso war sie in Vorfreude auf Barcelona, auf das Wiedersehen mit ihren Freunden und mit Valentina, ihrer Großmutter.

„Wann geht morgen dein Flug?"

„Erst am Nachmittag, wir können ausschlafen." Estrella räkelte sich, drehte sich auf die andere Seite und schlief bald darauf ein. Da sie ihr Gesicht von ihm abgewandt hatte, konnte er sie nicht im Schlaf betrachten.

Am nächsten Morgen weckte ihn ein kräftiger Kaffeeduft. Beim gemeinsamen Frühstück fragte Norbert, ob er sie zum Flughafen begleiten dürfe. Aber Estrella schüttelte den Kopf.

„No, mi corazón. Ich habe immer Angst vor Abschied, ich muss dann immer weinen. Ich weine lieber hier in der Wohnung." Und dann kamen ihr die Tränen.

Nach ein paar Minuten bat sie: „Geh bitte jetzt. Wenn du länger bleibst, wird es nicht leichter."

Sie begleitete ihn nicht bis zur Tür. Als er sich noch einmal nach ihr umdrehte, sagte sie leise: „Es war schön die ganze Zeit, mit dir und mit den anderen."

Nachdem er gegangen war, wischte sie energisch ihre Tränen ab, holte den Koffer und die Reisetasche hervor und begann zu packen.

Landners Schlussfolgerung

Jetzt war sie also wieder allein. Und damit nicht genug: Sie fühlte sich verletzt, ausgenutzt und betrogen. Uta wurde bewusst, wie sich alles um sie herum in den letzten Tagen verändert hatte. Es war ein Fehler, dass sie sich nach dem Schock mit Kai so schnell wieder gebunden hatte. Durch dessen gewaltsame Seite, die sie mit eigenen Augen gesehen hatte, war sie zutiefst erschüttert. Sie würde Wort halten und wenn es zu einem Prozess käme, gegen ihn aussagen. Umso enttäuschter war Uta, dass auch Estrella Cardona sie belogen hatte. Aber was hatte sie erwartet? Sie wusste ja jetzt, dass Sascha und die Katalanin gemeinsam hinter dem Betrug steckten. Und um ein Haar wäre sie darauf hereingefallen. Der Mann, den sie liebte, hatte sie vorsätzlich hintergangen. Diese Erfahrung schmerzte sie am allermeisten.

Ein paar Augenblicke lang spielte Uta mit dem Gedanken, eine ihrer Freundinnen anzurufen und sich ihr anzuvertrauen. Aber diese Idee verwarf sie gleich wieder. Den Grund ihres Kummers würde sie ohnehin nicht nennen können. Und nach unerbetenen Ratschlägen oder gar Mitleid war ihr ebenfalls nicht zumute. Sie brauchte jemanden, der ihre Situation unkommentiert ließe. Zudem stellte sich die Frage, wer jetzt am Samstagnachmittag Zeit für sie hätte. Carsten Landner! Seine etwas kauzige aber immer pragmatische Art wäre ihr in der jetzigen Situation gerade recht. Außerdem hatte sie keine Bedenken, ihn zu stören. Uta griff zum Telefon.

„Hast du Zeit auf einen Kaffee?"

Über ihren Anruf zeigte er sich wenig überrascht.

„Wann und wo?" war alles, was er dazu sagte.

Eine Stunde später saßen sie sich im Museumscafé gegenüber. Auf dem Weg dahin hatte Uta überlegt, ob und wie konkret sie ihm in das Geschehene Einblick geben sollte. Als sie vor ein paar Tagen das Buch von ihm abholte, hatte er sich zwar gewundert, aber keine Erklärung verlangt. Sie fragte sich, inwieweit sein Scharfsinn ihn die richtigen Schlüsse ziehen ließ.

„Nun? Was gibt's?", begann er sehr ungalant. Diesmal reagierte Uta verletzlich.

„Wenn ich dich störe, kann ich auch wieder gehen." Sie deutete an, sich zu erheben.

„Bleib sitzen. War nicht so gemeint, du kennst mich doch. Ich bin eben ein Trampel."

„Allerdings."

Jetzt grinste er verlegen. Unter all seiner Grobheit und Ironie, das wusste Uta unterdessen, verbarg er ein empfindsames Wesen. Dies hatte sie erst in den späteren Jahren ihrer Bekanntschaft entdeckt.

Sein Grinsen wurde breiter und auch ein wenig boshaft: „Du kannst sicher vieles – aber es gelingt dir nicht, mich für dumm zu verkaufen." Erschrocken schaute sie ihn an. „Wann hast du es bemerkt?", hakte er nach.

„Wovon sprichst du?"

Statt einer Antwort schob er ihr die Kopie eines Fotos zu. Uta brauchte nur den Bruchteil einer Sekunde, um zu erkennen, dass es die Aufnahme mit Estrellas Großmutter war.

Landner ließ ihr keine Zeit zum Überlegen. „Also?"

„Was hast du denn bemerkt?", versuchte sie es mit einer Gegenfrage.

„Frag mich lieber *wann* ich es bemerkt habe."

„Also wann?"

„Leider erst, als du das Buch so schnell zurückhaben wolltest. Ich muss mir selbst den Vorwurf machen, dass ich mich zu sehr auf die Qualität der Zeichnung konzentriert hatte, weniger auf die Story drum herum. Dessen ungeachtet war mir die Geschichte von der Provenienz von Anfang an suspekt und die temperamentvolle Katalanin eine Spur zu dramatisch. Jedenfalls kam ich plötzlich darauf, was mir mein Unterbewusstsein schon lange mitteilen wollte." Wieder zeigte er dieses zweideutige Grinsen, bevor er dann mit seiner Erkenntnis herausrückte. „Auf dem Foto mit der Großmutter ist der Band I zu sehen. Die angebliche Picasso-Zeichnung befindet sich aber im Band II, dem Band, den Wenderick kaufen wollte, und den du wieder bei mir abgeholt hast." Er sah sie kurz an, und als sie schwieg, meinte er beiläufig: „Ich wüsste zu gerne, wer den ersten Band hat."

„Wahrscheinlich steht er bei Frau Cardonas Großmutter im Regal", beeilte sie sich zu erklären.

„Sicher."

In der Betonung dieses einen Wortes lag blanker Zynismus. Für einen Moment bereute Uta, sich mit ihm getroffen zu haben. Seinen Scharfsinn, den sie sonst so schätzte, empfand sie jetzt als Bedrohung.

Landner musste ihre Gedanken erraten haben, denn im nächsten Augenblick beugte er sich ihr vertrauensvoll entgegen und versicherte: „Für mich ist es lediglich ein

Gedankenspiel, eine abstrakte Überlegung, weiter nichts. Ich werde nichts unternehmen, was dir nicht recht wäre. Und wie ich dich kenne, bist du sentimental genug, um die Sache nicht an die große Glocke zu hängen. Aber ich habe eine Theorie, die ich dir gerne unterbreiten möchte. Du brauchst sie mir nicht zu bestätigen."

Mit einem verunsicherten Lächeln forderte sie ihn auf, seine Vermutungen zu äußern.

„Ich nehme an, es wurden zwei Bände gekauft, Band I und Band II." Landner ließ sich einen Moment Zeit, bevor er weitersprach. „Dann hatte sich der Künstler, ich nenne ihn mal Künstler, und nicht Fälscher, wahrscheinlich im ersten Band vertan. Die Zeichnung gelang nicht nach seinen Vorstellungen oder irgendetwas ging schief. Daraufhin begann er einfach nochmal in dem anderen Buch, das Wenderick später zum Verkauf angeboten wurde. Dummerweise wurde nicht darauf geachtet, dass Frau Cardonas Großmutter mit dem falschen Band fotografiert wurde. Das war der entscheidende Fehler, und du hast ihn bemerkt. Deshalb hast du das Buch schnell wieder aus dem Verkehr gezogen." Er sah sie prüfend an, und Uta spürte, wie ihr die Röte ins Gesicht stieg. Verlegen senkte sie den Blick. „Ich sehe, dass meine Theorie nicht so ganz falsch sein kann", stellte er zufrieden fest und erhob sich. „Ich hole uns noch einen Kaffee. Oder möchtest du lieber etwas anderes?"

„Für mich bitte ein Mineralwasser." Unschlüssig saß Uta am Tisch und überlegte, wie sie sich verhalten sollte. Fast alles, was Carsten Landner vermutete, war korrekt. Einerseits fühlte sie sich durch seine Schlussfolgerungen überrannt und ertappt, andererseits sah sie in ihm einen Verbündeten, einen langjährigen Kollegen, der sie verstand. Und es würde ihr guttun, endlich mit einer vertrauten Person über das Vorgefallene und ihre Enttäuschung reden zu können.

Carsten Landner kam mit den Getränken zurück und nahm wieder Platz.

„Ich würde zu gerne einen Blick in den mysteriösen ersten Band werfen, einfach um zu sehen, ob meine Theorie stimmt und an welcher Stelle sich der Künstler vertan hat", versuchte er sie herauszulocken. Und als sie darauf nicht reagierte, fragte er: „Wie lange kennen wir uns schon, Uta? Sind es zwanzig oder mehr Jahre?"

„Zweiundzwanzig."

„Du hast den ersten Band mit der verpfuschten Zeichnung nicht zufällig in die Hände bekommen?", fragte er leichthin. In seinem Blick lag Ermunterung und noch etwas anderes, das Uta nicht sofort benennen konnte.

Instinktiv, aus einem ihr unerklärlichen Bedenken heraus, behielt sie die entscheidende Information für sich. Christa Langes Besuch erwähnte sie mit keinem Wort. Stattdessen schüttelte sie bedauernd den Kopf.

„Leider nicht. Ich sagte dir ja schon, dass er wahrscheinlich noch im Regal bei Frau Cardonas Großmutter steht. Ich nehme an, sie hatte beide Bände der Ausgabe, und bei der Fotoaufnahme gab es dann die Verwechslung." Sie sah, dass er ihr nicht glaubte.

„Warum wolltest du das Buch so schnell wiederhaben, Uta? Wenderick hast du es jedenfalls nicht gegeben."
Woher wusste er das?! – dachte sie alarmiert. Landner sah

ihr erschrockenes Gesicht und erklärte: „Ich habe ihn angerufen, natürlich unter einem anderen Vorwand."

Für einen Augenblick fehlten ihr die Worte. Hinter ihrem Rücken hatte er mit Kai gesprochen!

„Hat er dir auch verraten, warum Frau Cardona von ihrem Rücktrittsrecht Gebrauch macht? Nein?", fragte sie erbost.

Carsten Landner hatte ihren Unmut bemerkt und meinte in versöhnlichem Ton, dass er keine Ahnung habe, was vorgefallen sei. In knappen Worten informierte Uta ihn daraufhin über die Anzeige wegen versuchter Vergewaltigung und der neuerlichen Belästigung, und dass Frau Cardona die Zeichnung verständlicherweise nun nicht mehr an Wenderick verkaufen wolle.

„Dann hast du also *ihr* das Buch zurückgegeben?" Uta nickte. Diese Wendung kam ihr sehr gelegen.

Carsten Landner schien ehrlich überrascht – und irgendwie enttäuscht zu sein; ob über seinen vermeintlichen Irrtum oder weil er spürte, dass sie ihm misstraute und ihn deshalb belog, wusste sie nicht. Aber ein anderer Umstand wurde ihr schmerzlich bewusst: Mit dieser Erklärung hatte sie sich die letzte Möglichkeit genommen, über den Betrug und ihre Enttäuschung zu sprechen.

Bald wechselten sie das Thema, und er sprach über sein neues Projekt, eine umfangreiche Dokumentation, die ihn in den nächsten Wochen und Monaten in Anspruch nehmen würde.

Unvermittelt erkundigte er sich: „Von Wenderick hast du dich ja zum Glück getrennt. Wie wird es jetzt für dich weitergehen, Uta?"

Sie zuckte mit den Schultern. „Wie schon, ich werde mich ebenfalls in die Arbeit stürzen."

Sein fragender Blick ruhte auf ihr. „Bist du jetzt mit Dr. Niermeyer zusammen?"

Das war der Moment, in dem sie die Selbstkontrolle verlor und in Tränen ausbrach.

Mit einem Gefühlsausbruch dieser Art hatte er nicht gerechnet. Unbeholfen saß er ihr gegenüber und schwieg.

Nachdem Uta sich wieder gefasst hatte, meinte sie lakonisch: „Irgendwie gerate ich immer an die falschen Männer. Den richtigen gibt es einfach nicht für mich." Als sie aufschaute, bemerkte sie plötzlich diesen seltsamen Ausdruck in seinen Augen, eine Art Verlegenheit, die sie nie zuvor an ihm gesehen hatte.

Leise meinte er dann: „Vielleicht gibt es ihn doch, Uta. Aber lass dir Zeit."

Rückbesinnung

Es war Holgers Idee. „Könnt ihr euch entsinnen, wann wir drei uns das letzte Mal so richtig wohl gefühlt hatten?"

„Nein", kam es zweistimmig zurück. „Das muss Jahrzehnte her sein."

„Ich spreche von dem Abend, als wir in Hagnau am Bodensee ankamen", brachte Holger in Erinnerung. „Wir waren wie in alten Zeiten beisammen und genossen die abendliche Stimmung und den Blick auf den See." Eine Spur zu enthusiastisch schlug er dann vor: „Das könnten wir doch mal wieder machen. Es muss ja nicht so weit weg und unbedingt der Bodensee sein. Ein Bungalow an der Mecklenburger Seenplatte wäre doch genau richtig, oder? Wir könnten ein Boot ausleihen und angeln. Oder meinetwegen auch Radfahren." Als Sascha und Norbert schwiegen, fügte er rasch hinzu: „Wir sollten einfach die letzten Spätsommertage noch ein wenig nutzen und was unternehmen. Das würde euch beiden Trauerklößen sicher auch guttun und vielleicht wieder auf andere Gedanken bringen."

Sascha schaute ihn verdutzt an, ausgerechnet der immer etwas phlegmatische, bequeme Holger kam auf diese Idee. Vorsichtig fragte er: „Wann soll's denn losgehen?"

„Meinetwegen morgen."

Sie hatten Glück; bei Klink an der Müritz war noch etwas frei. Weil Sascha sein Rennrad mitnehmen wollte und nur er einen Fahrradträger besaß, fuhren sie mit seinem Auto.

Der Bungalow lag direkt am See. Zum Grundstück gehörte auch ein kleines Ruderboot. Wie in früheren Ferientagen kauften sie gemeinsam ein, holten Brot, Belag und Getränke. Am Abend saßen sie im Freien vor ihrem Urlaubsdomizil und genossen das milde spätsommerliche Wetter. Die Welt schien einigermaßen in Ordnung. Selbst Saschas und Norberts Laune hatte sich wieder gebessert.

„Morgen früh könnten wir ja angeln gehen", schlug Holger vor. Unberührt vom Kummer seiner beiden Freunde sah er sich in der Pflicht, die Rolle des Organisators und Unterhalters zu übernehmen.

Sascha hatte ihn durchschaut. „Gib dir nicht zu viel Mühe mit uns Sauertöpfen, entspanne einfach."

Am nächsten Morgen stiegen Norbert und Holger mit Angelzeug ausgestattet ins Boot.

Sascha nahm sein Rennrad und rief ihnen zu: „Zum Mittagessen erwarte ich ein Fischgericht!"

„Na, dann such schon mal 'ne schöne Gaststätte aus", kam es zurück.

Beim Radfahren versuchte Sascha, den Kopf frei zu bekommen; bisher war ihm das meist gelungen. Der Gedanke an Uta schmerzte noch immer. Dass es ihn derart erwischen könnte, hätte er nie für möglich gehalten. Aber Holger hatte vollkommen Recht: Ihrer beider Beziehung beruhte von Anfang an auf einer Lüge. Gedankenlos hatte er in Kauf genommen, dass bei dem Betrug nicht nur Wenderick der Geschädigte wäre, sondern ebenso Uta Rulands Ruf als Kunsthistorikerin auf dem Spiel stünde. Er hätte das Unterfangen beizeiten abbrechen und ihr alles gestehen müssen. Aber er und seine Freunde hatten schon zu viel investiert und riskiert, und der Erfolg schien greifbar nah. Und wer garantierte ihm, dass Uta ihn nicht auch trotz eines Geständnisses verlassen hätte?

Für sie beide konnte es keine gemeinsame Zukunft geben. Die Kunsthistorikerin und der Kunstbetrüger. Eine Story ohne Happy End.

Nein, alles kam so, wie es kommen musste. Letztendlich war er dankbar und froh darüber, dass sie alle vier, Estrella eingeschlossen, so glimpflich davonkamen. Aber eine gewisse Unsicherheit blieb. Inwieweit wusste oder ahnte Landner etwas von der Angelegenheit? Es musste ihm ja geradezu Freude und Genugtuung bereiten, sie des Betruges zu überführen.

Pünktlich um dreizehn Uhr erschien Sascha am Bungalow und schaute in die leeren Angeleimer. „Natürlich, ich hab's mir doch gedacht."

„Aber wir haben da eine gemütliche Fischgaststätte entdeckt."

Die gemeinsamen Tage vergingen wie im Flug. Das Wetter hatte sie nicht im Stich gelassen, doch die Luft war jetzt spürbar kühler, und es wurde zeitiger dunkel – der Sommer nahm endgültig Abschied. Nach einer reichlichen Woche packten die Freunde wieder ein und reisten ab.

Erst spät am Abend schloss Norbert die Wohnungstür auf. Alles war dunkel und still. Umso erschrockener war er, als er das Wohnzimmer betrat und Christa erblickte.

Zusammengekauert und verweint saß sie in einer Ecke der Couch. Sie sah ihn nicht an.

Nach ein paar Augenblicken, während er hilflos und verwirrt im Raum stand, schluchzte sie: „Ich fühle mich so allein gelassen." Ohne weitere Worte nahm er sie in die Arme.

„Aber ich bin doch da, bin es immer gewesen. Na ja, zumindest oft", schob er kleinlaut nach.

Uta saß in ihrem Dienstzimmer und bereitete die Vorlesung für das Wintersemester vor. Als ihr Telefon klingelte, erkannte sie mit einem etwas unbehaglichen Gefühl Carsten Landners Nummer auf dem Display.

„Ja bitte?", meldete sie sich verhaltener als sonst.

„Ich glaube, ich muss mich bei dir entschuldigen."

„Wofür denn? Es ist alles in Ordnung."

Das war es keineswegs, denn sein unmissverständlicher Blick, die ungewohnte Verlegenheit und seine Äußerung hatten sie noch lange beschäftigt. Erschrocken hatte sie ihm in der Cafeteria erklärt, dass sie sich vorerst nicht wieder binden wolle, erst der Schock mit Kai Wenderick und dann die Trennung von Sascha Niermeyer, nein, dies alles sei momentan zu viel für sie. Mit einer hastigen Geste hatte sie das Foto von Estrella Cardonas Großmutter genommen und sich verabschiedet.

Es war an der Zeit, ihm schonend beizubringen, dass es zwischen ihnen nie mehr als Freundschaft geben könne. Sie hielt das bisher für selbstverständlich, er offensichtlich nicht. Noch ein anderer Umstand bereitete ihr Sorgen. Wie würde er sich verhalten, wenn er erkannte, dass sie seine Gefühle nicht erwiderte? Er wusste um den Hergang des Betrugs, zumindest lag er mit fast allen Vermutungen richtig. Und dieser Umstand verunsicherte sie. Aber letztendlich hatte er nichts in der Hand.

Jetzt hörte sie ihn sagen: „Ich habe dich neulich überrumpelt. Doch, doch, Uta, ich habe es dir angesehen. Es tut mir leid." Und als sie schwieg, fuhr er etwas zu hastig fort: „Wie auch immer du dich entscheiden magst: Es bleibt dabei, ich werde der Sache nicht weiter nachgehen."

Eine konkrete Befürchtung stieg in ihr auf. „Welcher Sache nachgehen?", fragte sie mit gepresster Stimme.

Am anderen Ende der Leitung hörte sie ihn verächtlich schnaufen. „Die Begründung, dass Frau Cardona so plötzlich von ihrem Rücktrittsrecht Gebrauch macht, mag ja plausibel klingen, doch wir beide, du und ich, wissen, dass es anders gelaufen ist. Aber wie gesagt, für mich ist die Sache erledigt."

Uta holte tief Luft. „Warum betonst du das so?"

Er musste ihren Argwohn herausgehört haben, denn in versöhnlichem Ton versicherte er: „Aus keinem besonderen Grund, ich wollte es nur noch einmal erwähnt haben. Mach's gut."

Carsten Landner hatte aufgelegt. Und deutlicher als zuvor glaubte sie, aus seinen Worten eine unausgesprochene Warnung herausgehört zu haben – genauer gesagt, eine Erpressung.

Nur ein paar Sekunden lang dauerte ihre Verwirrung, dann ging sie zum Schrank, holte das Buch heraus und steckte es in ihre Tasche. Gleich heute Abend würde sie das verräterische Blatt heraustrennen und zu Hause in dem kleinen Kamin verbrennen; schon längst hätte sie das erledigen sollen. Das Buch musste sie anderweitig loswerden.

Wie konnte sie nur in so eine Sache hineingeraten sein. Mittlerweile fragte sie sich, inwieweit Saschas Charme und ihre eigene Verliebtheit ihr sonst so scharfes Urteilsvermögen getrübt hatten. So etwas durfte ihr nicht noch einmal passieren. Aus Schaden wird man klug. Aber vergeblich versuchte sie, die schmerzliche Erfahrung als Gewinn zu betrachten. Schwerer als dieser wog der Verlust.

Ein unerwartetes Angebot

„¡Hola! Somos cuatro personas." Estrella hatte wieder das gemütliche Restaurant in der kleinen Seitenstraße gewählt. Der Kellner schien sie wiederzuerkennen und führte sie an den gleichen Tisch, an dem sie vor nunmehr einem Dreivierteljahr gesessen hatten. Die hohen Fenster, die den Blick auf den großen Innenhof freigaben, blieben diesmal geschlossen. Jetzt, Anfang März war es selbst in Barcelona noch kühl.

Estrella freute sich sehr, die Freunde wiederzutreffen. Sascha verstand ihren Blick und die unausgesprochene Frage. Bedauernd schüttelte er den Kopf: Nein, er hatte Uta nie wieder gesehen.

Sie hatte Wort gehalten und gegen Kai Wenderick ausgesagt. Da ihre und Estrellas Aussagen vor Prozessbeginn separat aufgenommen wurden, waren sie sich nicht begegnet. Estrella bedauerte aufrichtig, dass sie keine Gelegenheit fand, sich bei Uta Ruland zu entschuldigen und sich noch einmal ausdrücklich für deren Hilfe zu bedanken.

Norbert war ohne Christa angereist, da sie diesmal keinen Urlaub nahm. Und das vereinfachte vieles. Estrella würde ihr Vorhaben problemlos umsetzen können.

„Überlast die Unterbringung diesmal mir", hatte sie gebeten, als die Freunde vor zwei Wochen ihren Besuch ankündigten.

Nach der herzlichen Begrüßung am Flughafen, bei der Sascha und Holger sich diskret abwandten, fuhren sie gemeinsam mit einem Taxi in Richtung Barceloneta. Eine halbe Stunde später stiegen sie vor einem modernen Gebäudekomplex aus.

„Diesmal habe ich eine Ferienwohnung für euch", erklärte sie, als sie kurz darauf das Gebäude betraten. Die Wohnung war ca. siebzig Quadratmeter groß und in einem modernen, typisch katalonischen Stil eingerichtet. Der größte und hellste Raum nahm die Hälfte der gesamten Wohnfläche ein. Vor der großen Fensterfront war ein Balkon, der sich über die Breite des Wohnraumes erstreckte und von dem man einen herrlichen Blick auf das Meer hatte. Dann führte Estrella sie in das Schlafzimmer.

„Hier ist nur Platz für zwei Personen. Einer muss auf der Couch im Wohnzimmer schlafen."

„Fein!", rief Sascha. „Wer schläft mit mir im Doppelbett?" Die Frage war an Holger gerichtet, in Anspielung auf das Möbelrücken damals im gemeinsamen Hotelzimmer. Der hatte verstanden und grinste zurück. Seine Reisetasche stand schon neben der Couch.

„Habe ich da was verpasst?", erkundigte sich Norbert. Aber an Saschas Miene erkannte er, dass dieser wieder zu Stänkereien aufgelegt war. Estrella lief voraus in die kleine Küche und öffnete den Kühlschrank.

„Für morgen habe ich etwas eingekauft. Wir können zusammen frühstücken hier in der Wohnung."

„Du hast wirklich an alles gedacht, Estrella! Und die Ferienwohnung ist einfach perfekt, viel persönlicher und großzügiger als ein Hotelzimmer. Das Finanzielle regeln wir gleich."

„Nein, es gibt nichts zu regeln. Die Wohnung gehört einem guten Freund von mir."

Natürlich, wie sollte es auch anders sein? Die attraktive Katalanin hatte einen Partner, und offensichtlich war er wohlhabend. Wie lange mochten sie schon zusammen sein? Verstohlen schauten Sascha und Holger zu Norbert hinüber. Der gab sich teilnahmslos und warf einen Blick aus dem Fenster.

„Ich schlage vor, ihr packt aus und könnt euch ein wenig ausruhen. In einer Stunde hole ich euch ab."

Jetzt saßen sie zum Abendessen in dem kleinen Restaurant. Der Kellner brachte die Speisekarten. Diesmal brauchten sie nicht lange, um sich zu entscheiden. Sie bestellten Wein aus der Region und Mineralwasser. Die Vorspeisen und Hauptgerichte waren schnell gewählt.

„Was ist eigentlich aus dem Prozess gegen Wenderick geworden, Estrella? Wurde er verurteilt?"

„Ja und nein", meinte sie vage. „Er muss leider nicht in ein Gefängnis, aber er muss eine hohe Strafe zahlen an mich! Wie sagt man auf Deutsch?"

„Eine Art Schmerzensgeld?"

„Ja, aber für einen Aufenthalt im Gefängnis hat es nicht gereicht. Sein Anwalt hat ihn gut verteidigt. Ich sage ja, dieser Mensch fällt immer auf die Füße."

„Aber nicht in jedem Fall", erwiderte Sascha nicht ohne Schadenfreude. „Der Anwalt, der Norbert vertritt, hat sich vor ein paar Tagen gemeldet. Es sieht gar nicht so schlecht aus. Da es noch andere Kunden betrifft, wird es wahrscheinlich eine Sammelklage geben."

Estrella schien überrascht: „Dann bekommt Norbert also sein Geld von der Bank zurück?"

Doch er winkte ab. „Es wird sich noch ewig hinziehen

und möglicherweise irgendwann einen Vergleich geben. Also die volle Summe werde ich auf keinen Fall zurückerhalten."

Dann wollten die Freunde wissen, ob Estrella wieder einen neuen Job gefunden habe und ob die deutschen Sprachkenntnisse etwas gebracht hätten.

Sie erwiderte ausweichend: „Zurzeit es ist schwierig mit einer festen Arbeitsstelle. Ich arbeite nur ein paar Stunden am Tag. Ich unterrichte Deutsch." Doch gleich darauf lachte sie: „Nein, natürlich nicht. Es war nur ein Spaß. Ich arbeite jeden Tag ein paar Stunden in einem Reisebüro. Es ist also so eine ähnliche Arbeit wie bei Christa. Und es wird Zeit, dass ich wieder mehr Deutsch spreche. Ist es schlechter geworden?"

„Nein, aber auch nicht besser", zog Sascha sie auf.

Es wurde ein entspannter und fröhlicher Abend. Erst weit nach Mitternacht trennten sie sich.

Die Tage vergingen viel zu schnell. Jeden Morgen frühstückten sie gemeinsam in der Ferienwohnung. Anders als bei ihrem letzten Barcelona-Besuch mussten sie diesmal nicht konspirativ agieren und ihre Unternehmungen geheim halten. Einiges, was sie zuvor an Sehenswürdigkeiten verpasst hatten, holten sie entspannt nach. Nur Sascha kamen hin und wieder sentimentale Gedanken. Er wurde schmerzlich an die gemeinsame Zeit mit Uta erinnert. Genaugenommen waren es nur zwei Tage, die er hier in Barcelona mit ihr verbrachte. Aber diese hatte er so intensiv erlebt, dass ihm der Aufenthalt im Nachhinein viel länger vorkam.

In den Abendstunden kehrten die Freunde jedes Mal in dem gemütlichen Restaurant ein. Der Kellner begrüßte sie unterdessen wie gute alte Bekannte.

Als Norbert und Estrella sich an einem der Abende nach dem Essen verabschiedeten, um ohne die anderen loszuziehen, raunte Sascha seinem Freund zu: „Mach keine Dummheiten."

„Ich habe gehört, was du gesagt hast!", lachte Estrella und hakte sich bei Norbert unter. Eine Viertelstunde später betraten sie eine kleine Bar.

„Norbert, ich wollte mit dir reden, alleine."

Er wurde verlegen. „Aber du weißt, dass Christa und ich wieder zusammen sind. Wir haben uns versöhnt und bemühen uns umeinander."

„Yo entiendo, aber es geht nicht darum. Ich wollte dir sagen, du und Christa, ihr könnt die Wohnung haben." Er schaute sie verständnislos an. „Ich spreche von der Ferienwohnung", erklärte sie.

„Für einen Urlaub? Das ist wirklich nett, Estrella."

„Nein, das meine ich nicht. Ich will damit sagen, ihr könnt die Wohnung für immer haben."

Für ein paar Sekunden verschlug es ihm die Sprache.

„Ich verstehe nicht, Estrella. Wie kommst du da drauf! Und außerdem: Die Wohnung gehört doch einem Freund von dir. Einem guten Freund, hattest du gesagt."

Sie lächelte. „Als ich von einem guten Freund sprach, meinte ich dich. Du bist für mich ein guter Freund. Wenn du möchtest, kannst du dort wohnen oder die Wohnung verkaufen." Fassungslos sah er sie an – ihm fehlten die Worte. „Du musst jetzt nichts sagen, Norbert. Mir geht es sehr gut, und dir soll es auch gut gehen."

Nach einem langen Schweigen meinte er schließlich: „Irgendwie fühle ich mich total überrumpelt. Natürlich freue ich mich, wenn es dir finanziell und auch sonst so richtig gut zu gehen scheint. Aber so ein Geschenk könnte ich nie und nimmer annehmen."

„Es ist kein Geschenk. Du hattest sehr viel Geld verloren, und du sollst einen Ersatz dafür haben. Wenn es mit dem Picasso geklappt hätte, dann hättest du das Geld doch auch bekommen und eine Wohnung gekauft. Warum dann jetzt nicht von mir?" Norbert sah in ihren Augen eine tiefe Enttäuschung. Seine Ablehnung schien sie zu verletzen.

Er legte den Arm um ihre Schulter. „Ich bin unheimlich gerührt, dass du mir helfen willst, Estrella. Aber ich kann dein Angebot wirklich nicht annehmen. Und stell dir mal vor, wie ich ohne katalonische Sprachkenntnisse hier leben sollte."

Das war für Estrella keine Begründung. „Du könntest die Sprache lernen oder auch die Wohnung verkaufen."

Norbert schüttelte den Kopf. „Wie sollte ich das alles Christa gegenüber erklären? Ich habe ihr von dem Verlust bei der SüdBank erzählt. Sie war natürlich entsetzt und empört, gab aber nicht mir persönlich die Schuld. Und außerdem steht Wenderick ja eine Sammelklage ins Haus. Ich bin überzeugt, dass die SüdBank zum Schluss doch noch zahlen muss."

„Aber das kann sehr lange dauern, und du bekommst nur einen Teil zurück", erinnerte sie ihn und wiederholte ihr Argument, dass er den Erlös aus dem Verkauf der

Fälschung doch auch akzeptiert hätte.

„Das ist etwas anderes, Estrella. Das Geld hätte ich angenommen, weil es von Wenderick persönlich käme, sozusagen als Revanche und Wiedergutmachung für das Unrecht." Er wusste nicht, ob sie ihn verstand.

Norbert war es ein Rätsel, wieso Estrella in der Lage war, ihm die Ferienwohnung zu schenken. Dann kam ihm ein Gedanke. „Wir haben die ganze Zeit nicht darüber gesprochen. Wie geht es deiner Großmutter?" Sie schwieg, und Norbert sah, dass sie mit den Tränen kämpfte. Er hatte einen wunden Punkt getroffen. Behutsam fragte er: „Sie lebt nicht mehr?"

Estrella schluckte und erklärte dann: „Sie ist ruhig eingeschlafen vor zwei Monaten."

„Es tut mir so leid, Estrella." Für ihn war jetzt klar, woher das Geld für die Wohnung kam. Ganz offensichtlich war die alte Dame wohlhabender, als sie alle vermutet hatten. Und Estrella war ihre Alleinerbin. Aber mit ihrem Ableben hatte sie ihre letzte Verwandte verloren.

Leise fragte er: „Hat sie das Buch wiedererkannt?"

Ja, der goldbedruckte Lederband, die erotischen Erzählungen von Giacomo Casanova. Für einen Augenblick dachte Estrella daran, wie sie und Norbert an jenem letzten Freitag auf dem Heimweg von Holgers Wohnung unschlüssig vor dem Papiercontainer standen. Ausgemacht war, dass sie das Buch entsorgen würden. Aber aus einem sentimentalen Impuls heraus hatte Estrella gezögert, es in den Container zu werfen. Verschwörerisch hatte Norbert dann gemeint: „Nimm den Band doch einfach mit und gib ihn deiner Großmutter. Rein theoretisch gehört er ihr ja." Und Estrella hatte die Idee dankbar aufgegriffen und das Buch wieder eingesteckt.

Bei der Erinnerung daran glitt ein Lächeln über ihr Gesicht. „Ja, ich habe es ihr gezeigt, und sie hat gelächelt und *sí, sí* gesagt."

Einen Moment lang schwiegen beide. Dann schlug Norbert vor: „Machen wir es doch so: Du behältst die Ferienwohnung, und immer, wenn ich oder die anderen Lust haben, nach Barcelona zu kommen, könnten wir darin wohnen." Dieser Gedanke schien sie zu versöhnen.

„Du kommst mich also oft besuchen, Norbert? Wenn du möchtest natürlich auch mit Christa und mit Sascha und Holger." Er versprach es.

Für Estrella und ihn war es selbstverständlich, dass die beiden anderen nichts von ihrem ersten Angebot, Norbert die Ferienwohnung zu schenken, erfahren sollten. Es wurde dabei bleiben, dass sie den Freunden jederzeit zur Verfügung stünde.

Estrella

An ihrem letzten Morgen in Barcelona frühstückten sie wieder gemeinsam in der Ferienwohnung.

„Ihr müsst bald wiederkommen", bat Estrella.

Die Freunde versprachen es. „Vielleicht kommen wir öfter, als dir lieb sein kann! Auf jeden Fall wäre es schön, wenn wir auch über den misslungenen Coup hinaus in Verbindung blieben."

Dann meinte Holger: „Eigentlich war das Ganze eine unausgegorene Schnapsidee, purer Leichtsinn. Nicht auszumalen, wenn wir aufgeflogen wären. Nur gut, dass Christa mit ihrem Buch ausgerechnet zu Frau Dr. Ruland ging. Ich persönlich bin heilfroh, dass wir aus der Sache raus sind. Irgendwie hat mich das ganze sehr belastet."

Norbert stimmte ihm uneingeschränkt zu. „Vor allem wenn ich daran denke, dass ich Christa gegenüber verschweigen müsste, woher das Geld käme, wird mir jetzt noch übel. Und außerdem würde ich in ständiger Angst leben, dass der ganze Schwindel durch einen dummen Zufall eines Tages doch noch auffliegt. Im Nachhinein war es verrückt, was wir uns da zugemutet haben."

Halb amüsiert halb ärgerlich rief Estrella: „Ihr habt Angst vor Risiko! *Ich* bedaure, dass nicht Wenderick auf die Fälschung hereingefallen ist!"

Sascha grinste sie frech an: „Und *ich* bedaure, dass nicht dein Deutsch besser geworden ist!"

Estrella warf ihm eine Orange an den Kopf. „Und du?! Hast du versucht, Uta wieder zu erobern? Natürlich nicht! Die deutschen Männer geben immer gleich auf!"

Augenblicklich wurde Sascha ernst. „Ich habe versucht, sie anzurufen. Aber sie erkennt natürlich meine Nummer und geht nicht ans Telefon."

„Du musst zu ihr gehen, nochmal mit ihr persönlich sprechen."

Jetzt reagierte er verärgert: „Das musst du schon mir überlassen, Estrella! Ich habe mich bereits lächerlich genug gemacht. Und was unseren Plan betrifft: Es hat nun mal nicht geklappt und damit basta."

Aber sie blitzte ihn zornig an: „Nein, wir haben uns dumm angestellt! Sonst hätte es funktioniert!" Und ein wenig trotzig schob sie nach: „Holger hat eine gute Zeichnung gemacht." Dann wechselte sie rasch das Thema und meinte versöhnlich: „Aber die ganze Zeit war es schön mit euch, ich werde euch vermissen."

„Wir dich auch", versicherten die Freunde.

Als sie dann später mit den gepackten Koffern die Ferienwohnung verließen, bat Estrella: „Ihr müsst mich bald wieder besuchen und wohnt hier in der Wohnung. ¿Prometido?"

„Prome…was?"

„Versprochen!"

Estrella stand auf dem Balkon ihrer eigenen Wohnung. Jetzt hatte sie Ruhe und Zeit, über die letzten Tage und Gespräche nachzudenken. Jeder von ihnen, einschließlich Sascha, schien erleichtert, dass es nicht zum Verkauf der Fälschung gekommen war. Das hatten sie unmissverständlich zum Ausdruck gebracht.

Zuerst war Estrella enttäuscht über diese Sinneswandlung, aber jetzt im Nachhinein fand sie es durchaus in Ordnung, so wie alles gelaufen war.

Sie trat vom Balkon zurück und ging wieder hinein. Die exklusive Lage der Wohnung in einem der schönsten Viertel Barcelonas hatte sie sofort angesprochen.

Mit Wohlgefallen betrachtete sie die großen hellen Räume ihres neuen Zuhauses. Alles war geschmackvoll renoviert und eingerichtet. Fast empfand sie die Wohnfläche als etwas zu großzügig für sich alleine und die Ausstattung zu luxuriös. Und dennoch war alles genauso, wie sie es sich immer erträumt hatte. Die Wohnung gehörte ihr, vor einem Monat hatte Estrella sie gekauft.

In ihrem Arbeitszimmer nahm sie vor dem kleinen antiken Sekretär Platz und blätterte behutsam in dem goldbedruckten Lederband. Ein Restaurator hatte die verbliebenen, zum Teil beschädigten Seiten weitestgehend wiederhergestellt. Auf den ersten Blick sah das Buch intakt aus. Aber es fehlten viele Blätter und natürlich auch die Zeichnung. Nur Norbert wusste, dass der Band überhaupt noch existierte.

An dem Abend, als sie zu zweit in der Bar saßen, hätte sie ihm beinahe *alles* erzählt. Aber ein kaum zu benennendes Gefühl hinderte sie im letzten Moment daran, ihm die ganze Wahrheit zu sagen. Misstrauen war es nicht, sondern vielmehr die Befürchtung, ihn in Gewissensnöte zu bringen.

Estrella hatte ein Geheimnis, das sie mit niemandem würde teilen können. Und dies war letztendlich der Preis für ihren unverhofften Wohlstand. Denn nicht durch das

Ableben ihrer Großmutter und als deren einzige und rechtmäßige Erbin war sie zu diesem Vermögen gekommen.

Estrella legte das Buch beiseite und erhob sich. Dann trat sie dicht an das Bild heran, das in einem versilberten Rahmen an der Wand hing. Ein paar Augenblicke lang betrachtete sie die mit sicherer Hand gezogenen Linien der Federzeichnung. Sie lächelte zufrieden. Alles war stimmig, selbst die Farbwiedergabe der Aquarelltönung. Erst auf den zweiten Blick, wenn überhaupt, war erkennbar, dass es sich nur um eine Kopie von Holgers Zeichnung handelte; um eine technisch perfekte Reproduktion einer gelungenen Fälschung.

Nein, sie bereute ihren Entschluss nicht. Damals war es eine spontane Entscheidung aus dem Bauch heraus. Ihre immer mal wieder aufkommenden Schuldgefühle versuchte Estrella mit der Begründung zu beschwichtigen, dass letztendlich *sie* in der aufregenden Zeit die Hauptleidtragende gewesen sei und ihre damalige finanzielle Situation ihr keine Wahl ließ. Zudem hätte sie ihre Freunde und insbesondere Norbert gerne an ihrer Fortune teilhaben lassen. Das war zumindest ihre feste Absicht. Und dass nun alles anders kam …

An jenem Freitagabend, als die drei Freunde in Holgers Wohnzimmer mit dem Kachelofen beschäftigt waren, blieb Estrella für ein paar Minuten alleine mit dem Buch in der Küche zurück. Diese kurze Zeit reichte aus, um eine Entscheidung zu treffen. Mit einem Glas Rosé in der Hand hatte sie noch einmal die Zeichnung betrachtet, die gleich im Ofen verbrannt werden sollte. Vielleicht war es die Wirkung des Weines, die plötzlich diese irre Idee entstehen ließ und ihren Entschluss befeuerte. Zügig trank sie aus und goss sich gleich noch einmal nach. Mit dem zweiten Glas spülte sie alle Bedenken weg.

Sie holte aus Holgers Küchenschrank ein scharfes Messer. Geschickt trennte sie die Seite mit der Zeichnung heraus und steckte sie vorsichtig in ihre große Tasche. Mit dem beschädigten Buch in der Hand lief sie danach zum Wohnzimmer und beobachtete die Bemühungen ihrer Freunde, das Feuer in Gang zu bringen. Als es endlich brannte, versuchte sie, das Buch in den Kachelofen zu stecken.

Nie würde sie ihre Panik vergessen, als sie feststellte, dass es nicht durch die Ofentür passte. Doch bevor Sascha und die anderen sich besannen und womöglich einen letzten Blick in den Band werfen könnten, begann sie die Seiten herauszureißen und in die lodernden Flammen zu schieben. Mit einer schnell erdachten Ausrede hatte sie ihre hastige Aktion begründet, und die Freunde hatten ihr geglaubt.

Nein, sie bereute es nicht. Wie hätte sie auch zulassen können, dass die perfekte Picasso-Fälschung für nichts und wieder nichts verbrennen würde?

Zurück in Barcelona begann für sie eine aufregende Zeit. Sie suchte eine Galerie, der sie den falschen Picasso anbieten konnte. Ihre Nachforschungen zeigten schon bald Erfolg. Sie fand einen Galeristen, dessen Interesse und Geschäftssinn ausgeprägt genug waren, um sich erfolgreich um eine Expertise und wenig später um den Verkauf der Zeichnung zu bemühen.

Bei der Auktion überboten sich zwei Interessenten gegenseitig. Das höchste Gebot erreichte eine Dimension, die sowohl den Veranstalter als auch Estrella und den Galeristen überraschte. Die Summe betrug ein Mehrfaches dessen, was Wenderick für die Zeichnung gezahlt hätte. Den Zuschlag erhielt ein anonymer Sammler. Estrella kam es sehr gelegen, dass weder sein Name genannt wurde, noch die Zeichnung künftig in einem Museum zu sehen wäre. Aufmerksam hatte sie die Pressemeldungen verfolgt und für einige Zeit in Unruhe und Sorge darüber gelebt, dass die Information über die vermeintliche Picasso-Entdeckung bis zu den Experten nach Berlin dringen würde.

Ein diesbezüglicher Beitrag erschien denn auch in einer deutschen Zeitschrift. Aber Carsten Landner und auch Uta Ruland entging dieser Bericht. Landner stand unter Zeitdruck. Er arbeitete an einer Dokumentation, die seine ungeteilte Aufmerksamkeit in Anspruch nahm. Und Uta Ruland war während des Wintersemesters außer mit ihren Lehrveranstaltungen zusätzlich mit der Ausarbeitung einer Publikation beschäftigt. Ihren privaten Kummer und die Melancholie, die die dunkle Jahreszeit mit sich brachte, versuchte sie durch ein erhöhtes Arbeitspensum zu verdrängen.

Heute, da das Sommersemester wieder begann, hielt sie ihre erste Vorlesung im Rahmen des Seniorenkollegs. Mit einiger Spannung betrat Uta Ruland den Hörsaal. Ihr Blick glitt über eine unüberschaubare Anzahl an Senioren. Wie viele mochten es sein? Fünfzig, vielleicht auch sechzig? Erfahrungsgemäß würde zum Semesterende nicht einmal die Hälfte der jetzt Anwesenden noch dabei sein. Aber die Abnahme der Teilnehmerzahl lag nicht an der mangelnden Qualität ihrer Vorträge und dem Desinteresse der Senioren, sondern eher an deren Bequemlichkeit; das wusste sie unterdessen.

Nachdem das Klopfen zur Begrüßung verklungen war, richtete Uta ein paar freundliche Worte an die Anwesenden und begann mit ihren Ausführungen. Sie trug wieder die auffällige, ein wenig extravagante Brille, die ihre intellektuelle Ausstrahlung betonte. Ab und zu setzte Uta sie ab und hielt sie spielerisch in den Händen.

Nach neunzig recht kurzweilig gestalteten Minuten deutete ihr Tonfall auf das Ende der Vorlesung hin.

„Für weitere Fragen stehe ich Ihnen gerne zur Verfügung."

Nach und nach verließen alle den Hörsaal, und Uta packte ihre Unterlagen und den Laptop weg. Abschließend schaute sie noch einmal über die fast leeren Bankreihen.

Er saß weit hinten, ganz am Rand. Als sich ihre Blicke trafen, erhob sich Sascha und ging langsam auf sie zu.

Zum Schluss

Sowohl die Handlung als auch die Protagonisten sind frei erfunden, aber die genannten Werke von Pablo Picasso und Georges Braque gibt es tatsächlich. Ebenso existieren die im Roman beschriebenen Sehenswürdigkeiten, Straßen und Plätze von Barcelona in der Realität. Die Fakten aus Picassos Lebenslauf habe ich nach bestem Wissen recherchiert.

Mein Dank gilt Ingrid Schulze für ihr Korrektorat und meinen „Testlesern" für ihren aufmerksamen Blick ins Manuskript.

Cyber Chess
mit tödlicher Rochade

Cyber Chess mit tödlicher Rochade

von Katharina Kohal

EAN: 9783754600542
als E-Book im Epub-Format

Eigentlich wollte die Journalistin Tanja Wegner nur einen Artikel über Cyberkriminalität schreiben – doch dann geschieht ein Mord, und sie gerät selbst unvermittelt ins Fadenkreuz der Täter. Für Hauptkommissar Wiesmann und seinen Kollegen Garcia Hernández wird es zunehmend schwieriger, sie zu schützen, denn der unbekannte Gegner scheint immer einen Zug voraus zu sein. Ein weiteres, sehr persönliches Problem kommt hinzu: Die attraktive Kommissarin Sylke Bischoff gehört diesmal zu Wiesmanns Team und fordert ihn auf ihre Art heraus.